TRAUMINSEL

MALLORCA

Michael Imhof

Trauminsel MALLORCA

Geschichte, Architektur, Landschaft

Michael Imhof Verlag
Petersberg

Abbildungen:
Titelbild: Palma de Mallorca mit Hafen und Kathedrale
Titelrückseite: Son Marroig, Fassade von Sant Francesc in Palma, Formentor
S. 2: Fassade von Sant Francesc in Palma (17. Jahrhundert)

Text und Fotos: Michael Imhof

Dank

Ich danke allen, die an der Entstehung des Buches mitgewirkt haben, insbesondere dem Generalvikar Joan Bestard Comas für die Diözese Mallorca, den Museen (besonders dem Museu de Mallorca in Palma und Alcúdia sowie dem Diözesanmuseum in Palma), dem Domkapitel von Palma (stellvertretend Mn. Fdo. D. Jaime Cabrer Lliteras), den Klöstern, Mn. Gaspar Alemany Ramis (Santuari de Lluc), den Eigentümern der Landhäuser und der Kartause von Valldemossa.
Außerdem danke ich Viktoria Lucio, Marga und Wolfgang Imhof, Nadja Runschke, Martin Schnabel, Christine Kenner, Wolf Kulke, Astrid Fick, Ellen Brandenburger und Christoph Winterer.

M. I.

Abbildungsnachweis

Soweit nicht anders angegeben, stammen alle Fotos von Michael Imhof bzw. aus dem Archiv des Michael Imhof Verlags.

Fotografías con la concesión del Capitulo de la catedral de Mallorca y de la Vicará general.

Die Deutsche Bibliothek - CIP-Einheitsaufnahme

Imhof, Michael:
Trauminsel Mallorca : Geschichte, Architektur, Landschaft / Michael Imhof. - Petersberg : Imhof, 1998
ISBN 3-932526-04-X

Stettiner Straße 25, D-36100 Petersberg
Verkehrsnummer: 12854
Tel. 0661/9628286; Fax 0661/63686

Gestaltung, Satz, Bildbearbeitung und Redaktion: Michael Imhof
Druck: Rindt-Druck, Fulda
Printed in Germany

ISBN 3-932526-04-X

Inhalt

oben: Can Alemany in Banyalbufar um 1880 (aus: Ludwig Salvator: Die Balearen in Wort und Bild, 1884)

unten: Strand von Peguera um 1880 (aus: ebenda)

oben: Palma de Mallorca mit dem Almudaina-Palast, der Kathedrale und dem Bischofspalast
unten: Kloster Lluc

Zu den landschaftlich reizvollsten Buchten Mallorcas gehört diejenige von Sa Calobra.

Einleitung

Deià um 1880
(aus: Ludwig Salvator: Die Balearen in Wort und Bild, 1884)

Mallorca ist die größte Insel der Balearen. Mit fast 10 Millionen Touristen jährlich ist die spanische Insel eines der beliebtesten Reiseziele der Welt. Der Massentourismus und der damit verbundene Bauboom veränderten zwar in den vergangenen dreißig Jahren das Gesicht der «Lieblingsinsel der Deutschen». Dies betrifft jedoch lediglich die Küstenregionen im Westen und Osten der Insel. Der Norden und das Landesinnere präsentieren sich - mit Ausnahme der größeren Städte Inca und Manacor - noch faszinierend und «ursprünglich». Landschaft, Städte, Dörfer, Landhäuser und entlegene Klöster haben ihren Charakter und ihre Schönheit bewahrt.

Mallorca besitzt eine außergewöhnlich interessante und abwechslungsreiche Geschichte. Aus allen Epochen haben sich zudem mehr oder weniger bedeutende Zeugnisse der Architektur erhalten. Dieses Buch möchte darüber einen Überblick liefern.

Die Baudenkmale auf Mallorca befinden sich heute fast ausnahmslos in einem guten Erhaltungszustand. Die Denkmalpflege spielt schon zur Steigerung der touristischen Attraktivität der Orts- und Landschaftsbilder eine größere Rolle als in anderen Gegenden des Mittelmeerraums. Die Erhaltung der mallorquinischen Land- und Bürgerhäuser geschieht - wenn auch mit Substanzverlusten - unter anderem durch Umnutzung historischer Gebäude zu touristischen Zwecken, etwa zu einem Restaurant, Hotel oder einer vermietbaren Finca.

Zweifellos sind die Bemühung zur Erhaltung des kulturellen Erbes auf Mallorca bemerkenswert und vor allem in den vergangenen Jahrzehnten sehr viel intensiver als in Deutschland ausgefallen. An dieser Stelle möchte ich allerdings auf die zu Mitteleuropa tendenziell unterschiedliche Auffassung in der Denkmalpflegepraxis hinweisen. So werden auf Mallorca wie in anderen Gegenden des Mittelmeerraums häufig historische Putze und Barockausstattungen aus mittelalterlichen Kirchen entfernt und vermeintlich ältere historische Zustände mit Vorliebe rekonstruiert, wie es in Deutschland vor allem bis in die 1960er Jahre häufig war. Didaktisch mag dies für den Betrachter von Interesse sein, nun besser das "wahre" Alter des Bauwerks erkennen zu können. Andererseits werden jüngere Bauphasen zerstört. Unter Berufung auf Denkmalpflege-Theorien der Zeit um 1900 besteht heute in Deutschland, Österreich und der Schweiz auch in der Praxis die Tendenz, den heutigen gewachsenen Zustand mit Kunstobjekten aus verschiedenen Epochen zu konservieren.

Darüber hinaus wird dem Baumaterial "Stein" ein hoher ästhetischer Wert zugewiesen. Ältere Bauzustände zeigten vor allem bei anspruchsvollen Bauten zumeist eine farbige Behandlung. Nun aber wird nach Restaurierungsmaßnahmen häufig der sichtbare Stein präsentiert, der ursprünglich nicht auf Sicht gedacht war. Mit Preßlufthämmern werden teilweise die historischen Putze an Fassaden entfernt, um den Bruchstein, der nun besonders herauspräpariert wird, zu zeigen. Kein Zweifel besteht darüber, daß schlichte Gebäude sehr häufig unverputz und nicht farbig behandelt wurden. Viele Häuser und Kirchen (vor allem des ausgehenden 19. und frühen 20. Jahrhunderts) waren jedoch geschlämmt oder verputzt.

Die Literatur zur Geschichte und Kunstgeschichte Mallorcas in spanischer und katalanischer bzw. mallorquinischer Sprache ist zahlreich. Vor allem in den vergangenen Jahren sind auch für die Laien gute Übersichtswerke zur Geschichte und bebilderte, umfangreiche Reiseführer erschienen, die die bisherige wissenschaftliche Literatur aufarbeiten. So veröffentlichten z. B. Javier Aramburu-Zabala und Carlo Garrido 1994 einen Führer zu den archäologischen Sehenswürdigkeiten Mallorcas. 1997 brachte "El Dia del Mundo" ein zweibändiges Inventar einiger der wichtigsten Sehenswürdigkeiten der Balearen unter dem Titel "Guía del Patrimonio. Recorridos culturales de las islas Baleares" heraus. Nennenswert ist auch der Architekturführer "Palma" von M. Lucena, J. M. Fontenla, J. L. Mosteiro und I. Pomar von 1997.

Deià um 1880
(aus: Ludwig Salvator: Die Balearen in Wort und Bild, 1884)

Der Forschungsstand zur Baugeschichte der Kirchen und Burgen ist je nach Quellenlage unterschiedlich gut. Kunsthistorische Untersuchungen auf hohem Niveau und vor allem Beiträge zur Bauforschung sind - wie überall - selten. Vor allem zur Geschichte und Baugeschichte der Landhäuser gibt es nur wenige qualitätvolle Veröffentlichungen. Desweiteren sind Übersichten zur Kunstgeschichte Mallorcas - im Gegensatz zu historischen Werken - selten. Die letzte ausführliche Zusammenfassung zur Architekturgeschichte Mallorcas stammt - soweit ich sehe - aus dem Jahr 1974. Dabei schildert Santiago Sebastián in groben Zügen die Entwicklung von der Talayotischen Epoche bis Mitte des 20. Jahrhunderts. Unter der jüngeren Fachliteratur, die auch den Mallorcabesucher ansprechen könnte, sind vor allem die Beiträge zur Kathedrale in Palma von J. Domenge i Mesquida, zur Architekturgeschichte der ersten Jahrzehnte des 20. Jahrhunderts von Miguel Seguí Aznar ("Dissertationsdruck"), das gut gestaltete Buch über Klöster auf Mallorca von Murray/Pascual/Llabrés und die reich bebilderten Bestandsaufnahmen der Innenhöfe von Palma und der Häuser in Binissalem zu nennen.

Die Literaturlage in englischer und deutscher Sprache ist dagegen bedeutend schlechter. Immerhin erscheinen nun im Michael Imhof Verlag die ersten Kurzführer auch in deutscher Sprache, so der Stadtführer Palma, der Kirchen- und Klosterführer Lluc, der Landhausführer Els Calderes (alle von Victoria Lucio) und der Führer zum Spanischen Dorf in Palma (von Salvator Ripoll). Abgesehen von Beiträgen zur Kathedrale in Palma fehlten bis dahin kunsthistorisch orientierte Führer oder Untersuchungen in deutscher Sprache. Die deutschsprachigen Reiseführer können eine kulturhistorische Untersuchung nicht ersetzten, zumal sie häufig eine Vielzahl falscher Datierungen aufweisen.

Dagegen gibt es zur Geschichte Mallorcas einige sehr wichtige gute Beiträge in deutscher Sprache. Dazu zählen insbesondere die Veröffentlichungen von Ludwig Salvator (näheres s. Literaturverzeichnis, S. 198).

Abb. S. 10: Küste in Cales de Mallorca

Abb. S. 11: Castell de Bellver in Palma

Geschichte

BIS 1300 V. CHR.

VOR-TALAYOTISCHE EPOCHE

Frühe Zeugnisse menschlichen Lebens wurden in der Höhle von Son Matge südlich von Valldemossa gefunden. Das Bild zeigt den Eingangsbereich zur verschlossenen Höhle mit pretalayotischen Mauerresten.
Der Höhleneingang liegt am Abhang des Bosc d'en Gotzo nur 300 m westlich der Straße Palma - Valldemossa (bei km 14,5 (ältere Brücke) führt ein Weg links entlang der Mauer).

Über das Leben der Menschen auf Mallorca bis zur Bronzezeit ist nur wenig bekannt. Man bezeichnet den Zeitraum bis um 1.300 v. Chr. als "Pretalayótico", d. h. als Vor-Talayotische Epoche.

Menschliche Knochenfunde um 7.200 v. Chr.

Die frühesten Spuren menschlichen Lebens auf Mallorca sind Knochenfunde aus der Höhle von Canet (Esporles), die in die Zeit um 7.200 v. Chr. datiert werden. Zuvor galten die Knochenfunde von ca. 5.000 v. Chr. aus den Höhlen von Son Matge bei Valldemossa und Muleta bei Sóller als die frühesten Belege menschlicher Existenz auf der Insel. Folglich setzte die Besiedlung Mallorcas schon vor 7.200 v. Chr. ein.

Vermutlich kamen die ersten Bewohner über Ibiza nach Mallorca. Die Urbevölkerung stammt daher - wie J. Aramburu-Zabala und C. Garrido annehmen - vom spanischen Festland, da sie von Alicante per Boot unmittelbar nach Ibiza übersetzen konnten. Nach anderer Überzeugung gelangte die Urbevölkerung auf der Suche nach neuen Jagdgründen von Südfrankreich über den Golf von Lyon nach Mallorca.

Jäger und Sammler

Die frühesten Menschen auf Mallorca lebten in Höhlen und einfachen Hütten aus Stroh und Ästen. Sie waren Jäger bzw. Fischer und Sammler, besaßen aber auch schon Haustiere. Eine Landwirtschaft im heutigen Sinn gab es noch nicht.

Die Menschen scheinen friedlich miteinander gelebt zu haben, da keine befestigten Siedlungen nachweisbar sind. Das Leben scheint in kleinen Gruppen organisiert gewesen zu sein.

Archäologen entdeckten Werkstätten, in denen der einheimische Feuerstein bearbeitet wurde. Sie bezeugen eine frühe handwerkliche Spezialisierung in Zeiten, als die Herstellung und Verwendung von Steinwerkzeugen üblich war.

Wohnhöhlen

Natürliche Höhlen wurden als Wohnungen genutzt. Bewohnte natürliche Höhlen und Grotten sind im ganzen Mittelmeerraum vielfach nachgewiesen. Einige Höhlen sind von enormer Größe. Die natürliche Höhle Bous al Castillo de Santuari bei Felanitx ist beispielsweise 60 m lang und wurde über viele Generationen genutzt, möglicherweise zusätzlich auch als Grabhöhle. Hier konnten die Archäologen eine Kulturschicht von bis zu 1,6 m ergraben.

Von den möglichen Stein- und Laubhütten, in denen die Menschen ebenfalls gelebt haben dürften, ist dagegen nichts erhalten. Da die Häuser aus vergänglichem Material errichtet wurden, sind sie zerstört. Oft wurden sie später abgebrochen oder in jüngerer Zeit wieder überbaut.

Begräbnishöhlen

In oft mühevoller Arbeit gruben die Menschen Höhlen in den Felsen, um ihre Toten in Gemeinschaftsgräbern niederzulegen. Das Einsetzen von Bestattungen in künstlich geschaffenen Höhlen auf Mallorca wird in die Zeit um 1.800 v. Chr. datiert. Derartige Kollektivbestattungen waren auch auf anderen Mittelmeerinseln üblich und sind - nach Joachim von Freeden - für chalkolitheische Kulturen, d. h. die steinkupferzeitliche Kulturstufe im östlichen Mittelmeerraum bzw. Vorderasien charakteristisch.

"Über Generationen und Jahrhunderte hinweg wurden die Felsgräber bei Bedarf neu geöffnet und alte Bestattungen beiseite geschoben, um Platz für jüngst Verstorbene zu schaffen. Den Toten wurden in Bestattungszeremonien letzte Ehrung erwiesen, den Göttern Opfer gespendet und die Leichname mit Grabbeigaben aus dem ehemals persönlichen Besitz versehen (Keramikgefäße, Schmuck, Amulette, Geräte)," wie von Freeden in seinem Buch "Malta und die Baukunst seiner Megalith-Tempel" (S. 18) feststellt. Diese Beobachtungen sind auch auf Mallorca zu übertragen. Zwar ist genaueres über die Grabriten auf Mallorca nicht bekannt. Anhand der zahlreichen Ausgrabungen ist jedoch belegt, daß man über die Jahrhunderte hinweg hunderte von Toten in einem einzigen Kammergrab bestattete. Die Toten wurden nebeneinander, manchmal in Schichten zwischen feiner schwarzer Erde oder zwischen Sandsteinplatten auch übereinander gelegt. Oft waren sie unbedeckt. Die Kleinheit einiger Höhlen läßt des weiteren an eine Hockstellung der Leichen denken oder an eine Totenverbrennung. Letztere gehörte zu einer frühen Form religiöser Rituale. Zudem erhielten die Toten Grabbeigaben.

Ab etwa 1.800 v. Chr. schufen die Bewohner Mallorcas künstliche Höhlen, um sie zur Totenbestattung zu nutzen. Die Abbildungen zeigen Höhleneingänge in Cala de Sant Vicenç. Höhlen und Zugänge sind von unterschiedlicher Größe.

Die Begräbnishöhlen auf Mallorca bestanden häufig aus einer Vor- und einer Bestattungskammer mit einer Wandnische. Dieser Typus kommt nicht nur auf den Balearen, sondern auch z. B. auf Malta, Sardinien, Zypern und den Kykladen vor und ist - wie Giovanni Lilliu glaubt - wahrscheinlich in Syrien und Palästina entstanden.

Erste Bauwerke: Dolmen und Navetas

Die frühesten baulichen Zeugnisse aus aufrecht stehenden Steinen ist um 2.000, nach anderer Meinung um 1.800 v. Chr. dier Dolmen in Son Bauló de Dalt (Santa Margalida). Aus der Zeit ab 1.700 v. Chr. stammen die ersten Wohngebäude, sogenannte Navetas, große Steinbauten in der Form eines liegenden Schiffs. Navetas konnten von bis zu 15 Personen als Wohnung genutzt werden.

Keramik und Metall

Erste bemerkenswerte Zeugnisse bzw. Funde der frühen Besiedlung stammen aus der Zeit um 3.000 v. Chr. (Höhle von Son Matge). Werkzeuge wurden u. a. aus Knochen und Steinen gefertigt. Auch Tonscherben dieser Epoche wurden ergraben. So enthielten die Höhlen von Vernissa (Santa Margalida) und von Sa Canova d'Ariany (Petra) in der untersten Schicht kugelförmige Gefäße mit umgebogenem Rand. Die Keramik aus der Zeit vor 1.800 v. Chr. zeigte Einritzungen in ungebranntem Ton.

Ab 1.700 v. Chr. sind zudem Gegenstände aus Metall belegt, die importiert werden mußten, da entsprechende Bodenschätze auf Mallorca fehlen. Die Funde zeigen, daß der Seehandel im westlichen Mittelmeerraum zwischen 2.000 und 1.700 v. Chr. an Umfang erheblich zugenommen hatte.

1.300 bis 123 v. Chr.

Talayotische Epoche

Talayots von Capocorb Vell bei Lluchmayor

unten: Grundriß des talayotischen Dorfs (1.500 - 300 v. Chr.) (schwarz = Talayots um 1.300 v. Chr., hellblau = nach 1.000 v. Chr.; Umzeichnung nach Lilliu, 1967, Fig. 11)

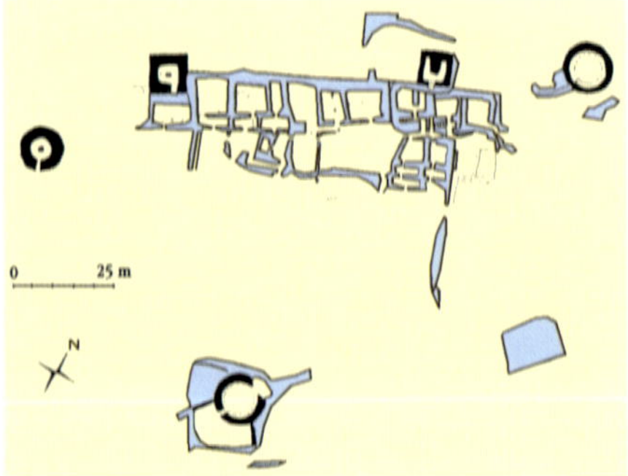

Die Talayotische Epoche umfaßt den Zeitraum von etwa 1.300 bis 123 v. Chr. Sie entspricht damit der jüngeren Bronze- und der Eisenzeit und endet mit der Eroberung Mallorcas durch römische Truppen.

Die 1.200 Jahre dauernde Talayotische Epoche wird in drei Perioden mit fließenden Übergängen unterteilt. Die 1. Phase reicht von ca. 1.300 bis 800 v. Chr. und stimmt mit der späten Bronzezeit überein. Die 2. Periode von ca. 800 bis 500 v. Chr. entspricht der Eisenzeit. Die 3. Phase von 500 bis 123 v. Chr. - als "Posttalayotico" bezeichnet - wurde durch den kulturellen Einfluß der Punier geprägt.

Der Begriff "Talayot" wurde von Ramis y Ramis 1818 in die Kunstwissenschaft eingeführt. Er leitet sich vom arabischen Wort "at-talayi" ab und bedeutet "Schildwache" bzw. "Nachtwache". "Talaya" nannten die Mauren seit dem 8. Jahrhundert n. Chr. Beobachtungstürme, d. h. die mittelalterlichen zeitgenössischen Türme zur Verteidigung, aber auch die vorchristlichen Zyklopenbauten, die überwiegend in Form von Türmen erhalten sind. Die Bezeichnung "Talayot" wurde von den christlichen Eroberern sowohl für den Turm als auch für die vorchristlichen Ruinen übernommen. Somit geht der Begriff nicht auf die Erbauungszeit der Monumente zurück, sondern stammt erst aus dem 8. Jahrhundert. Die Architekturbezeichnung "Talayot" übernahm die Geschichtswissenschaft zur Bezeichnung einer ganzen Epoche, der Talayotischen Epoche.

Neubesiedlung der Insel

Zwischen 1.300 und 1.200 v. Chr. vollzog sich ein sozialer und kultureller Wandel, der möglicherweise mit einer Neubesiedlung der Insel und

Capocorb Vell bei Lluchmayor

Im talayotischen Dorf (1.500 - 300 v. Chr.) stehen drei runde und zwei quadratische Talayots, die den ältesten Baubestand ausmachen. Die quadratischen Türme waren zweigeschossig und sind ca. 10 m breit. Die kleineren Steinbauten mit rechtwinkligen Innenräumen stammen erst aus einer jüngeren Talayotischen Epoche.

Die Talayots dienten wohl Wohnzwecken bzw. als Wachttürme für bewaffnete Gruppen. Dafür spricht die Lage innerhalb eines Dorfes, die Begehbarkeit der Türme über eine innere Treppe und ihre Nutzung im Zusammenhang mit der Festungsmauer, auch wenn diese erst später erbaut wurde.

Die monumentalen Bauten verweisen auf kriegerische Auseinandersetzungen der Bevölkerung untereinander.

Die ergrabenen Gerätschaften der Talayotischen Epoche sind einfache Steinwerkzeuge der Bauern-Hirten-Wirtschaft. Die zahlreichen Reibsteine und Stampfer bezeugen, daß das Brot Hauptnahrungsmittel war, das wohl aus Weizen und Gerste hergestellt wurde. Die Knochenreste bei den Feuerstellen belegen, daß die Nahrung durch Fleisch von Tieren ergänzt wurde, die auch heute noch auf der Insel verbreitet sind, d. h. durch Ziegen, Schafe, Schweine und einem dem Esel verwandten Tier.

Abb. unten:
Steinschleuderer, Plastik beim Almudaina-Palast in Palma von Lorenzo Rosselló (1868 - 1901)

Szene aus der Frühgeschichte Mallorcas im Wachsfiguren-Museum (Museo de Cera) im El Foro de Mallorca bei Binissalem südlich von Inca.
Die Griechen gaben - nach Meinung einiger Historiker und Sprachforscher - den Balearen ihren Namen. Denn die Inselbewohner galten als gefürchtete Steinschleuderer und hießen daher im Altertum "Baliarides" (von ballein = werfen, schleudern). Schon von Kindheit an sollen sie mit der Steinschleuder das Wild erlegt haben. Die Steinschleuder mit Geschossen aus Kieseln oder stacheligen Bleikügelchen konnten selbst gepanzerte Schilde und Helme durchschlagen. Als derartige Spezialisten dienten sie in den bezahlten Söldnertruppen verschiedener Armeen.
Bezüglich der Namensgebung der Balearen ist allerdings Adolf Schulten anderer Meinung. Nach Schulten (1974, S. 251) tragen die Inseln den Namen der iberisch-libyschen Urbewohner, der Balari auf Sardinien.

kriegerischen Auseinandersetzungen einherging. Denn offenkundig wurden die frühen "friedlichen" Siedlungen zerstört und durch stark befestigte ersetzt. Näheres ist jedoch nicht bekannt. Auffällig ist aber, daß seitdem überdimensionierte Zyklopenbauten errichtet wurden, die - wie zuvor beschrieben - als "Talayots" bezeichnet werden.

Woher die neuen kriegerischen Siedler kamen, ist nicht eindeutig zu klären. Um 1.300/1.200 v. Chr. ist jedoch unter anderem durch den Niedergang der Hochkulturen von Kreta und Mykene eine Kulturkrise im östlichen Mittelmeerraum zu beobachten. Ursache waren teilweise Naturkatastrophen (z. B. Vulkanausbrüche) und kriegerische Auseinandersetzungen untereinander bzw. mit Eindringlingen. Der gesamte Mittelmeerraum befand sich in einer Umbruchphase, verbunden mit Wanderungsbewegungen. Es ist also gut möglich, daß die talayotische Kultur von Völkern auf den Balearen eingeführt wurde, die über den östlich sich anschließenden Mittelmeerraum kamen, zumal die Zyklopenbauweise auch auf Sardinien, Korsika und Malta vorkommt.

Hierarchische Gesellschaftsordnung

Sichtbares Zeichen der neuen Besiedlung sind die teilweise mächtigen Zyklopenbauten. Beim sogenannten Zyklopenmauerwerk werden unregelmäßige Blöcke über- und nebeneinander geschichtet, störende Vorsprünge abgeschlagen oder durch kleinere Blöcke ausgeglichen. An den Zyklopenbauten Mallorcas sind die vier bis fünf Meter hohen turmartigen Bauwerke mit zwei Meter dicken Wänden bemerkenswert. Zur Verwirklichung derartiger Festungswerke müssen gesellschaftliche Veränderungen gegenüber der Vor-Talayotischen Epoche vorausgegangen sein, die wohl mit einer neuen hierarchischen Gesellschaftsordnung und neuartigen militärischen und streng organisierten Strukturen in Verbindung stehen. Nicht zuletzt deuten die monumentale Architektur und die archäologischen Funde (Schilder, bronzene Schwerter und Brustpanzer) auf kriegerische Auseinandersetzungen und den Machtanspruch einer führenden Schicht.

Die soziale Gesellschaftsstruktur bestand nach Auffassung von J. Aramburu, C. Garrido und V. Sastre aus einem Kastensystem. Die Unterschiede der einzelnen Klassen zeigten sich nicht nur im Lebensstil und Vermögen, sondern auch im Totenkult und damit in der Bestattungspraxis. So wurden für die obere Kaste (der oberen Bevölkerungsschicht) Totenstädte erbaut, etwa die Nekropole von Son Real (Santa Margalida) und als weitere großzügige Begräbnisstätte die Höhlen von Son Boronat (Calvià).

Auf die führende Bevölkerungsschicht folgte diejenige der Hirten, die in Hütten wohnten. Während die Oberschicht Schwerter, Pfeile, Schilder und ähnliche Kriegsausstattung besaß, lebte die Mittelschicht einfach und konnte sich diese Ausstattung nicht leisten. Für sie kam auch nur die Bestattung in natürlichen bzw. künstlichen Höhlen in Frage. Die Leichen wurden nun häufig mit Kalk bestreut, in gebückter Haltung und mit dem Kopf zur Apsis bestattet. Zudem ist die Totenverbrennung belegt. Der Totenkult spielte folglich auch weiterhin eine wichtige Rolle und belegt den Glauben an ein Leben nach dem Tod. Darauf lassen nicht zuletzt auch die Grabbeigaben schließen.

Die unterste Schicht wurde weder in den Nekropolen noch in Höhlen bestattet, sondern erhielt eine einfache Erdbestattung. Die besitzlose

Neben Capocorb Vell ist Ses Païsses bei Artà die am besten erhaltene talayotische Siedlung. Sie wurde bis in die Römerzeit bewohnt. Die Siedlung entwickelte sich um einen zentral gelegenen Talayot, der zwischen 1.300 und 1 000 v. Chr. errichtet wurde. Die Mauer, die die Siedlung umgibt, scheint erst zwischen 1.000 und 800 v. Chr. gebaut worden zu sein. Das stattliche Haupt-Eingangstor zeigt die Abbildung oben. Die mittlere Breite der Umfassungsmauer beträgt 3,6 Meter, die Höhe bis zu 3,5 Meter. Die Abbildung unten rechts vermittelt einen Eindruck von der Mauerstärke und dem zweischaligen Mauerwerk mit Füllmaterial. Die Abbildung unten links zeigt jüngere Gebäudereste aus der Zeit zwischen dem 8. und 5. Jahrhundert v. Chr., die innerhalb der Mauer errichtet wurden.

Im talayotischen Heiligtum bei Costix wurden drei vollständig erhaltene Stierköpfe aus Bronze entdeckt. Sie waren an den Wänden des Tempels befestigt und dienten als Symbol einer männlichen Gottheit in Stiergestalt. Der hier dargestellte Stierkopf (Archäologisches Nationalmuseum Madrid) ist von erstaunlicher Detailgestaltung, wenngleich die Gesamtform der Ausführung steif und die Augenfalten und Ohren stilisiert sind. Naturalistisch ist die Modellierung und die Andeutung der Haare im Stirnbereich. Die ästhetisch geschwungenen Hörner sind angesetzt.

Bronzene Stierköpfe und weitere Kultfiguren wurden in Heiligtümern und Grab- bzw. Kulthöhlen gefunden. Zu den kleinen Kultfiguren gehören auch Stangen mit bekrönenden Statuetten von Stieren und Vögeln aus Bronze, wie es die Zeichnungen unten veranschaulichen.

Schicht bildeten Sklaven, bei denen es sich gewöhnlich um Kriegsbeute handelte. Die klassischen Autoren berichten, daß die balearischen Männer zwei bis drei Sklaven gegen eine Frau tauschten.

Dichte Bebauung der Insel

Auffällig ist die gleichmäßig dichte Bebauung der Insel Mallorca während der Talayotischen Epoche. Zwar geht man von lediglich 10.000 Bewohnern der Insel aus. Die Siedlungen waren jedoch über die gesamte Insel verteilt und lagen meistens nur drei Kilometer voneinander entfernt. Es handelte sich in den ersten Jahrhunderten ausschließlich um kleine Ansiedlungen, die in der Regel aus bis zu 100 Bewohnern bestanden. Wahrscheinlich standen die Siedlungen organisatorisch miteinander in Verbindung.

Kennzeichen der Ortschaften waren große Mauern mit kreisförmig-ovalem Verlauf. Erst gegen Ende der Epoche gab es auch rechteckige Umfassungsanlagen.

Da die Ansiedlungen selbst am Meeresrand zu finden sind, kann daraus geschlossen werden, daß von außerhalb der Insel keine größere Gefahr drohte. Stattdessen verweisen die starken Befestigungen eher auf Auseinandersetzungen innerhalb der Insel.

Landwirtschaft und Handel

Zur kulturellen Veränderung nach 1300 v. Chr. gehört des weiteren die Einführung der Landwirtschaft und der Viehzucht. Gleichzeitig verstärkte sich der Handel mit anderen Kulturen, wie die archäologischen Funde von Götterstatuen belegen. Da Mallorca keine nennenswerten Bodenschätze besitzt, war insbesondere Metall eine wichtige Handelsware, die zur Weiterverarbeitung importiert werden mußte. Wichtige Zentren der Metallproduktion lagen in der Ägäis, in Nord- und Mittelitalien sowie in Südspanien. Dort basierte die Metallverarbeitung ursprünglich auf lokalen Erzvorkommen. Somit entstand früh ein überregionaler Handel.

Die talayotische Kultur besaß zweifellos einen hohen Entwicklungsstand. Die Bewohner hielten Schafe, Rinder und Schweine, bauten funktionsfähige Brunnen und produzierten hochwertige Keramikprodukte. Im 6. Jahrhundert v. Chr. gerieten die balearischen Inseln jedoch zunehmend unter griechischen und phönizischen Einfluß, und die talayotische Kultur wurde allmählich verdrängt.

Tiergottheiten

Wie in anderen frühen Kulturen wurden Tiergottheiten verehrt. Als Gottheiten sind vor allem der Stier, daneben aber auch die Sonne nachweisbar. Zu den bemerkenswertesten Funden gehören die drei bronzenen Stierköpfe von Costitx (heute im Archäologischen Nationalmuseum Madrid, Kopien im Museu de Mallorca in Palma und in der Casa de Culturo in Costitx), die auf eine Verehrung des Stiergotts hindeuten. Offenbar ergeben sich hier kulturelle Beziehungen und Einflüsse zu Kreta und damit zum östlichen Mittelmeerraum. Vielleicht waren daher auch einige der mächtigen Talayots Kultbauten zu Ehren der Stiergottheit.

Gegen Ende der Talayotischen Epoche wurden außerdem zunehmend personifizierte Gottheiten verehrt. Von Griechenland wurde etwa der

Kriegsgott Mars übernommen. Kleine Figuren, wie der sogenannte Mars Baléaricus, konnten von Archäologen ergraben werden. Sie dürften in Griechenland entstanden und könnten durch balearische Krieger importiert worden sein.

Griechischer und phönizischer Einfluß

Ab ca. 650 v. Chr. werden die Griechen im Zuge der sogenannten "griechischen Kolonisation" auch auf den Balearen gesiedelt haben, wie Funde insbesondere auf Menorca und Ibiza zeigen. Sie bezeichneten Mallorca als "Insel der Nackten", da die Bewohner im Sommer nicht bekleidet waren.

Im 6. Jahrhundert v. Chr. übernahm das phönizische, 814 v. Chr. gegründete Karthago endgültig die Vormacht im westlichen Mittelmeer. Die Phönizier waren die erste Kolonialmacht im Mittelmeerraum. Sie errichteten Kolonien entlang der Nordküste Afrikas, Spaniens und Sardiniens. Zu den ältesten phönizischen Niederlassungen gehörte wahrscheinlich eine nicht näher identifizierte Stadt auf Menorca. 654 v. Chr. wurden auch Ebussos (Ibiza) und Westsizilien von ihnen erobert. Wenig später gründeten die Karthager auf Menorca die heutigen Städte Jamma (Ciutadella) und Maghen (Maó). Im 6. und Anfang des 5. Jahrhunderts v. Chr. geriet Karthago in Konflikt mit den Griechen.

Eine feste Besetzung der Insel Mallorca durch die Karthager hat es wohl nicht gegeben. Zwangsläufig werden aber die Mallorquiner mit ihnen Handel getrieben und einen regen kulturellen Austausch gehabt haben. Ohne Zweifel war der punische (= karthagische) Einfluß wirksam. So wurden neue Bestattungsformen eingeführt, ebenso neue Kultformen und Gottheiten, wie archäologische Grabungen belegen.

Balearische Söldnertruppen

Da die Bewohner der Balearen als gefürchtete Steinschleuderer galten, dienten viele Männer seit dem 5. Jahrhundert als Spezialisten in bezahlten Söldnertruppen verschiedener Armeen. 218 bis 201 v. Chr. kämpften beispielsweise angeblich 8.000 balearische Söldner auf der Seite Karthagos, später für das römische Heer und somit gegen Karthago.

Die große Nachfrage nach balearischen Kriegern führte allerdings zu einer merklichen Abnahme der Einwohnerzahlen auf den balearischen Inseln. Tatsächlich konnten Archäologen feststellten, daß gegen Ende der Talayotischen Epoche innerhalb der ummauerten Siedlungen eine kleinere Fläche für Wohnungen genutzt wurde als in einem früheren Zeitraum. Verlassene Häuser wurden dann teilweise zu Grabstätten umgestaltet. Kleinere befestigte Dörfer verödeten.

Auf der anderen Seite führte die Auswanderung der Soldaten und deren Rückkehr zu einem lebhaften Kulturaustausch und letztlich zu einer Beeinflussung der Architekturformen und Sitten. Die auf Seite 19 abgebildete Figur des Mars Baléaricos erfreute sich beispielsweise auf Mallorca und Menorca im 1. und 2. Jahrhundert v. Chr. großer Beliebtheit. Dabei handelte es sich um die Darstellung des Kriegsgotts Mars und damit um die Übernahme griechischen Kulturguts. Ohnehin wird auch die Produktion der kleinen Skulpturen für den großgriechischen Raum angenommen.

Bei den fast 20 auf Mallorca und Menorca entdeckten kleinen Marsfiguren, den sogenannten Mars Baléaricos, handelt es sich um die Darstellung des Mars als nackten Krieger mit Helm, Schwert und Wurfspeer. Die abgebildete Kleinplastik aus dem Museu de Mallorca in Palma wurde bei Can Amer (Sant Lorenç) gefunden. Die Mars-Figuren dürften in Griechenland entstanden und durch balearische Krieger, die in fremden Truppen tätig wurden, importiert worden sein. Der Gott Mars war die Personifikation des Kriegertums der Söldner. Tatsächlich dienten Tausende von Mallorquinern in fremden Armeen, nach historischen Quellen bereits seit dem 5. Jahrhundert v. Chr., vielleicht auch schon früher. Wie die klassischen Autoren berichten, sollen die Männer der Balearen ihre Frauen häufig von Piraten gekauft haben, die für eine Frau drei bis vier Söldner bzw. zwei bis drei Sklaven im Tausch erhielten.

Der Bronzehelm im Museu de Mallorca in Palma entspricht dem etruskisch-italienischen Typus aus dem 3. oder 2. Jahrhundert v. Chr. Er gehörte wohl ursprünglich einem mallorquinischen Sölder, der in fremden Truppen diente. Derartige Helme wurden in Artá und Llubí gefunden.

123 v. - 455 n. Chr.

Römische Epoche

Helm eines Gladiators bzw. Teil einer römischen Militäruniform aus dem Museu de Mallorca in Alcúdia

Als 146 v. Chr. Karthago gefallen und zerstört worden war, unter anderem auch mit Hilfe balearischer Scharfschützen, hatte Rom die Vormachtstellung im westlichen Mittelmeer errungen.

Römische Strafexpedition gegen Mallorca

Interessanterweise unterließen die Römer zunächst eine Besetzung der balearischen Inseln und die Einbeziehung in die römische Verwaltung. Nachdem jedoch die Mallorquiner rücksichtslos römische Handels- und Kriegsschiffe im westlichen Mittelmeer gekapert hatten und die Seeverbindung zwischen Rom und der römischen Provinz Iberien zusammenzubrechen drohte, führten römische Legionäre unter Führung des einstigen Prätors, Konsuls und Prokonsuls Quintus Cäcilius Metellus 123 v. Chr. eine Strafexpedition gegen Mallorca durch. Die Kriegsflotte mit 3.000 Soldaten vom spanischen Festland ging in der Bucht von Alcúdia (nach anderer Auffassung in Ses Salines) an Land.

Im Zuge der Eroberung Mallorcas wurden manche talayotischen Opferstätten zerstört, wie Brandschichten belegen. Die Invasion vollzog sich schnell. Doch wurde die Insel nicht vollständig unterworfen. Es gab größere Siedlungen, die mit den Römern entsprechende Abkommen unterzeichneten. Es entstanden erste römische Militärlager an strategisch wichtigen Stellen, aus denen sich später größere Ansiedlungen entwickelten, wie im Fall von Pollentia (heute Alcúdia) und Palmaria (heute Palma).

Die Balearen wurden der Provinz Hispania citerior mit der Hauptstadt Cartagena angeschlossen. Nach der Reorganisation unter Augustus gehörten die Inseln ab 27 v. Chr. zu Tarragona (zwischenzeitlich wieder zur Provinz Cartagena). 369 n. Chr. wurden die Balearen eine eigene römische Provinz mit dem Namen "Insulae Baleares" oder "Baleárica".

Römisches Theater in Alcúdia

Römische Töpferwaren (links) und Gläser (unten) aus dem Museu de Mallorca in Alcúdia (1./2. Jh. n. Chr.)

Die Hauptinsel nannte man Balearis Major oder Majorica. Die benachbarte kleinere Insel Menorca erhielt die Namen Balearis Minor oder Minorica.

Als Teil des Römischen Reichs war die balearische Bevölkerung auch an den Eroberungskriegen Roms beteiligt. So kämpften die balearischen Soldaten, die als Steinwerfer gefürchtet waren, unter anderem 111 v. Chr. im Krieg von Yugurta in Nordafrika und 57 v. Chr. im Gallierkrieg unter Julius Cäsar.

Römische Siedler

Mehr als 3.000 römische, vom spanischen Festland stammende Kolonisten wurden bereits um 115 v. Chr. auf der Insel angesiedelt. Urkundlich belegt ist, daß es sich dabei um aus Spanien ausgewiesene Personen handelte. Sie waren in der Landwirtschaft und Viehzucht geschult und führten daher auf Mallorca den römischen Ackerbau ein, legten Olivenhaine und Weinberge an. Das Brauchtum der neuen Siedler vermischte sich mit demjenigen der einheimischen Bevölkerung. Die römische Sprache, Kultur, Sozialstruktur, Religion und Kunst fanden Eingang auf Mallorca. Es entstanden erstmals auf Mallorca Städte und große Handelsstraßen, insbesondere die strategisch wichtige Route von Pollentia (heute Alcúdia) über das heutige Inca nach Palmaria (Palma). Wirtschaftlich wurde zudem die Salzgewinnung von Bedeutung.

Römische Öllampe aus dem Museu de Mallorca in Alcúdia (1./2. Jh. n. Chr.)

Städtegründungen

Ein neues Phänomen auf Mallorca war die Entstehung von Städten, die es während der talayotischen Zeit nicht gab. Plinius berichtet von fünf bedeutenden mallorquinischen Städten: Palma, Pollentia, Bocchor, Guius und Tucis. Aufgrund von Ausgrabungen haben wir lediglich vom römischen Pollentia, dem heutigen Alcudia, nähere Kenntnisse, mit Einschränkungen auch von Palma, während die übrigen bei Plinius genannten Orte nicht identifiziert sind. Es ist lediglich bekannt, daß Bóquer (römisch Bocchoris genannt und um 1.000 - 800 v. Chr. gegründet) in der Cala Boquer bei Pollença ein Zentrum derjenigen Ureinwohner war, die mit den Römern zusammenarbeiteten. Sie hatte allerdings nicht lange bestanden, wie durch Plinius bekann ist: "Unter den Städten haben Palma und Pollentia römisches Recht; das lateinische Guium und Tucis; Bocchorum, das schon nicht mehr besteht, genoß das Recht der Verbündeten." Eine wichtige Stadt wird zudem bei Campos/Ses Salines angenommen, zumal sich im heutigen Banys de Sant Jordin die einzigen Thermalquellen Mallorcas befinden. Eine weitere wichtige Ortschaft dürfte bei Manacor gelegen haben. Doch gibt es bis jetzt dazu noch keine archäologischen Funde, die diese Vermutung bestätigen würden.

Pollentia war in römischer Zeit die bedeutendste und größte Stadt auf Mallorca mit dem wichtigsten Hafen. Palma - nach landläufiger Meinung als Zeichen des Sieges (= Palmaria, die "Siegespalme") 122 v. Chr. gegründet - entwickelte sich aus einer Militäranlage. Die im Osten Mallorcas gelegene Hafenstadt Pollentia lag strategisch günstiger als Palma, da die Handelswege im Mittelmeer nach Rom ausgerichtet waren.

Neben den größeren Städten entwickelten sich Ortschaften auf dem Land, die als landwirtschaftliche Zentren und für die Fischzucht von Bedeutung waren. Nähere Kenntnisse über diese Siedlungen besitzen wir allerdings noch nicht. Die hohe Dichte an Kleinstädten auf Mallorca scheint jedoch auf diese römische Siedlungsstruktur zurückzugehen. Teilweise deuten noch heute Ortsnamen auf römische Gründungen hin. Vom lateinischen Wort lucus (= Wald, Hain) sind z. B. die Ortsnamen Lluc, Llucmajor, Lluc Alcari und Llucmassanes abgeleitet, von murus (= Mauer) die Namen Muro und Muro Vetera. Zudem scheint sich die römische Straßeneinteilung noch teilweise in Santanyí und Ses Salines erhalten zu haben. Neue Untersuchungen zur römischen Verteidigungsanlage Palmas belegen, daß zwischen Kathedrale und Rathaus der Straßenverlauf noch auf die römische Ansiedlung zurückgeht. Neben den Neugründungen blieben die alten talayotischen Siedlungen bestehen, so daß sich die talayotische Kultur teilweise noch in der römischen Zeit hielt.

Römische Statue eines Feldherren aus dem Museu de Mallorca in Alcudia.

Die Bevölkerungszahl Mallorcas lag im 1. Jahrhundert n. Chr. bei etwa 30.000 Einwohnern und somit wesentlich höher als während der Talayotischen Epoche und nur geringfügig niedriger als im späten Mittelalter.

Hochstehende Wohnkultur

Die Wohnkultur der Römer war von sehr hohem Niveau. Das galt gleichfalls für das römische Mallorca. Auch die technischen Errungenschaften und die Theaterkultur besaßen einen hohen Standard. Pollentia verfügte über große Wasserleitungssysteme, die das Wasser über mehr als dreizehn Kilometer mit Hilfe von Bogenbrücken und Kanälen transportierten. Die Stadt wurde so mit Trinkwasser versorgt. Es gab zudem ein Theater, das außerhalb der Mauern angelegt wurde, und ein Forum. Nach einer neuen Theorie glaubt man, auch die Lage des römischen Theaters von Palma gefunden zu haben, das ebenfalls außerhalb der Befestigung lag und zwar unmittelbar südöstlich des heutigen Plaça del Rei Joan Carles I.

Plünderungen und Revolten im 3. Jahrhundert n. Chr.

Im 3. Jahrhundert n. Chr. fiel das Römische Reich in eine Krise. Die Auswirkungen waren auch auf Mallorca zu spüren. Nachweisbar sind erstmalig gewalttätige Ereignisse, mit denen sich plötzlich - wie die Auswertung der Grabungen in Alcúdia zeigen - die größte Stadt Mallorcas, Pollentia, auseinanderzusetzen hatte. Aber sicherlich betraf dies auch andere Ortschaften der Insel.

In Pollentia kam es 280 n. Chr. sogar zu Brandschatzungen. Wenig später wurde die wichtigste mallorquinische Stadt ganz zerstört, das Forum verlassen. Die Zerstörungen waren offenbar so groß, daß man mit dem Wiederaufbau nicht im Stadtzentrum begann, das nun teilweise als Friedhof umgenutzt wurde.

Die ältere Forschung führte die Zerstörung Pollentias noch auf die Angriffe der Vandalen und anderer "nordischer" Völker zurück. Heute geht die Geschichtsschreibung jedoch davon aus, daß dafür ein Aufstand von rebellierenden Sklaven, unzufriedenen Bauern und ausgegrenzten Bevölkerungsgruppen verantwortlich ist. Diese Revolte zerstörte Städte und Regionen. Ursachen der gewalttätigen Auseinandersetzungen sind wohl in einer wirtschaftlich-sozialen Krise zu suchen, die ihre Wurzeln bereits im ausgehenden 2. Jahrhundert hatte.

Eine Folge der Krise war neben den Unruhen und chaotischen Zuständen der Rückzug führender Bevölkerungsschichten aus den größeren Städten wie Pollentia und Palma ins Landesinnere. Zwar verblieb die Verwaltung und politische Macht weiterhin in den Städten. Das Kapital wanderte aber auf das Land, das nun von Großgrundbesitz geprägt wurde.

Gegen Ende des 4. Jahrhunderts - mit dem Tod Kaiser Konstantins des Großen - wiederholten sich die sozialen Konflikte im gesamten Römischen Reich. Es folgte die Eroberung der Balearen durch die Vandalen und die Zerschlagung des Römischen Reichs.

Einführung des Christentums

Ein wichtiger kulturhistorischer Aspekt der ersten Jahrhunderte nach Christi Geburt ist die Einführung des Christentums auf den Balearen. Über den Zeitpunkt der Gründung der ersten Christengemeinden gibt es zahlreiche Spekulationen, da möglicherweise der Apostel Paulus 58 n. Chr. im Zuge seiner Spanienreise auch nach Mallorca gelangt sein könnte. Da sich das Christentum bis zum 2. Jahrhundert in ganz Spanien verbreitet hatte, gab es mit Sicherheit auch Christen auf den Balearen. Die älteste bekannte christliche Kultstätte auf Mallorca ist die Höhle von Sant Martí bei Port d'Alcúdia. In der Höhle mit einem Brunnen hatten sich - so die landläufige Meinung - im 2. und 3. Jahrhundert die ersten Christen versammelt, um versteckt Gottesdienst zu feiern.

Als der römische Kaiser Theodosius I. (347-395, seit 379 Kaiser) die christliche Lehre zur Staatsreligion erklärte und die heidnische Kultur verbot, wurde auch das Christentum auf den Balearen zur dominierenden Glaubensrichtung. Mallorca war eine eigenständige Diözese. Erste Kirchen wurden gebaut.

Jüdische Gemeinden

Neben der christlichen Religion war auch der jüdische Glauben von Bedeutung. Jüdische Familien kamen unmittelbar nach den Zerstörungen Jerusalems (70 und 135 n. Chr.) nach Katalonien, wo sie seit dem 1. Jahrhundert n. Chr. belegt sind, und wohl auch nach Mallorca. Sie scheinen zu Ansehen und Wohlstand gelangt zu sein. Doch seit der festen Etablierung des Christentums scheint es zwischen den Religionsgemeinschaften zu Spannungen gekommen zu sein. Für das Jahr 418 ist z. B. eine große "Judenbekehrung" auf der Nachbarinsel Menorca durch den Bischof Sever in Maó belegt. Dies bedeutet jedoch nicht, daß sich die jüdischen Gemeinden auflösten. Sie blieben auch weiterhin präsent. Jüdische Grabplatten sind z. B. aus dem 4. und 5. Jahrhundert auf Mallorca erhalten.

Die Höhle Sant Marti bei Port d'Alcudia (am Ortsrand Richtung Sa Pobla) soll bereits im 2. und 3. Jahrhundert den Christen als Versammlungsort gedient haben. Tatsächlich wurden in dieser natürlichen Höhle frühchristliche Hinweise gefunden. Erwähnt wird der Kultort jedoch erst 1268. Umgestaltungen der Höhle erfolgten 1887, 1956 und 1993. Die Abbildung oben zeigt den Blick in die 20 m tief gelegene Höhle. Der kapellenartige Bau stammt vermutlich von 1887 bzw. 1956. 58 v. Chr. schrieb Apostel Paulus von Korinth an seine Anhänger in Rom, er wolle nach Spanien reisen. Möglicherweise gelangte er im Zuge seiner Schiffsreise auch nach Mallorca.

455 - 902 n. Chr.

Frühmittelalter

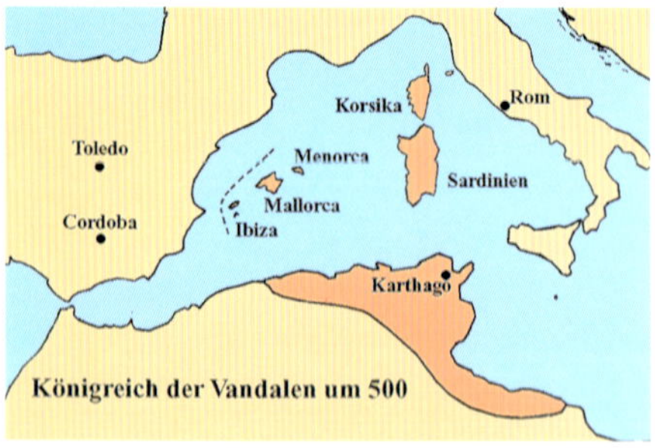

Übersichtskarte zum Vandalenreich um 500.

Über den Zeitraum von etwa 450 bis um 900 n. Chr. ist nur wenig über die Geschichte und die Lebensverhältnisse auf Mallorca bekannt. Es haben sich weder eine verläßliche Anzahl schriftlicher Quellen noch bauliche Zeugnisse erhalten. Dieser Zeitraum gilt als die "dunkle Zeit" Mallorcas, die offenbar durch große Unruhen und Unsicherheiten geprägt war.

Herrschaft der Vandalen

Das römische Weltreich zerbrach, als die Barbaren aus dem Norden in den Mittelmeerraum einfielen. 425/26 erfolgten die ersten Angriffe der Vandalen auf Mallorca. Dabei wurde 425 Pollentia geplündert. Ab 455 eroberten die Vandalen, die das Römische Reich förmlich überrannt hatten, endgültig die Insel. Sie konnten sich aber nur unter der Herrschaft von Genserico behaupten. Bereits nach dessen Tod im Jahre 477 begann das Reich der Vandalen zu zerfallen.

Es ist anzunehmen, daß unter den Vandalen die kulturellen Errungenschaften und der hohe Wohnkomfort der Römer nicht gehalten werden konnte. Die Folge war die Vernachlässigung und der Verfall römischer Bauwerke einschließlich der Wasserleitungssysteme. Auch die Verwaltung und die Landwirtschaft gerieten sehr wahrscheinlich in einen desolaten Zustand.

Zu den kulturellen Einschnitten unter der Vandalenherrschaft gehört auch die Verfolgung der christlichen Kirche. Bischöfe wurden gefangengenommen oder ins Exil geschickt. Angeblich sollen 5.000 Christen in die Sahara verschleppt worden sein. Zudem gibt es - nach Pedro Xamena Fiol - Hinweise, daß die vielleicht noch während der römischen Epoche errichtete Basilika von Son Peretó bei Manacor durch einen Brand in Mitleidenschaft gezogen wurde. Die gewaltsame Zerstörung wird von einigen Historikern mit der Vandalenherrschaft in Verbindung gebracht.

Zwischen Biniaratx (hinter dem Waschhaus rechts) und Fornalutx (bei Sóller) verläuft ein historischer Weg. Er wurde in der Römer- oder frühen Maurenzeit angelegt und über Jahrhunderte genutzt. Er ist heute seit seiner Restaurierung ein beliebter Wanderweg.

Unter byzantinischer Verwaltung

Am wirtschaftlichen Niedergang änderte sich auch nur wenig, als ein Jahr nach der endgültigen Zerstörung des Vandalenreichs 533/534 n. Chr. der byzantinische Kaiser Justinian Truppen nach Mallorca entsandte. Damit war das Byzantinische Reich im westlichen Mittelmeerraum zur führenden Macht geworden, zumal im Jahre 533 auch Karthago im Zuge der militärischen Expansion byzantinisch wurde. Mallorca fiel so verwaltungsmäßig unter byzantinische Kontrolle und zugleich unter die Obrigkeit der Provinz Sardinien, die von Afrika abhängig war.

697 fiel Karthago in die Hände der Sarazenen. Die Christen wurden aus Nordafrika vertrieben und siedelten sich im europäischen Mittelmeerraum an. Mallorca wurde so ein Sammelbecken für zahlreiche afrikanische Christen, die vor den Muslimen geflohen waren.

Orientierung nach Nordafrika und Aufstieg Palmas

Als wichtige Entwicklung unter byzantinischer Herrschaft ist der Niedergang Pollentias festzuhalten. Ursache dafür war eine Veränderung der Handelsströme. Richtete sich in römischer Zeit der Handel vornehmlich nach Italien und damit nach Osten aus, orientierte er sich nun nach Nordafrika und somit nach Süden bzw. Südwesten. Dadurch gewann das strategisch günstiger im Westen gelegene Palma als Hafen eine größere Bedeutung als Pollentia im Nordosten der Insel. Mallorca isolierte sich zudem zu diesem Zeitpunkt vom spanischen Festland.

Die Orientierung nach Nordafrika verstärkte sich in den folgenden Jahrhunderten und zwangsläufig während der maurischen Herrschaft ab dem 10. Jahrhundert. Dadurch konnte Palma mit seinem Hafen zur wichtigsten Stadt der Balearen aufsteigen.

Byzantinische Kirchen

Mallorca war eine eigenständige Diözese. Doch erst aus dem Jahr 484 ist der Name eines mallorquinischen Bischofs aus Mallorca archivalisch belegbar: Bischof Elias von Mallorca wird in der Teilnehmerliste des Konzils von Karthago aufgeführt. Ob das Bistum während der Kirchenverfolgung unter der Vandalenherrschaft jedoch stetig durch einen Bischof in Palma besetzt war, ist nicht geklärt. Während des Konzils war es jedenfalls zu keiner Einigung zwischen den Herrschern und der kirchlichen Institution gekommen.

oben und unten: Mosaik-Fußboden von Sant Peretó zwischen Manacor und Sant Llorenç im Museu de Manacor, das im Torre dels Enegistes südlich von Manacor eingerichtet ist.

Nach der byzantinischen Invasion von 534 dürfte sich die kirchliche Macht gefestigt haben. Kirchlich war der Bischof Mallorcas vermutlich zeitweise von Carthago Nova (Cartagena) auf dem spanischen Festland abhängig. Seit Toledo dessen Metropole wurde, war Mallorca nicht mehr auf den Konzilien vertreten und scheint mit Menorca und Ibiza eine eigene Provinz gebildet zu haben. Genaueres ist für diesen Zeitraum nicht bekannt, zumal sich aufgrund der Maureninvasion auf der Iberischen Halbinsel um 700 die christlichen Verwaltungsstrukturen stetig verschoben haben dürften.

Die ältesten archäologischen Zeugnisse frühchristlicher Architektur auf Mallorca werden in das 4. und 5. Jahrhundert datiert. Während der by-

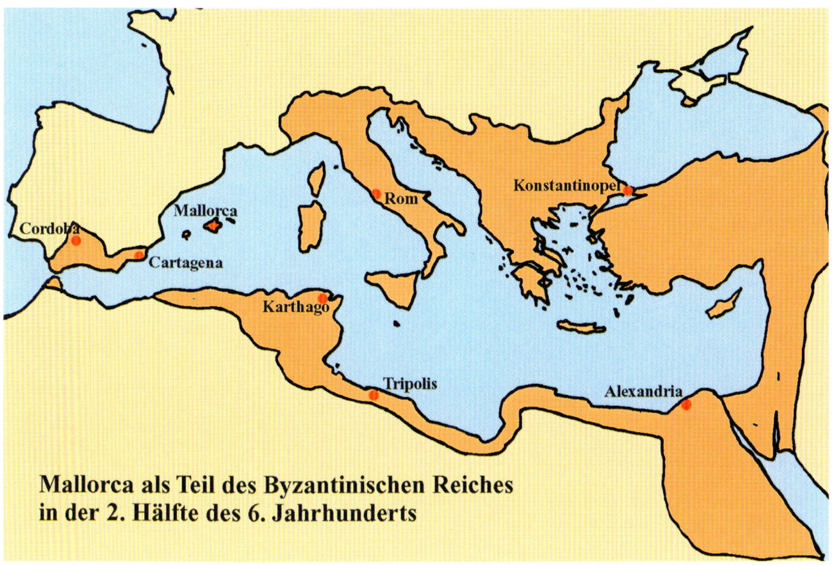

oben: Ausgrabungen von Sant Peretó zwischen Manacor und Sant Llorenç (km 54 von Manacor links)

links: Übersichtskarte zum Byzantinischen Reich in der 2. Hälfte des 6. Jahrhunderts

zantinischen Herrschaft wurden die möglicherweise teilweise von den Vandalen zerstörten Kirchen wiederaufgebaut. Die wenigen archäologisch belegbaren Kirchen befinden sich in ländlichen Gegenden und gehören offenbar nicht zu ehemaligen Stadtzentren.

Mallorquinische Seeräuber

Als die Araber durch die Eroberung der Iberischen Halbinsel 711 und den Vorstoß bis nach Frankreich noch während des 8. Jahrhunderts die Vormachtstellung im Mittelmeerraum errangen, schwächte sich auch der Einfluß der byzantinischen Herrschaft auf Mallorca ab. Die Balearen, die nun an der Schnittstelle zwischen dem christlichen und maurischen Machtbereich lagen, wurden zum Seeräubernest. Viele mallorquinischen Sippen nutzten die geopolitische Lage und überfielen zunächst vorwiegend arabische und später christliche Handelsschiffe, zogen plündernd nach Katalonien bzw. zur französischen und italienischen Küste. Die Piraterie bildete die Haupteinnahmequelle Mallorcas bis zum frühen 12. Jahrhundert.

Araberangriffe

Obgleich die Araber bereits 707 erstmals nachweisbar die Balearen überfielen und 711 bekanntermaßen sogar die Iberische Halbinsel besetzen konnten, gelang es dem arabischen Heer zunächst nicht, das unter byzantinischer Verwaltung stehende Mallorca zu erobern. Ein Großangriff der Moslems war allerdings wohl auch deshalb ausgeblieben, da die Insel zeitweise Schutzgelder an die Mauren zahlte.

Unsicherheit kennzeichnet die Epoche, da sich Mallorca stetig arabischen Piraten gegenüber sah, zumal die Mallorquiner teilweise selber als Seeräuber die Meere unsicher machten und maurische Schiffe kaperten. Da Ende des 8. Jahrhunderts große Teile Kataloniens unter maurische Herrschaft gefallen waren, scheinen die Balearen besonders häufiges Ziel der moslemischen Piraten geworden zu sein. Nach mehrfachen Plünderungen baten die Bewohner der Balearen 798 sogar den fränkischen Kaiser Karl den Großen darum, ihre Insel unter seinen Schutz zu stellen. Angeblich sollen die christlichen Truppen 798/99 Flotten der maurischen Seeräuber besiegt haben. Die Kriegsstandarte der Muslime wurde anschließend nach Aachen gebracht. 801 starteten die Truppen Karls des Großen zudem die Rückeroberung des maurischen Barcelona. Nach zweijähriger Belagerung fiel die Stadt wieder in christliche Hände.

813 fuhr eine Schiffsflotte Sarazenen von Korsika Richtung Spanien mit 500 christlichen Sklaven an Bord. In mallorquinischen Gewässern wurden sie überfallen. Als Folge entstand ein Vertrag, der die Beziehungen zwischen dem arabischen Spanien und den christlichen Balearen regelte und der vermutlich eine Nichtangriffsklausel enthielt. Unter dem Vorwand, die sich als Seeräuber betätigenden Mallorquiner hätten sich nicht an die vertraglichen Vereinbarungen gehalten, kam es 848 zu einer Strafexpedition mit 300 Schiffen, in der die Flotte des Abderrahman II. von Cordoba hohe Tributzahlungen von Mallorca erwirkte.

Anhand der zahlreichen kriegerischen Auseinandersetzungen zeigt sich die wichtige strategische Lage Mallorcas im Handel von Italien und Frankreich nach Nordwestafrika bzw. zur Iberischen Halbinsel. Neben Araberüberfällen folgte 859 oder 869 auch ein Angriff normannischer Truppen.

902 - 1229

Maurische Epoche

902 fiel Mallorca schießlich doch unter maurische Herrschaft, die bis 1229 bestehen bleiben sollte. Während dieses Zeitraums erlebte die Insel und vor allem Palma de Mallorca, das unter arabischer Herrschaft Madina Mayurqa hieß, eine Blütezeit.

Szene zur Geschichte Mallorcas während der Maurischen Epoche im Wachsfiguren-Museum (Museo de Cera) im El Foro de Mallorca bei Binissalem südlich von Inca.

Eroberung durch Isam al-Jawlani

Ein gewisser Isam al-Jawlani, ein reicher Moslem, soll nach landläufiger Meinung das Interesse der arabischen Herrscher der Iberischen Halbinsel, Mallorca langfristig zu besetzen, geweckt haben. Isam hatte Mallorca kennengelernt, als er auf der Pilgerreise von Cordóba nach Mekka nach einem Seesturm in einer Bucht Mallorcas mit seiner Flotte Schutz suchte. Isam war begeistert von der Insel und von den geringen Verteidigungseinrichtungen überrascht. Er studierte - so die Erzählungen - während dieses zufälligen Aufenthalts die Wehranlagen der Insel, berichtete nach seiner Pilgerreise in Cordoba dem Emir Abd-Allah von seinen Entdeckungen und bat ihn um Erlaubnis, Mallorca mit seinen desolaten Verteidigungsanlagen zu erobern. Kurz darauf, im Jahr 902 n. Chr., setzte Isam sein Vorhaben in die Tat um. Innerhalb eines Jahres war die gesamte Insel unterworfen. Der siegreiche Isam ernannte sich selbst zum Gouverneur von Mallorca und erklärte Madina Mayurqa, das heutige Palma, zur Hauptstadt. Interessanterweise erfolgte die Eroberung von Menorca durch die Araber erst viel später im Jahr 1025. Die Christen durften zunächst noch ihren Glauben behalten und wurden "mozárabes" genannt.

Maurische Kriegszüge

Mallorca wurde zunächst eine von Córdoba abhängige Provinz, deren Kriegsschiffe im Dienst der Regenten der Iberischen Halbinsel standen. Folglich nahmen die Mallorquiner auch an maurischen Kriegszügen entlang der katalanischen und französischen Küsten teil. Nicht zuletzt wurde dabei auch Sardinien mehrfach angegriffen. Mallorca wurde so zu einem wichtigen Stützpunkt der arabischen Flotte.

Nachfolger Jawlanis und damit neuer Gouverneur Mallorcas wurde sein Sohn Abd-Alla. Ihm folgten 947 Al-Muwaffak und 1013 Mucatil, der Emir von Denia.

Nach 1015 wurde Mallorca ein unabhängiges, von arabischen Emiren regiertes Reich. Eine Haupteinnahmequelle der Insel blieb die Piraterie und nicht zuletzt der damit verbundene Sklavenhandel. Unter Mobaxir (1093-1114) wurde Palma ausgebaut und die Stadtmauer errichtet, die seitdem nur noch verstärkt, jedoch nicht mehr erweitert werden mußte. Palma erlebte im 12. Jahrhundert eine Blütezeit und war zu diesem Zeitpunkt mit 80.000 Einwohnern bedeutender und größer als Barcelona. Palma erreichte erst gegen Ende des 19. Jahrhunderts erneut diese Einwohnerzahl.

Strafexpeditionen Pisas

Zu Beginn des 12. Jahrhunderts hatten die Überfälle und der Terror gegenüber den Handelsschiffen der Christen ein Ausmaß erreicht, das-

Das Landgut Son Alfàbia am Fuß der Serra de Tramuntana an der Straße von Palma nach Sóller ist maurischen Ursprungs. Das Landhaus war einst der Sommersitz des maurischen Premier und derart prächtig ausgestattet, daß später auch König Jaume I. nach der Eroberung der Insel 1229/30 durch die Christen die Anlage zu Aufenthalten nutzte. Er übergab den Palast später als Lehen der Familie Santacilla.

Ob die heutige im wesentlichen barocke Gartenanlage des Anwesens in ihrer Konzeption noch auf die maurische Gartenarchitektur zurückgreift, kann nicht abschließend entschieden werden, da sich Gärten mit Wasserspielen auch in der Barockzeit großer Beliebtheit erfreuten, wie nicht zuletzt das benachbarte Landgut Raixa belegt. Daß ein Garten zu einem arabischen Palast gehörte, steht außer Frage.

Auffällig am heutigen Garten des Landguts Son Alfàbia ist der luxuriöse Umgang mit Wasser in einem vernetzten Bewässerungssystem in Verbindung mit (mehr oder weniger) exotischen Blumen und Pflanzen - vergleichbar den arabischen Gärten. Palmen, Zitronen- und Orangenbäume verleihen dem Garten zumindest einen orientalisch anmutenden Charakter.

die italienischen Handelsmächte Genua und Pisa zu Maßnahmen zwang. 1113 bis 1115 führten daher die Seerepublik Pisa, die durch mallorquinische Piraten großen Schaden genommen hatte, und das ebenfalls von den Plünderungen betroffene Katalonien mit päpstlichem Segen erfolgreiche Vergeltungsschläge gegen Mallorca durch. 1115 griffen sie mit 800 Schiffen und 30.000 Mann unter dem Oberbefehl des Grafen von Barcelona, Berenguer III., die Hauptstadt Madina Mayurqa an. Die Stadt wurde erobert und geplündert. Hunderte von christlichen Sklaven konnten befreit werden. Tausende Mauren gerieten in Gefangenschaft. Und dies bedeutete für sie, als Sklaven auf den Feldern oder auf Schiffen der Sieger arbeiten zu müssen. Die Pisaner raubten Gold, Edelsteine und Bücher, deren Erlös zum Bau des Pisaner Doms und des Camposanto verwendet wurde.

Allerdings zogen sich die christlichen Eroberer überraschenderweise wenig später aus Mallorca zurück. Offenbar konnten sie die Insel, die von arabischen Glaubensbrüdern aus Nordafrika militärisch unterstützt wurde, nicht halten. Der Vergeltungsschlag hatte aber immerhin die Schwächung des mallorquinischen Piratentums zur Folge.

Die spätmittelalterliche Stadtmauer beim Plaça Porta des Camp hinter dem Kloster Sant Jeroni in Palma ist noch maurisch (12. Jahrhundert).

Herrschaft der marokkanischen Almoraviden

Die Balearen blieben somit islamisch und schlossen sich den marokkanischen Almoraviden an, einer streng fundamentalistischen Sekte der Moslems, die Mallorca aus den Händen der Christen zurückerobern konnte. Zudem erfolgten Friedensverträge mit Pisa und Genua. Dadurch blieb Palma de Mallorca Handelsstützpunkt der Pisaner und Genueser Kaufleute.

Die Terrassenanlagen von Banyalbufar (Abb. unten) und Estellencs sollen auf maurische Tradition zurückgehen.

Allerdings blieb Mallorca weiterhin umkämpft. 1162 unterstützten die Genueser Kaiser Friedrich I. bei seinem Angriff auf die Balearen. Nachdem die Eroberung mißlang, bemühten sich die Genueser 1181 erneut um eine Allianz mit dem Emir von Mallorca. Es war damit weiterhin Pisa und Genua möglich, mit Wolle und Gold zu handeln, das über die nördliche Sahara und die nordafrikanischen Häfen nach Mallorca und schließlich nach Europa gelangte. Das benachbarte Ibiza spielte zudem im Salzhandel eine wichtige Rolle.

Die Almoraviden-Dynastie betrieb in den folgenden 50 Jahren eine gewaltsame und schnelle Expansion ihres Reichs, zu dem auch große Teile Nordafrikas gehörten. Die Seeräuberkriege waren also weitergegangen und betrafen nun auch die eigenen Glaubensbrüder. Als um 1200 die balearischen Truppen auch die islamische Almohaden-Dynastie in Nordafrika bekriegten, führte der Almohade An Nasir mit seiner von Algier aus agierenden Schiffsflotte einen Eroberungsfeldzug gegen die balearischen Inseln, die er 1202/03 erobern konnte. Nun begann erneut eine kurze kulturelle Blütezeit, von der besonders die Hauptstadt Madina Mayurqa profitierte.

Arabische Kultur

Die arabische Kultur auf Mallorca äußerte sich in einer hochwertigen Keramikverarbeitung, Förderung der Wissenschaft und Künste, insbesondere der Literatur und Architektur. Und nicht zuletzt sind die noch erhaltenen Arabischen Bäder in Palma Zeugnisse dieser Epoche.

Von den Arabern, die bestens mit dem Problem des Wassermangels vertraut waren, übernahmen die Mallorquiner Anbau- und Bewässerungsmethoden, die Errichtung von Terrassenanlagen, wie sie - in der arabischen Tradition stehend - z. B. in Estellencs oder Banyalbufar im Nordwesten Mallorcas zu sehen sind. Zitronen- und Orangenpflanzungen sowie Mandelbaumkulturen wurden angelegt, der Weinbau intensiviert. Nicht zuletzt tragen die Ortschaften, die noch heute mit dem mallorquinischen Weinanbau in Verbindung gebracht werden, arabische Namen, wie Binissalem oder Biniamar. Möglicherweise stehen auch Gartenanlagen in Verbindung mit Wasserspielen, wie sie heute noch z. B. in Son Alfàbia zu besichtigen sind, in der arabischen Tradition.

Viele der heutigen großen Landhäuser sind arabischen Ursprungs. Der Turm des Landguts Defla nördlich von Sineu soll z. B. aus dem Mittelalter stammen und im Kern maurisch sein (nach B. Mulet Ramis um 900 erbaut). Nach der Rückeroberung Mallorcas durch das christliche Heer König Jaumes I. 1229/30 ging der arabische Gutshof in christliche Hände über. Der mittelalterliche Turm stand bis zum 19. Jahrhundert einzeln und wurde erst dann umbaut (Abb. aus: Ludwig Salvator: Die Balearen in Wort und Bild, 1884).

1229 - UM 1500

SPÄTMITTELALTER

Im Zuge der Reconquista, d. h. der Rückeroberung der Iberischen Halbinsel durch christliche Truppen aus den Händen der Araber, die bis zur Eroberung Granadas im Jahre 1492 andauerte, wurde 1229 auch Mallorca wieder christlich. Die Eroberung der Insel durch die Christen bedeutete einen tiefen Einschnitt in die Geschichte und Kultur Mallorcas, da erstmals die einheimische Bevölkerung nach einem Herrschaftswechsel zu einem großen Teil vertrieben und durch Neusiedler ersetzt wurde.

1229 brach das Heer König Jaumes I. von Aragón auf, um Mallorca zu erobern. Das Siegeskreuz bei Santa Ponça (s. auch S. 32) besitzt Reliefs mit Szenen des Feldzugs. Die abgebildete Darstellung zeigt den heftigen Sturm vom 7. September 1229, in den die Seeflotte geraten war. Einer Legende zufolge, befürchtete König Jaume I. die Zerstörung seiner Flotte. Er gelobte daraufhin, unmittelbar nach der Befreiung der Insel den Grundstein für ein stattliches Gotteshaus zu legen, sollte sein Heer sicher auf der Insel landen und die ungläubigen Araber besiegen. Tatsächlich erreichte die Kriegsflotte wenig später unbeschadet die Bucht von Pollença im Nordosten Mallorcas. Allerdings ist fraglich, welche Konsequenzen sich aus dem Gelöbnis ergaben, denn die neueste kunsthistorische Forschung ist sich darüber einig, daß der Neubau der heutigen Kathedrale von Palma nicht auf Jaume I. zurückgeht. Vielmehr wurde die heutige Kirche erst ab etwa 1300 erbaut.

Eroberung durch Jaume I. el Conqueridor

Pläne zur Eroberung Mallorcas seitens christlicher Truppen, z. B. aus Katalonien, Pisa oder Genua, gab es schon - wie im Kapitel zuvor geschildert - bereits mehrfach im 12. Jahrhundert, und auch Pedro II. von Aragón hatte sich um 1204 mit einem derartigen Gedanken getragen. Voraussetzung für die erfolgreiche Eroberung Mallorcas durch eine christliche Streitmacht war jedoch der Ehrgeiz des auf Expansion ausgerichteten Königs von Aragón, Jaume I. el Conqueridor (1208 - 1276), zu deutsch Jakob I. der Eroberer. Er gehört zu den schillerndsten Gestalten der spanischen Geschichte, war Politiker, Eroberer, Verfasser einer der wenigen mittelalterlichen Autobiographien (dem Llibre dels feits und eines Fürstenspiegels, dem Libre de saviesa). Als er elfjährig 1218 die Herrschaft seines aus Aragón, Katalonien, der Provence, dem Roussillon und aus Montpellier bestehenden Königreichs übernahm, war sein Reich von keiner großen Bedeutung im "Konzert" der europäischen Mächte. Am Ende seines Lebens gehörte sein Herrschaftsgebiet durch die Eroberung der Königreiche Mallorca (1229/30), Valencia (1236-45) und Murcia (1265/66) zu den bedeutendsten im Mittelmeerraum. Das Königreich Aragón stieg so zur Großmacht auf.

Neben dem Ehrgeiz Jaumes I. hatte auch seine finanzielle Notlage den Willen zur Eroberung Mallorcas gefördert. Maßnahmen zur finanziellen Konsolidierung des Königshauses von Aragón, wie z. B. Steuererhöhungen, hatten sich nämlich als wenig wirksam erwiesen. Außerdem drängten die Bischöfe und Grafen von Barcelona und Tarragona darauf, gegen die muselmanischen Piratenschiffe des Wali Abu Yahia Muhammed Ibn Ali Ibn Abi Iman al-Tinmalali im balearischen Seeraum vorzugehen, die die Seeverbindung zwischen den Handelsstädten Pisa und Barcelona blockierten und attackierten. Mehrfach hatten sie zudem die Küste Kataloniens bedroht. Dies waren Gründe, einen Feldzug gegen Mallorca, das Piratennest mit der reichen Handelsmetropole Madina Mayurqa, auszuführen. Die Eroberung der Balearen war nur noch eine Frage der Zeit.

Angeblich setzte sich die Kriegsmaschinerie König Jaumes I. gegen Mallorca endgültig in Gang, nachdem im Jahre 1228 der Seefahrer Pere Martell, der den erst zwanzig Jahre alten König und seine adligen Gefolgsleute zu einem Festessen in Tarragona eingeladen hatte, Spezialitäten Mallorcas servierte und über die Schönheit, die Schätze und die besondere geographische Lage Mallorcas berichtet hatte. Noch während die Festlichkeit andauerte, beschlossen Jaume und seine Mannen, umgehend Mallorca zu erobern. Nachdem der König wenig später alle wichti-

oben und rechts: Das Siegeskreuz bei Santa Ponça von 1929 steht auf dem Sa Caleta-Felsen, auf dem der Fahnenjunker Riudemeya am Morgen des 12. September 1229 die königliche Standarte in den mallorquinischen Boden rammte. Die acht Relieftafeln von Tomás Vila zeigen Szenen um dieses Ereignis.

Reiterstandbild Jaumes I. von Aragón steht auf dem Plaça Espagna in Palma nahe der Stelle des zwischen 1902 und 1913 abgebrochenen maurischen Stadttors Bab ab-Kahl, durch das König Jaume I. mit seinen Soldaten am Silvestertag 1229 siegreich in die Stadt Palma einzog.

rechts und unten links: Die Capella de Sa Pedra Sagrada an der Straße von Palma Nova nach Santa Ponça wurde 1929 anläßlich der 700-Jahrfeier der Eroberung Mallorcas nach Plänen von Mossèn Alcover im neoromanischen Stil erbaut. In der Kirche von 1929 steht der gewaltige Steinblock, auf dem als Altartisch Bischof Berenguer von Barcelona die erste Messe auf mallorquinischem Boden feierte. Die Feldmesse ist auch im Wachsfiguren-Museum bei Binissalem südlich von Inca dargestellt (Abb. links).

gen Persönlichkeiten seines Reichs in seine Residenz nach Barcelona geladen hatte, rief er am Heiligen Abend 1228 den "Heiligen Krieg gegen die Ungläubigen auf Mallorca" aus. In kürzester Zeit stand dem König mit Hilfe der Bischöfe von Barcelona, Tarragona und des Erzbischofs von Gerona sowie dem Tempelritterorden eine stattliche Streitmacht zur Verfügung. Sie umfaßte fast 15.000 Soldaten, etwa 300 Tempelritter und 1.500 Pferde. Zahlreiche Soldaten stammten aus Südfrankreich. Die Flotte brach am 1. September 1229 mit 150 großen Schiffen Richtung Mallorca auf.

Ein Modell des Schiffstyps, mit dem das aragónesische Heer 1229 nach Mallorca gelangte, wird im Museu Torre dels Enagistes südlich von Manacor ausgestellt.

Am 10. September 1229 erreichte die christliche Flotte die Bucht von Pollença im Nordosten Mallorcas. Aus militärisch-strategischen Gründen ging ein Teil der Soldaten bei Sant Elm und das Hauptkontingent in der ruhigen Bucht von Santa Ponça am 12. September an Land. Dort, wo der Junker Riudemeya, der anschließend zum Ritter geschlagen wurde, die Königsstandarte in den Boden gerammt haben soll, steht heute das mächtige steinerne Gedenkkreuz von Santa Ponça aus dem Jahr 1929. Anschließend wurde durch den Bischof von Barcelona der erste Gottesdienst auf Mallorca gefeiert.

Wenig später attackierten die moslemischen Mallorquiner die christlichen Eindringlinge. Bereits die erste Schlacht am Coll de Sa Batalla bei Palma Nova verlief äußerst blutig. Unter anderem fielen die Brüder des Königs, Ramón und Guillem (Raimund und Wilhelm) Montcada. Das christliche Heer ging dennoch siegreich aus der Schlacht hervor und drängte die arabischen Truppen bis nach Madina Mayurqa, dem späteren Palma, zurück. Gegen die nun folgende, mehr als drei Monate dauernde Belagerung der Stadt, die mit 160 ausgebauten Türmen befestigt war, hatten die Mauren bei ausgehenden Wasser-, Nahrungs- und Waffenreserven nichts entgegenzusetzen. Die Bitte des Emirs um freien Abzug für sich und seine Bürger, lehnte König Jaume ab.

Das Gemälde "Jaume I. der Eroberer vor den sich ergebenden Moslems" (Ende 19. Jahrhundert) hängt in der Kirche Sant Salvador d'Artá.

Eine Auswahl vornehmer Mauren und eine große Zahl Frauen und Mädchen sollen Jaume I. entgegengekommen sein, um ihm Gold und Silber, Edelsteine, goldene Ketten und andere Kostbarkeiten mit der Bitte zu übergeben, ihnen das Leben zu schenken und die Stadt vor einer Plünderung zu bewahren. Als Dolmetscher der Truppen Jaumes I. und Vermittler ist dabei der Jude D. Bachiel aus Saragossa bezeugt, der hervorragende Arabisch-Sprachkenntnisse besaß. Jaume I. würdigte diese Geste und die Bemühungen der maurischen Bevölkerung jedoch nicht und stürmte am Silvestertag 1229 mit den christlichen Truppen Palma und überließ die Stadt acht Tage der Plünderung und somit den zügellosen Begierden seiner Soldaten. Während der Plünderung der Stadt raubten die siegreichen Soldaten Gold- und Silbermünzen bzw. Schmuckstücke und zerstörten wertvolles Kulturgut.

König Jaume I., der nun den Beinamen el Conqueridor, der Eroberer, trug, zog durch das Tor Bab al Kofer mit seinen Gefolgsleuten in die Stadt ein. Im Schloß Almudaina wurde die Kapitulation der Stadt und die Unterwerfung des Emirs unterzeichnet. Am folgenden Neujahrstag, dem 1. Januar 1230, feierten die christlichen Eroberer in der Hauptmoschee Palmas demonstrativ den Neujahrsgottesdienst.

Jaume I. ernannte sich unmittelbar nach der Eroberung der Insel auch zum König von Mallorca, wodurch die Balearen innerhalb des Königreichs Aragón eine Ausnahmestellung erhielten.

Die Haupttafel des Georg-Altars von 1468 des Malers Pere Nissart im Diözesanmuseum von Palma zeigt den Drachentöter Georg vor der Silhouette einer mittelalterlichen Stadt (s. Detail S. 39).
Eine Tafel der Predella, die heute ebenfalls im Diözesanmuseum zu sehen ist (Abb. oben rechts), schildert die Eroberung des maurischen Palma durch die christlichen Truppen. Auffällig ist dabei die Darstellung zahlreicher Tempelritter, die durch das Templerkreuz gekennzeichnet sind. Diese mehr als 200 Jahre nach dem Ereignis dargestellte Szene, die von einem wohl aus Frankreich stammenden Maler gefertigt wurde, ist zwar kein zeitgenössisches Bilddokument, kann aber mit Abstrichen zumindest eine Kampfszene zwischen Christen und Mauren gegen Ende des Mittelalters veranschaulichen.

Das verbliebene arabische Heer und weitere fast 20.000 Mauren zogen sich zu einem großen Teil in die auf einem mächtigen Felsmassiv gelegene und als uneinnehmbar geltende Festung Alaró zurück, ergaben sich wenig später aber kampflos. Die in die Höhle von Artá im Osten der Insel geflüchteten 1.500 Moslems wurden von den Eroberern ausgeräuchert und ins Meer getrieben. Sie ergaben sich am Palmsonntag 1230. Die endgültige Befriedung der Insel folgte erst nach zwei Jahren.

Vertrag mit Menorca

1231 wurde im Vertrag von Capdera zudem die Nachbarinsel Menorca unter das Protektorat der Krone Aragón gestellt und tributpflichtig. Menorca blieb zunächst aber noch islamisch und so eine muslimische Enklave in katalonischen Gewässern. Erst 1287 eroberte Alfonso II. Menorca. Dabei wurden 40.000 menorquinische Muslims als Sklaven verkauft. Nur wenige Menorquiner blieben auf der Insel geduldet. Somit wurde die maurische Bevölkerung fast vollständig durch neue christliche Siedler ersetzt. Bereits zuvor, 1235, war durch die Truppen von König Jaume I. auch die Eroberung von Ibiza und 1238 von Valencia erfolgt.

Eingang zur Höhle von Artá, in die sich die geflüchteten Moslems verschanzt hatten.

Versklavung der maurischen Bevölkerung

Aus heutiger Sicht stellt sich der "Heilige Krieg gegen die Ungläubigen auf Mallorca" als wenig "christlich" dar, denn die Eroberungsschlachten waren besonders blutig. Nicht weniger als 20.000 Moslems sollen bei der Verteidigung Palmas umgekommen sein.

Die arabische Bevölkerung wurde mit wenigen Ausnahmen um ihren Grund und Boden gebracht. In der Regel wurden sie versklavt. Einige Moslems flohen, um diesem Schicksal zu entgehen, nach Ibiza oder Granada. Die Sklaven arbeiteten in den Haushalten, Werkstätten oder auf den Feldern der Eroberer oder wurden weiterverkauft. Eine Ausnahme bildeten - so die kunsthistorische Literatur - qualifizierte Handwerker, vor allem kunstvoll arbeitende Silberschmiede, die möglicherweise als freie Bürger auch für die neuen Machthaber tätig wurden. Sie beeinflußten somit auch die Kunst und Architektur des aragónesischen Königreichs.

Es wird angenommen, daß 15.000 bis 16.000 Mauren auf Mallorca geduldet blieben, vor allem in der noch nicht neu besiedelten Gegend um Pollença. Ohnehin war es seitens der neuen Machthaber kaum möglich, eine notwendige Infrastruktur ohne eine gewisse Bevölkerungsgröße aufrechtzuerhalten. Daher werden die zunächst "unfreien" Moslems bald auch eigene Felder wieder bestellt haben können. Sie wurden allerdings teilweise mit einer Sonderkopfsteuer belegt. Zudem ist bekannt, daß Jaume I. im Jahr 1231 merkwürdigerweise die Ansiedlung von zusätzlichen 30 Maurenfamilien in Inca gestattete, die überwiegend sogar aus Nordafrika stammten. Über die Hintergründe für die Ansiedlung dieser Moslems ist nichts bekannt. "Freie" Moslems gab es ohnehin auch weiterhin in Palma, da sie als Händler mit Nordafrika für die Seemacht Mallorca unentbehrlich waren. Von daher werden wohl auch noch nach 1330 einige Moscheen auf Mallorca bestanden haben.

Auf der anderen Seite darf nicht übersehen werden, daß die Nichtchristen gewöhnlich Repressalien ausgesetzt waren bzw. als Sklaven im städtischen Bereich gehalten wurden. Denn nicht anders ist zu erklären, weshalb noch Anfang des 14. Jahrhunderts einige hundert Moslems von Mallorca nach Nordafrika oder Granada auswanderten. Zudem konver-

Das verbliebene maurische Heer zog sich zu großen Teilen in die auf einem mächtigen Felsmassiv gelegene und als uneinnehmbar geltende Festung Alaró zurück, ergab sich wenig später aber kampflos. Die in die Höhle von Artá im Osten der Insel geflüchteten Moslems wurden von den Eroberern ausgeräuchert und ins Meer getrieben. Die endgültige Befriedung der Insel folgte erst nach zwei Jahren.
Die Abbildung unten zeigt den mächtigen Felsen (links), auf dem die Königsburg Alaró, deren heute ruinöse Wehranlagen im Bild oben zu sehen sind, errichtet wurde.

tierten viele Mauren zum christlichen Glauben, um nicht weiterhin diskriminiert zu werden bzw. als Sklaven nach einem Freikauf in die Freiheit zu gelangen. Außerdem ist festzuhalten, daß sich - wie bei jeder Eroberung - die Einheimischen teilweise mit den Neuansiedlern und somit auch die verschiedenen Kulturen vermischten und die Spannungen zwischen den Volksgruppen entschärften.

Exkurs: Sklaverei im späten Mittelalter

Zum Verständnis des Eroberungsfeldzugs und des Umgangs mit der einheimischen Bevölkerung ist das gegenüber heute völlig andere Menschenbild zu berücksichtigen. Menschenrechte, wie sie heute in den demokratischen Staaten üblich sind, gab es in dieser Form nicht. Auch die Wertschätzung eines Andersgläubigen muß anders als heute bewertet werden.

Deutlich wird dies nicht zuletzt am Thema "Sklaverei". Hier läßt sich interessanterweise selbst im Laufe des Mittelalters eine Entwicklung zu tendenziell humaneren Umgangsformen feststellen. Sklaven (von mittellateinisch S(c)lavus = Unfreier, Leibeigener) waren Menschen, die rechtlich und wirtschaftlich völlig von einem anderen abhängig waren. Die Sklaverei entstand wahrscheinlich, nachdem der Brauch, im Krieg die Besiegten ausnahmslos zu töten, aufgegeben wurde. In Europa hatte die Sklaverei im antiken Griechenland und im Römischen Reich ihren ersten Höhepunkt. Zu einem weltweiten Phänomen wurde sie im Zuge des europäischen Kolonialismus vom 16. bis 18. Jahrhundert. Seit der Aufklärung setzte sich allmählich die Auffassung durch, daß kein Mensch das Eigentum eines anderen sein könne. Doch erst 1870 wurde die Sklaverei in Spanien verboten.

Der Rückgang der Sklaverei in Europa im frühen Mittelalter gegenüber der Antike ist auf staatliche und kirchliche Beschränkungen des Handels mit christlichen Sklaven zurückzuführen. Erst im späten Mittelalter nahm die Sklaverei durch den Kampf gegen den Islam und die Missionierung Osteuropas durch den Handel mit Nichtchristen wieder zu. Dabei wurden von christlicher und islamischer Seite jeweils die Kriegsgefangenen versklavt. Dagegen war die Versklavung von Christen durch Christen untersagt. Insgesamt gesehen, spielte die Sklaverei des Mittelalters und der frühen Neuzeit im Mittelmeerraum jedoch im Vergleich zu den Kolonialgebieten nur eine untergeordnete Rolle.

Porto Pí ist der historische Hafen Palmas. Die Einfahrt wird von zwei Türmen begrenzt, im Norden dem Torre de Paraires und im Süden durch den Torre de Portopí, zwischen denen man im Mittelalter eine Kette spannte, um die Einfahrt des Hafens abzusperren. Der Torre de Paraires ist ein viereckiger Turm mit Zinnenbekrönung, dessen untere Steinlagen vielleicht noch römisch sind. Seine heutige Form erhielt er in arabischer Zeit oder im 13. Jahrhundert (s. dazu S. 103 und 128). Die historischen Fotos (aus: Montaner, 1889) zeigen den Torre de Portopí, der im unteren Teil spätmittelalterlich ist und im 17. Jahrhundert (wahrscheinlich 1612) um den hohen Aufbau erweitert wurde, als er die Funktion als Leuchtturm übernahm.

Für das Verständnis der Umgangsweise zwischen Mauren und Christen nach der Eroberung und bei Piratenüberfällen sowie im Zusammenhang mit der Sozialstruktur innerhalb eines vermögenden mallorquinischen Haushalts im späten Mittelalter sind die folgenden Ausführungen von Interesse.

Soweit man das Leben der Kriegsgefangenen im frühen Mittelalter schonte und davon absah, sie zu töten und damit als Gegner für alle Zeit unschädlich zu machen, wurden diese als Beutestücke lebenslänglich versklavt. Das galt gleichermaßen für Frauen und Kinder. Ähnlich verfuhr man im übrigen auch mit Schuldnern, die nicht zahlen konnten und die deshalb als lebenslängliche Sklaven verkauft wurden.

Im hohen Mittelalter zeigt sich eine Entwicklung, bei der sich die christlichen Mittelmeerländer den Gepflogenheiten des Islamischen Reichs anpaßten, in denen die Sklavenfreilassung zur Tradition geworden war. So wird schließlich in einer kastilischen Schrift des 12. Jahrhunderts vermerkt, daß der Sklavenstatus nach 30 Jahren verjährte. Damit hatte der Sklave zumindest die Erwartung, am Ende seines Lebens wieder frei zu sein. Zudem hatten sich die Eigentümer von Sklaven seit dem frühen 12. Jahrhundert in Italien und auf der Iberischen Halbinsel dazu verpflichtet, ihre Sklaven jederzeit gegen Geld zu entlassen. Häufig war die Sklavenfreilassung allerdings schwieriger, wie weiter unten noch näher ausgeführt wird.

Da der versklavte Gefangene einen Geldwert darstellte, begannen Christen und Muslime ein gegenseitiges "Sklavenfangen", da es nur erlaubt war, einen Fremden oder Andersgläubigen zu versklaven, und man von der Gegenseite als Gegenleistung einer Sklavenfreilassung ein Lösegeld erhielt. Vor allem im Zuge der christlichen Rückeroberung der Iberischen Halbinsel führten die Christen bzw. Moslems die unterworfenen Andersgläubigen nicht sofort als Sklaven ab, sondern fragten sie zuvor, ob sie oder ihre Angehörigen nicht gleich ihr Lösegeld zahlen wollten, oder ob sie gegen einen Sklaven der Gegenseite ausgetauscht werden könnten.

Jedenfalls führte dieser Handel dazu, daß vom 11. bis 16. Jahrhundert zwischen Christen und Moslems endlos gegenseitige Überfälle stattfanden. Vor allem die Küsten- und Inselbewohner des Mittelmeeres und insbesondere diejenigen der Balearen und der Küste Kataloniens lebten in der ständigen Gefahr, von Seeräubern der anderen Seite verschleppt und somit versklavt zu werden. Nicht zuletzt gerieten die Besatzungen gekaperter Schiffe in die Sklaverei. Von daher konnten selbst christliche Sklavenbesitzer durch einen Überfall von den Mauren versklavt werden, während gleichzeitig ihre Sklaven durch moslemische Piraten befreit wurden. Die Gefangennahme und Versklavung Andersgläubiger geschah somit auch unter dem Aspekt, Rückkaufaktionen in Gang zu setzen.

Interessant ist daher auch, daß sich in den Ländern der aragónesischen Krone, zu denen auch Mallorca gehörte, die Mitglieder einiger Zünfte verpflichteten, sich für den Fall der Versklavung beizustehen und die Lösegelder aufzubringen. Das spanische Cuenca erhob im 12. und 13. Jahrhundert sogar eine Sondersteuer zur Auslösung gefangener Christen.

Zudem kam es zur Gründung christlicher Orden, z. B. 1215 der Mercadarier ("Jungfrau Maria von der Gnade (=merced) der Gefangenenerlösung") in Barcelona und der Trinitarier (seit 1240 auch auf Mallorca),

Höhlen dienten als Verstecke jeder Art. Die Höhle von Portals Vells (Altes Tor) *ist kulturhistorisch von Interesse. Sie liegt am westlichen Rand der großen Bucht von Palma südlich von Magalluf, am südlichen Rand der felsenumrandeten kleinen Bucht. Die Höhle ließen Genueser Seefahrer im ausgehenden Mittelalter aus Dankbarkeit aus erretteter Seenot zu einer Kapelle ausbauen. Zu sehen sind heute Reliefs mit naiven christlichen Symbolen. In einer Nische wurde die kleine Madonna Santa Maria del Carmen bis 1863 aufbewahrt. Sie soll von einem Genueser Handelsschiff stammen, das die Muttergottes-Statue an Bord führte, um vor den Gefahren des Meeres geschützt zu sein. 1863 kam die Statue in die Pfarrkirche von Calviá, wenig später nach Portals Nous.*

Südlich von Felanitx liegt der Festungsfelsen des Castell de Santueri, eine weitere Königsburg. Von den Römern gegründet, bauten die Mauren die Festung aus. Jaume I. benötigte ein ganzes Jahr, um sie einzunehmen. Im 14. Jh. (besonders 1316-1329 und um 1347) wurde die Burganlage zum Schutz gegen Piraten um- und ausgebaut. Sie diente - aufgrund der hervorragenden Weitsicht - der Küstenüberwachung. Kriegerische Auseinandersetzungen hatte die Burg allerdings nach 1230 nicht mehr zu bestehen. Deshalb ordnete 1484 der spanische König die Räumung der Burgen Mallorcas an. Im Fall des Castell de Santueri entschied man sich jedoch für die Instandhaltung. Erst ab 1811, als man die Burg zum Verkauf freigab, verfiel die Anlage, zu der auch eine Zisterne, eine Backstube, eine Mühle und eine Kapelle gehörten.

die vornehmlich ihre Aufgabe darin sahen, Sklaven mittels Spenden freizukaufen. Die Trinitarier des "Ordens der Heiligen Dreifaltigkeit vom Loskauf der Gefangenen" sollen fast eine Million Christen aus muslimischer Sklaverei befreit haben. Bekannt ist z. B., daß am 12. August 1621 im Hafen von Palma einige Mönche des Ordens mit 70 freigekauften Spaniern eintrafen. Auch die Mercedarier brachten zahlreiche christliche Sklaven in ihre Heimat Mallorca zurück. Unter den 436 Befreiten, die im Frühjahr 1739 nach Palma gebracht worden waren, befanden sich 33 Mallorquiner. Von diesen waren 21 auf See (als Seeleute, Fischer oder Passagiere) in Gefangenschaft geraten, acht im Zuge von Piratenüberfällen von der Insel verschleppt worden, und vier waren Kriegsgefangene, da Spanien Stützpunkte in Nordafrika unterhielt und 1732 z. B. Oran zurückerobern konnte. Die Dauer der Sklaverei betrug meistens fünf Jahre, teilweise auch mehr. Die Beispiele der Sklavenfreikäufe auf Initiative der Orden zeigen, daß man seit dem späten Mittelalter häufig zu diplomatischen Schritten überging, mit denen massive Rückkäufe und Freilassungen von christlichen Sklaven möglich wurden.

Die romanischen Holzfiguren des Johannes des Täufers und der Jungfrau Maria (12. Jahrhundert) aus dem Museum in Lluc gelangten vermutlich im Zuge der Christianisierung der Balearen aus dem Norden Kataloniens nach Mallorca.

Um Anreize für einen Sklaven zu schaffen, effektiv zu arbeiten, entwickelten sich im ausgehenden Mittelalter offenkundig Verfahren, mit denen Sklaven bei guter Arbeit zu einer vorzeitigen Freilassung gelangen konnten. Interessant ist nun, daß ein großer Teil der freigelassenen Sklaven anschließend mehr oder weniger freiwillig auf die Rückkehr in ihre alte Heimat verzichtete. Dies galt vornehmlich für die Moslems, da im 13. und 14. Jahrhundert die Taufe als Voraussetzung für die Freilassung galt. Für den Muslim stand aber auf den Abfall von seinem Glauben die Todesstrafe. Dadurch war für ihn letztlich nur die Rückkehr in die Freiheit als Christ unter Christen möglich. Diese Hintergründe sind wichtig, um die Situation der ehemaligen Moslems auf Mallorca zu verstehen, die mehr oder weniger freiwillig zur Konvertierung zum christlichen Glauben gedrängt wurden. Ohnehin war mit der Sklavenfreilassung oft eine Nicht-

Die St. Georgs-Tafel von 1468 des Malers Pere Nissart im Diözesanmuseum in Palma (s. Gesamtdarstellung auf S. 34) zeigt im Hintergrund die Silhouette einer mittelalterlichen Stadt. Zwar handelt es sich um eine Phantasieansicht mit überwiegend mitteleuropäischen Motiven, wie sie durch den Einfluß Jan van Eycks seit dem frühen 15. Jahrhundert zunächst in Flandern und wenig später in ganz Europa üblich wurde. Der landschaftliche Zusammenhang mit der Burg, dem Hafen und der Windmühle verweist jedoch auf die Bucht von Palma, weshalb die Stadtansicht - nicht ganz zutreffend - oft als Wiedergabe der mittelalterlichen Stadt Palma bezeichnet wird. Immerhin kann das abgebildete Detail einen Eindruck vom Hafen einer Stadt im westlichen Mittelmeerraum während des späten Mittelalters vermitteln.

drängt wurden. Ohnehin war mit der Sklavenfreilassung oft eine Nicht-Wegzugs-Verpflichtung von seinem früheren Herrn verbunden. Außerdem wurden dem freigekommenen Sklaven häufig "Bewährungsproben" von bis zu 10 Jahren auferlegt, in denen er seinen neuen christlichen Glauben unter Beweis zu stellen hatte. Ohnehin gerieten getaufte Mauren und Juden relativ häufig in die Fänge der Inquisition, da sie von mißgünstigen Christen angezeigt wurden.

Erst im 15. Jahrhundert fiel die Vorschrift, der Freilassung habe die Taufe voranzugehen, weg. Immerhin erreichten zu diesem Zeitpunkt - wie Winfried Küchler feststellte - wenigstens 80 % der Sklaven ihre Freiheit. In den beiden letzten Jahrzehnten des 15. Jahrhunderts betrug die Dauer des Sklavendienstes in Valencia gerade einmal noch 7 Jahre. Dabei fällt auf, daß die Freilassung der Sklaven nicht mehr durch den Freikauf, sondern aufgrund des Willens des Herrn erfolgte. Vor allem aus dem 16. und 17. Jahrhundert sind mehrere testamentarische Freilassungsverfügungen aus Mallorca bekannt. Mehrfach sollte nach dem Tod des Herren der Sklave bzw. die Sklavin in die Freiheit entlassen werden. Oft wurde diese Person zudem mit einem Erbe versehen. Außerdem bestand die Möglichkeit, daß sich der Sklave durch Prämien und/oder Einnahmen aus selbständiger Arbeit sein Lösegeld für die Freilassung selber verdienen konnte. Auch für den Selbstfreikauf gibt es aus Mallorca Belege, wie sie unter anderem Fritz Söllheim in seinem Buch "Schicksale I: Sklaven - Piraten (Mallorca 1500-1800)" gesammelt hat. Letztlich lag es jedoch am Willen des Herren, durch welche Möglichkeit und ob überhaupt eine Freilassung möglich war oder nicht. Denn schon aus wirtschaftlichen Gründen wurden Sklaven benötigt und konnten nicht permanent ausgetauscht werden.

Das Landgut Sant Martí südlich von Vilafranca de Bonany gehörte nach 1229 zunächst den Tempelrittern, später dem Königshaus. Es ist eines der stattlichsten Landhäuser Mallorcas. Die ältesten Teile stammen aus dem 14. Jahrhundert. Wie in anderen Landgütern arbeiteten auch hier zahlreiche Sklaven.

Da sich die Dauer der Versklavung gegen Ende des Mittelalters erheblich verkürzt hatte, stiegen selbstverständlich auch die Preise für Sklaven und zwar auf das Vierfache. Während zu Beginn des 15. Jahrhunderts Sklavinnen fast doppelt so teuer und damit gefragter als "männliche" Sklaven waren und mehr als 75 % des Umsatzes der Händler ausmachten, veränderte sich dies im Laufe des Jahrhunderts. Nun erzielten Sklaven Höchstpreise, während Sklavinnen weniger gefragt waren.

Das veränderte Käufer- bzw. Nachfrageverhalten erklärt sich aus der Verwendung von Sklaven im städtischen Bereich. Große Nachfrage bestand im 13. und 14. Jahrhundert insbesondere nach Sklavinnen, da sie zur Hausarbeit eingesetzt wurden. Selbst in den Haushalten des Adels, einschließlich der Könige, waren Sklaven üblich. Als sich im Laufe des 15. Jahrhunderts der Adel und die Kirche als Käufer von Sklaven zurückhielten, sank selbstverständlich die Nachfrage nach Sklavinnen. Sklavenkäufer fanden sich ansonsten vorwiegend im Bereich der auf den Export angewiesenen Berufszweige, da es qualifizierte Handwerker selbstverständlich auch unter den Sklaven gab. Dagegen waren Sklaven für die Landwirte in der Regel seit dem 12. Jahrhundert zu teuer. Zudem wurden nur im Islam Sklaven auch zum Kriegsdienst eingesetzt.

In der frühen Neuzeit spielte der Sklavenhandel zunehmend eine immer geringere Rolle. Auf Mallorca waren Sklaven jedoch noch bis ins 18. Jahrhundert üblich. Kapitän Antonio Barceló, der spätere Flottengeneral, verkaufte beispielsweise noch 1753 in Palma mehrere Gefangene eines eroberten maurischen Schiffs.

Nach einer Statistik lebten auf Mallorca im Zeitraum von 1421 bis 1489 zwischen 35.000 und 46.000 Einwohner. Davon waren etwa 7.000 bis

Die drei Felsenfestungen von Castell del Rey (Abb. links), Castell d'Alaró und Castell de Santueri waren bereits in arabischer Zeit stark befestigt. Sie wurden nach der Eroberung 1229 weitergenutzt und teilweise umgebaut.
Das Castell del Rey geht möglicherweise auf ein Römerkastell zurück. Es wurde von den Arabern zu einer mächtigen Burg ausgebaut. Wie die übrigen Felsenfestungen Mallorcas war auch das Castell del Rey 1230 eine der letzten Zufluchtstätten der flüchtenden maurischen Truppen. 1343 wurde die Festung auch das letzte Bollwerk des Königreichs Mallorca unter König Jaume III., während der übrige Teil der Insel bereits an die Krone Aragón gefallen war.

9.000 Mauren, bei denen es sich wahrscheinlich überwiegend um Sklaven gehandelt haben dürfte. In der Stadt Palma (mit 10.000 bis 15.000 Einwohnern) wurden in diesem Zeitraum etwa 2.000 bis 3.000 Mauren gezählt. Auch in den folgenden Jahrhunderten dürfte die Zahl der Sklaven auf Mallorca noch bei einigen tausend gelegen haben. Genaue Angaben gibt es für das frühe 17. Jahrhundert aus Sevilla (6.000 Sklaven), Córdoba und Málaga mit jeweils 3.000 bis 4.000 Sklaven.

Nach Quellen des 15. Jahrhunderts stammten die Sklaven auf Mallorca nicht nur aus dem maurischen Spanien und Nordafrika, sondern auch zu einem großen Teil vom Balkan, aus Rußland, der Ukraine und Georgien, d. h. aus den von den Türken eroberten Gebieten. Zudem gab es Negersklaven. Sie waren entweder durch portugiesische Fernhändler oder als Sklaven der Muselmanen nach Mallorca gekommen. Darüber hinaus wurden auch die Kinder der Sklavinnen automatisch das Eigentum des Herren der Mutter, so daß viele Sklaven auf Mallorca geboren wurden. Auf dem Rittergut Sant Martí bei Vilafranca waren 1495 von den zehn männlichen Sklaven vier Kinder der einzigen Sklavin bzw. ihrer Vorgängerin.

Grabmal des Bischofs Guillem de Torrella (1267), der an der christlichen Eroberung Mallorcas 1229 teilgenommen hatte, in Santa Margalida in Palma.

Einführung des christlichen Glaubens

Mit der Eroberung durch die Truppen Jaumes I. wurde der christliche Glaube auf Mallorca eingeführt. Papst Gregor IX. unterstellte Mallorca unmittelbar dem Heiligen Stuhl, um die Insel vor den Ansprüchen Tarragonas und Barcelonas zu "schützen". Damit entstand unmittelbar nach der Wiedereroberung der Insel die neue Diözese Mallorca mit einem eigenen Bischof.

Die Moscheen der ehemaligen Bewohner wurden umgeweiht. Erst allmählich, d. h. in den folgenden Jahrzehnten, ersetzte man die maurischen Bauwerke durch Kirchenneubauten. In der Bulle von Papst Innocenz IV. von 1248 ist von 31 Pfarrkirchen auf Mallorca die Rede, bei denen es sich wahrscheinlich nur in Ausnahmefällen bereits um Neubauten handelte. 16 dieser Kirchen waren der Hl. Jungfrau geweiht.

Marienaltar aus dem Jahr 1438 von Gabriel Mòger in der Pfarrkirche von Campos

Neue Universität, Spitäler und Klöster

Unmittelbar nach der Eroberung begann man mit dem Aufbau einer neuen Infrastruktur. Dazu gehörten Gründungen von sozialen, kirchlichen und verwaltungstechnischen Einrichtungen. Bereits 1230 erfolgte durch Nunó Sanç die Einrichtung des Hospitals von Sant Andreu an der Stelle des heutigen Rathauses. 1249 wurde die Universität der Stadt und des Königreichs Mallorca gegründet. Außerdem siedelten sich Klöster auf Mallorca an, die unter anderem soziale und schulische Aufgaben übernahmen.

Die Dominikaner gründeten 1231 in Palma das erste Kloster. Die Franziskaner und Brüder der Barmherzigkeit folgten 1232, die Zisterzienser 1239, die Trinitarier (die sich um den Freikauf von christlichen Sklaven bemühten) und Prämonstratenser 1240, die Karmeliter um 1300, die Augustiner 1480 und zahlreiche mehr. Die ersten Frauenklöster waren die Augustinerinnen von Santa Margalida (1232) und die Franziskanerinnen von Santa Clara (1256). Die Gründungsmitglieder stammten aus Tarragona und Girona. Danach entstanden die Convente von Santa Maria Magdalena (um 1320) und auf dem Puig de Pollença (1371), die der Augustinischen Regel angehörten. Mit der Zeit stieg die Zahl der Frauenklöster erheblich an. Noch heute bestehen viele dieser Ordensgemeinschaften.

Zu den herausragenden Klöstern gehörten außerhalb Palmas die Zisterzienserniederlassung Santa Maria de la Real bei Palma, die 1239 Dank des Mäzenatentums des Conde del Rosellón Nunyo Sanç gegründet worden war. Die Kartause in Valldemossa wurde 1399 durch die Initiative König Martís I. von Aragón gefördert. Die am besten erhaltenen gotischen Klosteranlagen sind diejenigen der Franziskaner in Palma und die Nonnenklöster Santa Margalida und Santa Clara in Palma.

Aufteilung des eroberten Landes

Entsprechend den zur damaligen Zeit geltenden Regeln des Feudalsystems fiel die Hälfte der eroberten großen Ländereien an den König, die andere Hälfte an die Kirche und die engen Gefolgsleute des Königs (insbesondere an die Kaufleute von Marseilles und Montpellier, die sich vor allem finanziell an der Eroberung beteiligt hatten) bzw. an das Militär.

Das früheste Meisterwerk der Malerei, das sich auf Mallorca erhalten hat, ist das Retabel des Heiligen Bernhard von Clairvaux aus der Zeit kurz vor 1300, das im Museu de Mallorca in Palma zu sehen ist. Möglicherweise stammt die Tafel aus der ehemaligen Zisterzienserabtei Santa Maria del Real bei Palma, die 1835/36 aufgelöst wurde. Die Malerei zeigt für ihre Zeit eine erstaunliche Naturnähe und eine hohe Qualität der erzählerischen Darstellungsweise. Dargestellt sind Szenen aus dem Leben des Heiligen Bernhard. In der Mitte des Retabel steht der Heilige als Abt in weißer Zisterziensertracht mit dem Buch als Kirchenlehrer und einem Bischofsstab, da ihm mehrere Bischofsstühle angeboten wurden, die er jedoch ablehnte. Bernhard von Clairvaux wurde um 1090 in Fontaines bei Dijon geboren und trat 1112 in das benediktinische Reformkloster Citeaux ein, das später dem Zisterzienserorden seinen Namen gab. Schon drei Jahre später (1115) wurde er Abt des neugegründeten Klosters von Clairvaux, das bis zu seinem Tod im Jahre 1153 69 Tochterklöster hinzubekam.

oben und unten links: In Bellpuig (3 km südlich von Artá ca. 100 m westlich der Straße nach Manacor) ließen sich um 1238 Prämontratensermönche nieder. Sie errichteten die auf den Abbildungen zu sehende Kirche und erfüllten die Seelsorgeaufgaben für den Umkreis von Artá. 1425 zogen sich die Mönche aus Bellpuig nach Katalonien zurück. Die Kirche und die Klostergebäude wurden profaniert. Durch die Umnutzung blieb die einschiffige Kirche mit der heute vermauerten Fensterrose und dem Glockenaufsatz sowie einem Rundbogenportal an der Südseite im Zustand des 13. Jahrhunderts - wenngleich umgebaut - erhalten.

oben: Das barocke Eingangsportal gehört zum 1239 gegründeten und im 19. Jahrhundert aufgelösten ehemaligen Zisterzienserkloster Santa Maria de la Real nördlich von Palma. Der Abt des Klosters gehörte zu den einflußreichsten Persönlichkeiten Mallorcas, da er automatisch Mitglied des Königsrats wurde, seitdem Jaume III. die sogenannte Leyes palatines erlassen hatte.

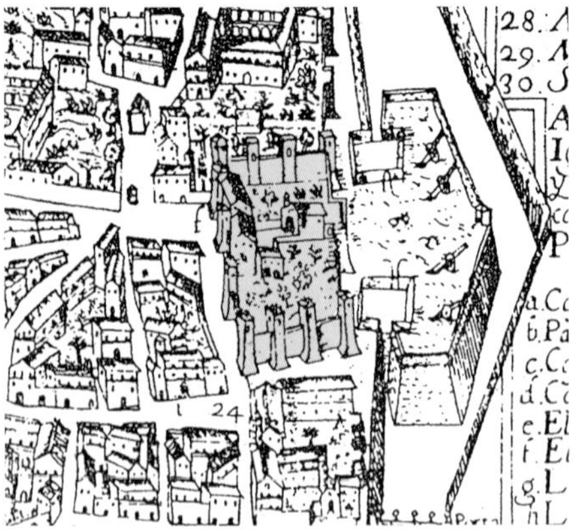

Die Templer erhielten nach der Eroberung zahlreiche Landsitze insbesondere im Norden Mallorcas und darüber hinaus maurische Stadtpaläste in Palma. König Jaume I. überließ ihnen unter anderem den Almudaina de Gumara, der im 11. Jahrhundert an die Stadtmauer gebaut worden war. Er besaß einen großen Innenhof und Ecktürme, wie auch noch die Ansicht auf dem Stadtplan Palmas von A. Garau aus dem Jahr 1644 verdeutlichen kann (Templerbezirk grau hervorgehoben). Zwei Türme sind als Torhaus an der Straße noch erhalten (Abb. unten aus: Ludwig Salvator, 1884). Die Anlage nutzten die Tempelritter als Lager für die zahlreichen Schätze, die während der Rückeroberung erbeutet worden waren, und als Archiv des Königshauses. Hier wurde unter anderem das "Buch der Verteilung" aufbewahrt, ein Kataster mit der Aufzählung sämtlicher Grundstücksverhältnisse und Besitzüberschreibungen auf Mallorca nach der Eroberung.

Im Innern der Anlage errichteten die Templer 1234 oder nach anderen Angaben um 1250 eine neue Kapelle. Von ihr stammen noch zwei romanische Rundbögen in der heutigen Kirche, die 1885 im neoromanischen Stil weitestgehend neu erbaut wurde.

Die Gefolgsleute übernahmen nicht nur Stadtpaläste, sondern vor allem die großen Landsitze arabischer Edelleute. Auch die Genueser und Pisaner Händler, die unter den maurischen Herrschern besondere Privilegien auf Mallorca genossen und zugleich versucht hatten, die katalanische Konkurrenz auszuschalten, mußten nun Besitzungen an die neuen Herrscher abtreten. Im großen und ganzen arrangierten sich jedoch die neuen Machthaber mit den italienischen Händlern.

Förderung des Templerordens

Großen Besitz vermachte der König aus Dankbarkeit vor allem dem Templerorden, der sich 1131 zur Beteiligung an der Reconquista in Aragonien niedergelassen hatte und mit etwa 300 Tempelrittern an der Eroberung Mallorcas beteiligt war. Vor allem im Norden Mallorcas (insbesondere bei Lluc und Pollença) wurde der Orden zu einem der größten Land- und Gutsbesitzer und somit zu einer einflußreichen und vermögenden Institution. Templerbesitz befand sich in Canet, Escorca (Lluc), Mortitx, Ariant, Albercutx (Formentor), Pollença, Son March, Muntanya, Torre de Vernissa, Albufera, Binifaldó, Comafreda, Inca, S'Aranjassa, Montuiri, Sant Marti d'Alanzell, Porreres und nicht zuletzt in Palma. Allein in Palma soll der Orden - nach Angaben von Gottfried Kirschner - 389 Häuser, 54 Werkstätten und vier Backöfen verwaltet haben.

Auch außerhalb Mallorcas hatten die Päpste und der Adel den Tempelrittern außergewöhnliche Privilegien eingeräumt. Da der Templerorden, der um 1118 in Jerusalem zum Schutz der heiligen Stätten Palästinas und der christlichen Pilger gegründet worden war, im Laufe des 13. Jahrhunderts großen Einfluß und materielle sowie politische Macht erworben hatte, setzte ab 1308 in Frankreich als Gegenbewegung die Verfolgung der Templer ein. Hauptgegner war König Philipp der Schöne, der bei dem Orden hoch verschuldet war und sein Vermögen einzog. Der Papst stand zunächst auf der Seite der Templer. Doch schon 1312 erfolgte das Verbot des Ordens. Gefangene Templer wurden in Paris als Häretiker öffentlich verbrannt. Die Templer mußten schließlich auch Mallorca verlassen und ihre Besitzungen aufgeben. Wohin die Schätze des Ordens gelangten, ist nicht geklärt. Die Besitzungen wurden überwiegend den Johannitern zugesprochen, so auch in Palma.

Neubesiedlung

König Jaume I., der nach der Eroberung Mallorcas an einer raschen Neubesiedlung der Insel interessiert war, bedachte (neben dem Templerorden, der Kirche, den Kaufleuten und dem Militär) mit der "Carta Pobla" von 1230 auch Einzelpersonen mit Landzuweisungen. Die Äcker wurden bald von einer Schicht freier und unabhängiger Bauern bewirtschaftet.

Neue Siedler kamen vorwiegend aus Katalonien. Sie siedelten sich auf den gesamten Balearen an und verbreiteten ihre Sprache und Traditionen. Das heutige Mallorquin begann sich als Inselsprache herauszubilden. In das nun christliche Palma kamen weitere Kaufleute, vornehmlich Genueser, die sich vom König ihre Handelskolonie 1231 eigens privilegieren ließen.

Letztlich zeigte sich Mallorca im 13. Jahrhundert von einer ungewöhnlichen Internationalität, die ihre Bewohner, Kultur, den Baustil und ihre Religion betraf. Dies bestätigen nicht zuletzt auch etliche notarielle Urkunden aus dem 13. und 14. Jahrhundert, wie Gabriel Llompart gezeigt hat. In Testamenten von Menschen Portugiesischer, Florentinischer oder

Katalanischer Herkunft wurden auf Mallorca beispielsweise Spenden und Schenkungen zu Gunsten religiöser oder wohltätiger Einrichtungen in entfernten Städten der ehemaligen Heimat gemacht. Auch bei den nachfolgenden Generationen blieb die Erinnerung an die Heimat ihrer Väter präsent.

Förderung und Diskriminierung der mallorquinischen Juden

Im Verhalten der neuen christlichen Machthaber zeigt sich ein prinzipieller Unterschied zu demjenigen der Mauren, die sich während ihrer Herrschaft auf den Balearen tolerant gegenüber Andersgläubigen verhalten hatten, da zu den bürgerlichen Rechten unter anderem die freie Religionsausübung gehörte. Daher lebten während der maurischen Epoche Moslems, Christen und Juden wahrscheinlich weitestgehend friedlich nebeneinander. Allerdings hatten Nichtmoslems höhere Abgaben zu zahlen.

In maurischer Zeit bestand in Palma eine große jüdische Gemeinde. Sie besaß zwei Synagogen. Die Juden waren häufig vermögend. Interessanterweise ist für 20 große Landgüter, auf denen Ackerbau betrieben wurde, belegt, daß sie im Besitz jüdischer Familien waren.

Die von den Mauren geduldeten Juden wurden nach den Ereignissen von 1229/30 auch von den Christen akzeptiert. Nicht zuletzt hatten jüdische Finanziers durch ihre Kredite die Armee Jaumes I., die Mallorca in christliche Hände brachte, ermöglicht. Der Jude D. Bachiel hatte zudem als Dolmetscher den Truppen Jaumes I. während des Feldzugs gedient. Aufgrund der direkten oder indirekten Mitwirkung am Feldzug wurden die Juden sogar mit Privilegien ausgestattet. Die 20 großen Landgüter, die jüdische Familien auf Mallorca besaßen, wurden ihnen belassen.

Außerdem ist zu beachten, daß die neuen Herrscher durch die engen Handelsbeziehungen der mallorquinischen Juden zu ihren Glaubensbrüdern in Nordafrika und den "internationalen" Devisenmärkten von der jüdischen Bevölkerung wirtschaftlich profitierten, ein Faktor, der ja auch für Mitteleuropa über alle Jahrhunderte hinweg galt.

Andererseits berichten Quellen, Jaume I. habe nach der Eroberung auch die große Synagoge in eine Kirche umgeweiht. Diese Entscheidung soll aber nach kurzer Zeit rückgängig gemacht worden sein.

Wenngleich im Alltag wohl nur selten zwischen Christen und Juden unterschieden wurde, so kam es dennoch immer wieder zu aktenkundigen Spannungen zwischen den Religionsgemeinschaften. Raymund de Peñafort *(näheres s. S. 50)* bereiste beispielsweise 1269 Mallorca zur Bekehrung der Juden und Mauren. Und nicht zuletzt war es der berühmte Ramón Llull (s. S. 49-54), der sich um die Missionierung bemühte, 1300/01 sogar ausdrücklich eine derartige Kampagne auf Mallorca durchführte und damit die Differenzen zwischen den Glaubensgemeinschaften verschärfte. Zudem trug der Befehl König Jaumes II. von Mallorca aus dem Jahr 1306, die Juden ihrer hebräischen Bücher zu berauben, zu weiteren Spannungen bei. Hinter dem Missionierungseifer steht eine positive Absicht, wollten doch die Christen die Seele der Andersgläubigen durch deren Taufe vor der ewigen Verdammnis bewahren.

1299 erfolgte, trotz Widerständen von christlicher Seite, der Neubau der großen Synagoge. Angeblich wurde sie 1314 infolge eines Progroms durch rebellische Christen beschädigt.

1312 wurde der Templerorden verboten. Die Templerbesitzungen in Palma wurden den Johannitern zugesprochen.

Für den 23. Februar 1339 ist die Suche nach einem verborgenen Schatz in der Drachenhöhle von Portochristo (Abb.) belegt. Gottfried Kirchner bringt dieses Ereignis mit den Templern in Verbindung. Denn der zu Wohlstand gekommene Orden wird wahrscheinlich einen Teil seines Vermögens vor fremdem Zugriff in Sicherheit gebracht und vermutlich in einer der zahlreichen Höhlen Mallorcas versteckt haben. Über das Ergebnis der Schatzsuche ist allerdings nichts bekannt (Abb. aus: Ludwig Salvator: Die Balearen in Wort und Bild, 1884).

Im selben Jahr oder nach anderer Lesart 1344 (wie Antonio Pons annimmt) ereignete sich ein weiterer Zwischenfall. Zwei Christen aus Deutschland zogen nach Spanien, um den jüdischen Glauben anzunehmen. Von den Rabbinern mehrerer jüdischer Gemeinden in Nordspanien abgewiesen, wandten sie sich auch an die Gemeinde in Palma de Mallorca. Hier wurden die zwei Deutschen endlich aufgenommen. Die Konvertierung der Christen sorgte für Aufregung. Denn stets hatten sich die Christen um die Missionierung der Juden und Araber gesorgt. Und es stand unter Strafe, eine Christenseele dem Himmelreich zu entziehen. Als der Bischof von Mallorca von der Bekehrung der zwei Deutschen zum jüdischen Glauben hörte, machte er sofort den Juden Mallorcas den Prozeß. Er verurteilte sie zu einer Geldstrafe von 150.000 fl., zwei Drittel davon erhielt die Staatskasse, 5.000 fl. der Bischof und der Rest diente zur Erbauung einer Kapelle.

Die Gründung des Königreichs Mallorca unter König Jaume II. von Mallorca

Jaume I., der 1276 verstarb, bestimmte in seinem letzten Testament von 1262, daß nach seinem Tod das Reich Aragón unter seinem ältesten Sohn und seinem einzigen Sohn aus zweiter Ehe geteilt werden solle. Die Praxis, ein Herrschaftsgebiet zwischen den Söhnen aufzuteilen, war bei spanischen Herrschern nicht unüblich. Kronprinz Pedro III. el Gran, zu

Der Sohn König Jaumes I. des Eroberers gründete als Jaume II. das Königreich Mallorca. Als sichtbares Zeichen ließ er sich in Perpignan und Palma große Königspaläste bauen. Der maurische Palast Almudaina in Palma wurde um 1300 im neuen gotischen Baustil mit romanisierenden Bauelementen um- bzw. neugebaut (Abbildung rechts). Der Palast und die Königsburg Bellver in Palma sowie die neu erbauten Königsburgen in Valldemossa (Abbildung unten), in Sineu und Manacor sind ein sichtbares Zeichen der Macht des neuen mallorquinischen Königtums.

deutsch Peter der Große (Regierungszeit von 1276 - 1285), erhielt das zusammenhängende Gebiet Aragonien, Katalonien und Valencia, der jüngere Sohn Jaume II. (Regierungszeit 1276 - 1311) die Balearen und die südfranzösischen Landstriche mit den Grafschaften Cerdagne, Roussillon, Conflent, Vallespir und Collioure sowie der Herrschaft Montpellier.

Während das Erbe Pedros III. aus einem homogenen Staatsgebiet bestand, bildete der Erbteil seines Bruders Jaume II. infolge der voneinander getrennt liegenden Reichsteile - den Inseln, dem Gebiet am Fuß der Pyrenäen und der davon geographisch abgetrennten wichtigen Handelsmetropole Montpellier - ein nur schwer regierbares und militärisch kaum zu verteidigendes Gebilde. Zudem besaßen die einzelnen Regionen Landschaften gegensätzlichen Charakters, eine unterschiedliche juristische und politische Tradition und differierende wirtschaftliche Interessen. Nachteilig wirkte sich außerdem die Lage zwischen den großen Staaten Frankreich und Aragón aus. Als kleines Staatengebilde wurde die Außenpolitik maßgeblich von den großen Nachbarstaaten mitbestimmt, da der kleinere Staat auf das Wohlwollen der Großmächte angewiesen war und gegen diese nur bedingt opponieren konnte.

Im September 1276 ernannte sich Jaume II. zum König von Mallorca. So entstand - zum Ärger seines älteren Bruders - das unabhängige Königreich Mallorca mit der Hauptstadt Perpignan als Verwaltungssitz und Palma de Mallorca als zweiten Königsitz und zeremoniellles Zentrum.

Die wirtschaftliche Stärke Mallorcas und des benachbarten Kataloniens im ausgehenden 13. und im 14. Jahrhundert war die Voraussetzung für die Blüte der Baukunst von höchst origineller und anspruchsvoller Qualität.
Jaume II. förderte, nachdem die Streitigkeiten mit seinem Bruder beendet waren, die Baukunst, um seine Ansprüche auf ein eigenständiges Königreich Mallorca zu untermauern. Dazu zählen der Bau der Königsburgen und der neuen Kathedrale von Palma als Grablege der Könige von Mallorca. Jaume II. stiftete die hier in der Abbildung links gezeigte Königskapelle, d. h. die Kapelle, die sich an den Chor anschließt. Es war der erste Bauabschnitt für die neue Kirche, mit der um 1300 begonnen wurde.

Grabmal König Jaumes II. von Mallorca des Bildhauers Sabatini in Jaspisstein (17. Jahrhundert), ehemals in der Kathedrale von Palma, jetzt im Diözesanmuseum von Palma.

Darstellung des Königs Jaume II. von Mallorca im Llibre de Privilegis de Mallorca von 1334 (aus: Montaner, 1888)

Westlicher Mittelmeerraum um 1300 mit den Königreichen Aragón und Mallorca

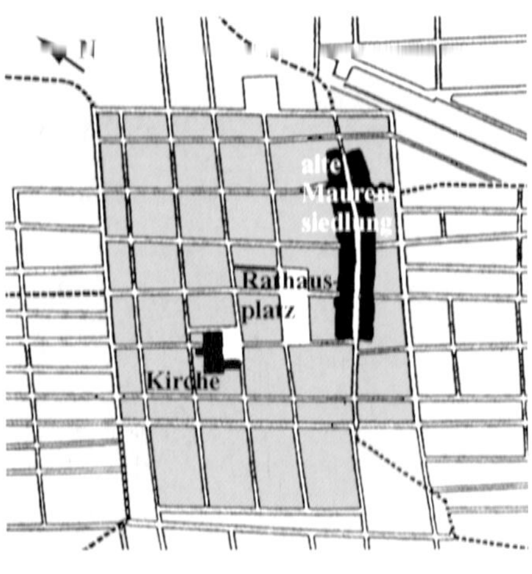

Stadtgrundriß von Sa Pobla, der um 1300 angelegt wurde (Umzeichnung nach Garcia-Delgado, 1996)

Erbstreitigkeiten zwischen den Brüdern

Als Folge der Gründung des Königreichs Mallorca entstanden Erbstreitigkeiten unter den Brüdern mit kriegerischen Auseinandersetzungen, da Pedro III., zu dessen Königreich ab 1282 auch Sizilien und ab 1297 Sardinien gehörte, als älterer Bruder auch das Königreich Mallorca beanspruchte.

Bereits am 20. Januar 1278 erzwang Pedro III. als Herrscher des militärisch und wirtschaftlich stärkeren Königreichs tatsächlich die Lehnsabhängigkeit Mallorcas von der Krone Aragón. Dem wollte sich Jaume II. natürlich nicht beugen. Als Antwort auf diese Erniedrigung und Machtprobe seines Bruders suchte Jaume II. nach militärischen Partnern. Er fand sie wenig später in einer französisch-päpstlich-neapolitanischen Koalition, die sich aufgrund der Machtansprüche Aragóns auf Sizilien gegen Aragón verbündet und den Bannspruch über Pedro III. verhängt hatte.

Diese Allianz, die zunächst die Position Jaumes II. nicht wesentlich stärkte, verschärfte aber die Spannungen zwischen den Königreichen Aragón und Mallorca. Pedro III. beschloß nämlich daraufhin, das Königreich Mallorca ganz auszulöschen. Obgleich die Einnahme von Perpignan scheiterte, konnte er 1279 seinen Bruder zwingen, ihm den Lehnseid zu leisten. Damit war die Unabhängigkeit der Krone Mallorca bereits nach drei Jahren beendet. Aragón war nun die Großmacht, die militärisch und wirtschaftlich das gesamte westliche Mittelmeer beherrschte. Dagegen führte Jaume II. zwar einen großen Titel, war aber mehr oder weniger vom Königreich Aragón abhängig geworden und nicht nur in juristischen Fragen eingeschränkt.

Der Sohn Pedros III., Alfons III. el Liberal (1285 - 1291), ging noch weiter und besetzte noch während sein Vater im Sterben lag 1285 Mallorca und wenig später auch Menorca. Als eine Einigung mit Jaume II. in Aussicht stand, verstarb jedoch der König von Aragón. Dessen Nachfolger Jaume II. von Aragón (1291-1327) mußte sich unter dem Druck des Papstes und Frankreichs im Zuge der Beilegung der Konflikte um Sizilien im Frieden von Anagni im Juni 1295 zur Herausgabe des eroberten Gebietes verpflichten. Dieser Vereinbarung kam der König von Aragón, der sich dem Vertrag nur widerwillig gebeugt hatte, jedoch erst mit dreijähriger Verzögerung im Jahr 1298 nach. Allerdings blieben die Balearen weiterhin von der Krone Aragón lehnsabhängig.

In den folgenden Jahren gelang eine Art Partnerschaft zwischen beiden Königreichen, da Mallorca sein Militär auch Aragón zur Verfügung stellte, z. B. bei der Eroberung Sardiniens, während der Kaperkriege gegen die nordafrikanischen Maurenreiche und bei der Belagerung von Almeria.

Handelsmacht Mallorca

Unter Jaume II. und später Jaume III. entwickelte sich Mallorca zu einer Handelsmacht. Mallorquinische Händler gründeten Konsulate in Nordafrika. Bougie in Algerien wurde sogar eine Art Protektorat Mallorcas. Die engen Beziehungen zu Nordafrika verdeutlicht nicht zuletzt auch eine bei David Abulafia 1994 veröffentlichte Aufstellung über die Reiseziele der im Hafen von Palma registrierten Handelsschiffe: 57 Schiffe liefen im Januar und Februar 1284 Richtung Nordafrika aus, drei Richtung Ibiza, vier nach Genua, zwei nach Valencia und drei nach Sevilla.

Ausbau Palmas zur Hauptstadt des Königreichs Mallorca

Aufgrund der beigelegten Rivalitäten zwischen dem Königreich Aragón und Mallorca war es nun möglich, daß König Jaume II. von Mallorca die Hauptstadt der Balearen, Palma, umgestalten konnte. Er ließ das Castell de Bellver errichten und den Almudaina-Palast zu einem modernen gotischen Königspalast neu- bzw. umbauen. Zudem wurde mit dem Neubau der Kathedrale begonnen.

1329 lebten in der Stadt Palma de Mallorca 25.000 Menschen. Die Metropole war damit größer als Perpignan, jedoch geringfügig kleiner als Montpellier. Die Hälfte der Bevölkerung der Insel Mallorca lebte in der Hauptstadt.

Zu den Ortschaften, die unter Jaume II. neu angelegt wurden, gehört Petra, das auf einem rasterförmigem Grundriß errichtet wurde. Das Bild zeigt die Franziskanerkirche mit der Straßenachse zur Pfarrkirche.

Ausbau der Städte und Dörfer

Der Bau der königlichen Paläste in den Orten Valldemossa, Sineu und Manacor wurde ebenfalls von Jaume II. veranlaßt. Damit setzte sich der mallorquinische König architektonische Denkmäler und demonstrierte seine Machtansprüche.

Durch Neubesiedlungsprojekte förderte Jaume II. zudem die Wirtschaft und Stadtbaukunst in seinem neuen Königreich. Er ließ unter anderem 11 Ortschaften neu anlegen bzw. planmäßig erweitern, dazu zählen Manacor, Petra, Felanitx, Sa Pobla, Selva, Llucmajor und Campos. Die gleichmäßigen Straßenachsen in den Zentren dieser Ortschaften, die sich grundlegend von den verwinkelten der meisten anderen Dörfer und Städte auf Mallorca unterscheiden, sind auf diese städtebaulichen Maßnahmen unter König Jaume II. zurückzuführen! In Sa Pobla wurde beispielsweise lediglich ein maurischer Straßenzug beibehalten und die übrige Ortschaft um ein gleichmäßiges Straßenraster mit 144 Häusern erweitert. Petra war ebenfalls eine fast gänzlich neue Modellstadt mit geradlinigen Straßenzügen und 100 neuen Häusern. Llucmajor, Montuïri und Felanitx unterzog man einer Umgestaltung und Erweiterung. Diese Maßnahmen prägen noch heute das Ortsbild und äußern sich in den geraden Straßenverläufen.

Neben dem regelmäßigen Ortsgrundriß ist die Errichtung von Wehrbauten zu beobachten. Oft stehen zudem die Pfarrkirchen nicht im Zentrum, sondern am Ortsrand. In Alcúdia wurde die Kirche in die Stadtmauer mit einbezogen.

oben: Unter Jaume II. wurde um 1300 auch Santanyí umgestaltet und ausgebaut. Im Ort sind zahlreiche spätmittelalterliche Bürgerhäuser erhalten, wie die Gebäude im Vordergrund.
unten: In Alcúdia wurde die Pfarrkirche in die mittelalterliche Stadtummauerung mit einbezogen.

Ramón Llull

Jaume II. gilt auch als Förderer Ramón Llulls, seines ehemaligen Pagen und späteren Nationalhelden der Insel.

Raimundus Lullus, katalanisch Ramón Llull und spanisch Ramón Lull genannt, war Schriftsteller, Philosoph und Missionar. In Palma de Mallorca 1232 oder 1233 geboren, verstarb er - der Legende zufolge - an den Folgen einer Steinigung während seiner Missionsreise in Tunesien zwischen Dezember 1315 und dem 25.03.1316 auf der Fahrt von Tunis nach Mallorca. Er war der größte Mohammedanermissionar des Mittelalters, ein tiefsinniger Mystiker und bedeutender Vertreter der altkatalonisch-wissenschaftlichen Prosa und Poesie sowie ein genialer Laienphilosoph. Möglicherweise gehörte Llull seit 1295 als Laie dem Franziskanischen Dritten Orden an. Seit dem 14. Jahrhundert wurde und wird er in der Diözese Mallorca und im Franziskanerorden mit nachträglicher Billi-

Das Martyrium Ramon Llulls in Tunesien auf dem Gemälde in der Kirche Sant Salvador d'Artá.

Das Grabmal Ramon Llulls in Sant Francesc in Palma (erste Kapelle hinter dem Hochaltar) schuf 1487 Francesc Sagrera.

gung durch mehrere Päpste als Seliger verehrt. Seine Heiligsprechung erfolgte, trotz zahlreicher Bemühungen vor allem im 17. Jahrhundert, noch nicht.

Ramón Llull stammte aus einer reichen Familie in Barcelona. Um 1246 wurde er Page am Hof Jaumes I., Zuchtmeister und Page des jüngsten Erbprinzen, dem späteren König Jaume II. von Mallorca. Als leitender Beamter hatte er eine hervorragende Stellung am Hof in Palma inne. Jaume II., der ihn folglich seit seiner Kindheit gut kannte, war sein großer Förderer. Vor September 1257 heiratete Llull Blanca Picany, mit der er zwei Kinder, Dominik und Magdalena, hatte. Vor seiner Bekehrung war Llull - wie er sich selber äußerte - ein "ziemlich reicher, ausgelassener und weltlicher Mensch".

Vermutlich entschloß sich Llull am 4. Oktober 1263, sein Leben der Bekehrung der Moselms und Juden zu widmen. Kurz zuvor hatte der Liebhaber der Troubadourlyrik während des Schreibens einer "cantilena" für eine geliebte Frau fünfmal den gekreuzigten Jesus vor sich gesehen und war zu dem Ergebnis gelangt, daß er sich für die Bekehrung der Muslime einsetzen, ein Buch gegen die Irrtümer der Ungläubigen schreiben und den Papst, die Könige und Fürsten zur Gründung von Klöstern für die Mission bewegen solle. Er brach mit seinem bisherigen Lebenswandel. Als ersten Schritt verkaufte er seinen Besitz und unternahm anschließend Pilgerreisen unter anderem 1263/65 nach Santiago de Compostela.

Sehr wahrscheinlich auf Rat des **Raimund von Peñafort** begann er mit Privatstudien zu den Artes, der lateinischen und arabischen Philosophie, der christlichen Glaubens- und Sittenlehre, der Medizin und der arabischen Sprache. Dazu zog er sich zwischen etwa 1265 und 1274 nach Mallorca (vor allem auf den Berg Randa) zurück. Hier entstanden seine ersten Werke.

Auch in seiner Absicht der Bekehrung der Moslems und Juden zeigt sich Llull durch **Raimund von Peñafort** (1175/80-1275; 1601 heiliggesprochen) beeinflußt. Dieser war als Theologe, Kanonist, Autor, Begründer von Studienhäusern zur Schulung in der orientalischen Sprache ein bedeutender Rechtsberater Jaumes I. dem Eroberer und zugleich dessen Beichtvater. Er hatte in Bologna studiert und war bedeutend genug, um von Papst Gregor IX. nach Rom gerufen zu werden. Er organisierte die Mission zur Bekehrung der Juden und Mauren und wurde so lebendes Vorbild Llulls.

Llulls Ziele waren die Gründung von Missionskollegien in ganz Europa (insbesondere für Sprachstudien als Grundvoraussetzung zur Bekehrung fremder Völker) und die Organisation der Missionstätigkeit. Dazu gründete er 1276 das erste franziskanische Missionskolleg Miramar bei Valldemossa/Deia auf Mallorca, dem späteren Landsitz des Erzherzogs Salvator. Es bestand allerdings nur bis ca. 1292/95. Außerdem bemühte er sich erfolglos um den Zusammenschluß der Christen zu einem gemeinsamen Kreuzzug und die Einführung eines allgemeinen Zehnten dafür sowie die religiöse Erneuerung des Klerus und der Laien.

Missionsreisen unternahm er unter anderem nach Kleinasien, Nordafrika (1281/82, 1292, 1307, 1314-16) und Zypern (1301/02). Seine aggressiven Bekehrungsbemühungen führten nicht selten zu einer akuten Bedrohung seiner Person. 1293/94 bemühte er sich etwa um einen Dialog mit muslimischen Theologen in Tunis. Hier wurde er bald mit der Todes-

links: Eingang zum Santuari de Nuestra Senyora de Cura de Randa

oben und links: Die Kirche der Santuari de Nuestra Senyora de Cura de Randa stammt aus der 2. Hälfte des 17. Jahrhunderts und erhielt 1965 den Eingangsvorbau. Im Innern befindet sich die kleine Statue der Mare de Déu de Cura (um 1509-1517). Die Rundbogenarkaden, die sich an die Kirche anschließen, wurden in den 1930er Jahren errichtet.

unten: Restaurant des Santuari (Mitte 20. Jh.)

Auf dem 548 m hoch gelegenen Plateau des Berges Randa liegt das Santuari de Nuestra Senyora de Cura de Randa. Es ist eine der ältesten Wallfahrtsstätten Mallorcas. 1275 als Franziskaner-Eremitei gegründet, verbrachte hier Ramón Llull zehn Jahre, zunächst als Einsiedler in einer Höhle, dann im Kloster selbst. Unterhalb der Klosteranlage befindet sich die Grotte, in der Llull bis zur Fertigstellung des Klosters lebte. Llull studierte hier die arabische Sprache, verfaßte bedeutende Schriften und gründete schließlich eine Lateinschule für angehende Missionare. Das 1835 aufgelöste Kloster wurde 1913 von den Franziskanern wiederbelebt.

links: Herberge von 1947

rechts: Neben der Kirche stand der ehemalige Grammatiklehrsaal der 1510 gegründeten Schule. Hier wohnten einst bis zu 160 Schüler. Die Schule wurde 1826 aufgegeben und verfiel. Das heutige Gebäude wurde Anfang des 20. Jahrhunderts erbaut und beherbergt ein Museum mit Gemälden, religiösen Büchern, Tonwaren und Dokumenten aus der Geschichte des Klosters.

Ramón Llull im Wachsfiguren-Museum (Museo de Cera) im El Foro de Mallorca bei Binissalem südlich von Inca.

Das lebensgroße Bronzedenkmal Ramon Llulls beim Hafen in Palma schuf 1966 Horacio de Eguía Quintana (Guernica/Baskenland 1914 - Palma 1991).

oben, oben links und links: Das Oratorio de Nuestra Senyora de Gràcia, eines der drei Eremitagen bzw. Klöster auf dem Berg Randa, besitzt eine kleine Kirche aus dem 18. Jahrhundert, in der die verehrte "Nuestra Senyora de Gràcia" (15. Jahrhundert) aufbewahrt wird.

In das ehemaligen Zisterzienserkloster Santa Maria de la Real nördlich von Palma zog sich Ramón Llull zurück und schrieb hier das Werk "Art General". Das Zisterzienserleben inspirierte ihn für den berühmten Roman "Blanquerna". Im Innenhof des Kreuzgangs aus dem 18. Jahrhundert (mit Bauteilen aus dem 15. und 20. Jahrhundert) steht eine Statue des Missionars aus der Mitte des 19. Jahrhunderts (Abb. oben). Die Abbildung unten zeigt den Zugang zum ehemaligen Zisterzienserkloster, das 1835 aufgelöst wurde und dann verfiel (s. Abb. S. 73). 1890 begannen die Missionare des Heiligen Herzens mit dem Wiederaufbau.

3 km südlich von Porreres liegt auf einem Berg das 1348 neben einer Einsiedelei gegründete und 1835 aufgehobene Kloster Santuari de Monti-Sión. In der Nachfolge Lulls entstand hier ab 1530 eine Schule für lateinische Grammatik, an der bis zu 200 Studenten unterrichtet wurden. Die heutigen Klostergebäude stammen noch aus dem ausgehenden 17. Jahrhundert. Die Kirche von 1498 wurde 1711 und 1890 verändert.

oben: Das Landhaus Miramar zwischen Valldemossa und Deià war der ehemalige Hauptwohnsitz des österreichischen Erzherzogs Ludwig Salvator im 19. Jahrhundert. Llull gründete hier die erste Missionsschule. 1457 wurde in dieser Schule für orientalische Sprachen die erste Druckerei Mallorcas eingerichtet. Das Anwesen ist in Privatbesitz und daher nicht zugänglich.

Bei Alqueria Blanca im Süden Mallorcas liegt auf einem Hügel das Santuari de la Consolació, das im 17. Jh. in einen älteren Festungsbau integriert wurde. Hier wird die Hauptfigur des Sanktuariums, die "Mare den Déu den la Consolació", im Volksmund "die Regenmacherin" genannt, verehrt. Die heutige Kirche wurde im frühen 19. Jh. verändert.

strafe bedroht und ausgewiesen. 1307 geriet er in Bugia (Nordafrika) ebenfalls in Konfrontation mit dem Islam, konnte einer Steinigung nur knapp entgehen und geriet für ein halbes Jahr in Gefangenschaft. Während seiner letzten Missionsreise in Tunesien wurde er möglicherweise gesteinigt. Vermutlich verstarb er an den Folgen. Genau sind der Ort und die Art seines Todes allerdings nicht geklärt.

Llull lehrte in Paris (1287-89, 1297-99, 1305, 1306, 1309-11) und in dem zum Königreich Mallorca gehörenden Montpellier sowie 1293/94 in Neapel. Von seinen Werken sind etwa 265, die meistens in katalanisch oder in lateinischer Sprache verfaßt sind, erhalten. Mindestens weitere 77 werden ihm zugeschrieben. Bemerkenswert ist dabei, daß Llull noch vor Dante erstmals die Volkssprache schriftstellerisch einsetzte und zudem die katalanische Literatursprache schuf.

König Sanç I. (1311-1324)

Nach dem Tod König Jaumes II. wurde 1311 sein wenig innovativer Sohn Sanç I. (spanisch Sancho I.) König von Mallorca. Der 1277 geborene König war ohne Tatendrang und hielt sich am liebsten in seinen Palästen in Valldemossa und in Sineu auf, die bereits Jaume I. aufgrund des angenehmen Klimas hatte erbauen lassen. Sanç I. heiratete Maria von Neapel. Die Ehe blieb kinderlos. Sanç I. verstarb 1324.

König Jaume III. (1324-43)

Spannungen zwischen den Königreichen Mallorca und Aragón traten erneut auf, als nach König Sançs erbenlosem Tod im Herbst 1324 die Nachfolgefrage geklärt werden mußte. Unmißverständlich meldete erneut Jaume II. von Aragón Ansprüche auf das Königreich Mallorca an. Wiederum verhinderten der Papst, Neapel und Frankreich, denen eine weitere Machtausdehnung Aragóns ungelegen war, die sofortige Besetzung der Balearen durch die Truppen Aragóns. Diplomatische Interventionen Roms und der Königin Sancha von Neapel ermöglichten schließlich, daß der Sohn Fernandos, eines Bruders des verstorbenen Sanç I., die Nachfolge antreten konnte. Als Jaume III. ließ sich dieser zum König von Mallorca krönen.

Dennoch gelang es Jaume II. von Aragón durch eine geschickte Heiratsverbindung, die Ansprüche Aragóns auf Mallorca aufrechtzuerhalten. Denn der junge neue König von Mallorca, Jaume III., heiratete die Tochter Konstanze des aragonischen Thronnachfolgers. Damit wurden sogar Ansprüche auf eine mögliche Beerbung der mallorquinischen Krone geschaffen.

Mallorquinische Handelsflotte

Jaume III. war ein tatkräfter, engagierter König. Er setzte zahlreiche Reformen durch, die neue Freiheiten für die Bevölkerung, neue Rechte und Privilegien für Handel und Schifffahrt brachten. Wirtschaft und Handel blühten daraufhin auf. Der Handel wurde von christlichen und jüdischen Bürgern gleichermaßen erfolgreich vollzogen.

Die geographische Lage Mallorcas war ideal als Verbindung von Europa nach Algerien und Marokko. Dabei erwiesen sich die Beziehungen der jüdischen Mallorquiner zu Juden in Nordafrika als besonders nützlich. Außerdem führte der Handel von Italien nach Spanien (vor allem nach Sevilla) und weiter nach England und Flandern über Mallorca. Stadtan-

Ramón Llulls Leben wurde zum Vorbild für die Eremitenbewegung auf Mallorca. In den Bergen um Vallemossa gab es mehrere Einsiedler, unter anderem in der Höhle von Son Moragues. Die Erimita de Trinitat (Abb. links und unten) liegt am Berghang zwischen Valldemossa und Deìa (Abzweig gegenüber dem Restaurant C'an Costa, enge Straße). Die Einsiedelei wurde 1646 von Joan Mir (1624-1688) aus Alaró gegründet. Die große Kapelle stammt von 1705, der Hochaltar von 1707 (Gemälde von Joan Homs). Der Brunnen im Innenhof ist auf 1713 datiert. Die Friedhofskapelle (Abb. unten) ist jünger.

oben: 9 km nordwestlich von Artà steht die kleine Ermita de Betlem, die 1805 für die Einsiedler von Sant Honorat de Randa und La Trinitat de Valldemossa erbaut wurde. Sie wird noch heute von wenigen alten Mönchen bewohnt.

7 km von Alcúdia entfernt liegt auf der Halbinsel von Alcúdia die Ermita de la Mare de Déu de la Victòria, eine wehrhafte Kirche von 1679 bis 1704 mit der Statue "Mare de Deù de la Victoria". Sie soll nach einer Legende um 1250 durch die Vision eines Hirten entdeckt worden sein. Man erbaute an der Fundstelle eine Kirche, und es siedelten Eremiten an.
Die Ermita war stetigen Piratenüberfällen ausgesetzt. Daraus resultiert das festungsartige Erscheinungsbild der Kirche. 1551 war selbst die Madonna von Piraten entführt worden. Das Gnadenbild stand aber - nach der Legende - am nächsten Morgen wieder an ihrem alten Platz. Seitdem trägt die Madonnenfigur den Beinamen "die Siegerin".
Die Erimita war - obgleich die Piratenüberfälle seit dem ausgehenden 16. Jahrhundert seltener wurden - noch im ausgehenden 17. Jahrhundert von derartigen Attacken betroffen. Am 30. Juni 1684 wurden von der Ermita ein Laienbruder, eine Laienschwester und eine weitere Frau, die die Wallfahrtsstätte betreute, von maurischen Piraten entführt, um sie zu versklaven.

sichten Palmas, die seit der 2. Hälfte des 15. Jahrhunderts existieren, zeigen stets im Vordergrund den Hafen mit seinen zahlreichen großen Handelsschiffen und im Hintergrund die Silhouette der Stadt mit der Kathedrale als größtem Bauwerk.

David Abulafia spricht in seinem Buch von 1994 zur Geschichte des Königreichs Mallorca von einer "Erfolgsstory" der Insel im 13. bis 15. Jahrhundert in wirtschaftlicher Hinsicht und nennt es ein mittelalterliches "Wirtschaftswunder".

Die mallorquinische Flotte umfaßte in der 1. Hälfte des 14. Jahrhunderts 360 seetüchtige Schiffe. 1325 wurde eigens das Seehandelsgericht, das Consolat de Mar, für juristische Belange erbaut und eingerichtet. Mallorcas Seehandel stand in Konkurrenz zu den großen Seemächten Genua und Pisa. Der Handel reichte von Flandern und England bis in den Orient, den Sudan und zu den Kanarischen Inseln, die 1341 entdeckt worden waren und die 1342 sogar dem Königreich Mallorca angegliedert werden sollten, wozu es aber durch die Ereignisse von 1343 (s. u.) nicht kam.

Gehandelt wurden englische Wolle, Felle und orientalische Farbstoffe. Mallorquinische Webstoffe fanden weltweit Abnehmer. Als Verbindung zwischen christlichem Abendland und muslimischem Nordafrika wurde Mallorca Hauptumschlagplatz des Sklavenhandels. Mitte des 14. Jahrhunderts waren schließlich 30.000 Mallorquiner als Seeleute auf rund 400 Schiffen tätig. Palma wurde zur wichtigsten Handelsmacht im westlichen Mittelmeer.

Bereits 73 Jahre vor den Portugiesen segelten mallorquinische Schiffe unter dem großen Seefahrer und Entdecker Jaume Ferrer bis an die damals noch unbekannte Westküste Afrikas und nahmen die Küste kartographisch auf. Ein Musterbeispiel für das Wissen und Können der zumeist jüdischen mallorquinischen Kartographen ist die künstlerisch mit kolorierten Miniaturen gestaltete Karte des Gabriel de Valseca aus Palma, die später Amerigo Vespucci erwarb. Auch Perpignan, Hauptverwaltungssitz des Königsreichs Mallorca, war ein Zentrum jüdischer Astronomie und Wissenschaft.

Ende des Königreichs Mallorca und Tod Jaumes III.

Das Königreich Mallorca, das bis auf wenige Jahre stets vom Königreich Aragón abhängig war, bestand nur vier Generationen. Die latent zwischen den Königreichen Aragón und Mallorca schwelenden Erbfolgestreitigkeiten erreichten 1342 und 1343 ihren Höhepunkt.

Jaume III. von Mallorca, der seit 1336 mit der Schwester des Königs Petro IV. von Aragón verheiratet war, geriet nach 1340 mit Frankreich in Konflikt. Ursache dafür waren englisch-mallorquinische Verhandlungen ab 1337, zu einem Zeitpunkt, als Frankreich gegen England Krieg führte. Frankreich konnte an einer Koalition zwischen England und Mallorca nicht gelegen sein und versuchte eine solche zu verhindern. Deshalb zogen französische Truppen in Richtung Montpellier. Eine Besetzung der Stadt und anderer Teile des Königreichs Mallorca konnte gerade noch verhindert werden. Zwar folgte wenig später eine Aussöhnung zwischen Frankreich und Mallorca, um dadurch die Position Aragóns zu schwächen. Die Auseinandersetzungen mit Frankreich hatten jedoch dazu geführt, daß Jaume III. 1342 einer Ladung des aragonischen Königs Petro IV. (Regierungszeit 1336 - 1387) nicht folgen konnte. Diese Situation

nutzte Petro IV. als Vorwand, seinen Vetter Jaume III. von Mallorca wegen Nichteinhaltung seiner Lehnspflicht zu verurteilen und 1343 als Strafe einen Feldzug gegen Mallorca durchzuführen, das er besetzte. Ende des Jahres 1343 entzog Pedro IV. per Richterspruch mit Ausnahme der Herrschaft Montpellier Jaume III. das Königreich Mallorca und vereinigte die Balearen und das Gebiet um Perpignan mit dem Königreich Aragón. Am 22. Juni 1343 konnte sich Pedro IV. mit großem Pomp in der Kathedrale von Palma krönen lassen.

Königspalast Almudaina und Kathedrale in Palma. Mit dem Bau der Kathedrale wurde um 1300 begonnen. Erst 1601 konnte sie mit der Weihe der Westfassade vollendet werden.

Blick zur Kathedrale von Palma mit der größten Fensterrose der Welt

Im Juli 1344 war mit Ausnahme von Perpignan auch der in Südfrankreich liegende Teil des ehemaligen Königreichs Mallorca durch aragonische Truppen erobert. Im Juli 1344 mußte sich Jaume III. endgültig ergeben und Roussillon und Cerdagne an Petro IV. abtreten. Jaume III., dem nur Montpellier und das dazugehörige Umland geblieben war, gab sich jedoch nicht mit dieser Situation zufrieden. Er verkaufte 1349 seinen einzigen Besitz - die Stadt Montpellier - der französischen Krone, um mit dem Geld eine Armee aufzustellen, die Mallorca zurückerobern sollte.

Die Armee zur Wiedereroberung Mallorcas durch Jaume III. bestand aus mehr als 20 Schiffen, 300 bis 400 Reitern und 2.000 bis 4.000 Fußsoldaten. Dank aragonesischer Informanten kannte jedoch Gilabert de Centelles, der neue Statthalter von Mallorca, die Pläne Jaumes III. Er wußte somit vom Überfall und forderte Schutztruppen vom Festland. Denn die eigenen Truppen auf Mallorca waren nur ungenügend vorbereitet und befanden sich in einem schlechten Zustand, zumal die Pest im Vorjahr die Zahl der waffenfähigen Soldaten reduziert hatte. Von daher konnten sich die Truppen Jaumes III. nach ihrer Landung auf Mallorca trotz der Warnungen zunächst relativ erfolgreich in Richtung Palma bewegen, zumal Jaume III. in seiner alten Heimat noch genügend Anhänger fand.

Die erste Börse in Palma, die Lonja, wurde im frühen 15. Jahrhundert gegründet. Sie florierte. Das war auch notwendig, da etwa ein Drittel der Inselbevölkerung in der einzigen großen Stadt, nämlich Palma, lebte und vor allem im Dienstleistungsbereich tätig war.

Doch wenig später erreichten auch die erwarteten aragonischen Schutztruppen Mallorca. Diese trafen am 25. Oktober 1349 in der entscheidenden Schlacht von Llucmajor südlich von Palma auf die Truppen Jaumes III. In der blutigen Schlacht wurde die Armee des mallorquinischen Königs Jaume III. von den Truppen König Pedros IV. von Aragón vernichtend geschlagen. Der mallorquinische König Jaume III. fand auf dem Schlachtfeld den Tod. Pedro IV. bestimmte den Chor der Kathedrale von Valencia als Begräbnisstätte für Jaume III. Das als Residenz erbaute Castell de Bellver erhielt die Funktion eines Staatsgefängnisses, da Pedro dort die Witwe Jaumes III. (seine eigene Schwester!) und deren Kinder einsperren ließ. Der Sohn Jaumes III., der als Jaume IV. den Thron Mallorcas hätte besteigen sollen, wurde bis zu seiner Flucht 1362 in einem eisernen Käfig in Barcelona gefangengehalten. Das Königreich Mallorca wurde wieder der katalonisch-aragonischen Krone zugeschlagen.

Mallorca als Provinz des Königreichs Aragón

Nach Pedro IV. (1336-1387) regierten von 1387 bis 1396 Johann I., bis 1410 Martín I., von 1412 bis 1416 Fernando de Antequera, von 1416 bis 1458 Alfonso V. und schließlich bis 1479 Juan II. als aragonische Könige. Die geniale Vernunftehe der katholischen Königin Isabella von Kastilien und König Ferdinands von Aragón führte 1479 zur Vereinigung Aragóns mit Kastilien. Gemeinsam gelang ihnen 1492 die Eroberung der Alhambra in Granada. Damit war das Ende der Araberherrschaft in ganz Spanien besiegelt.

Obgleich die Balearen infolgedessen zunächst zu einer Provinz Aragóns und nach 1479 zu einer Provinz des neuentstandenen Staates Spanien geworden waren, hielt die handelspolitische Bedeutung Palmas zunächst noch an. Palma blieb eine Drehscheibe des europäischen Handelsverkehrs mit dem Orient, der sich über Ägypten bis nach Asien ausdehnte.

Seuchen und Wirtschaftskrisen

Doch gab es auch Krisenzeiten. Große Teile der Bevölkerung Mallorcas verstarben an der Pest, an Cholera oder anderen Epedemien, die oft genug dazu zwangen, Fördermittel zur Wiederbesiedlung der Insel bereitzustellen. Insbesondere 1348 (15.000 Tote) und 1375 (30.000 Tote), aber auch 1384, 1467, 1475, 1493 und 1552 waren viele Tote zu beklagen. Eine Übersicht verdeutlicht die relativ großen Schwankungen der Einwohnerzahlen Mallorcas. Sie sind häufig auf derartige Seuchen zurückzuführen: 1329: 60.545 Einwohner; 1350: 44.000 Einwohner; 1364: 51.000 Einwohner; 1421: 43.505 Einwohner; 1445: 55.000 Einwohner; 1452: 33.840 Einwohner; 1459: 39.085 Einwohner; 1473: 43.410 Einwohner; 1485: 46.050 Einwohner; 1510: 46.114 Einwohner; 1531: 34.295 Einwohner und 1552: 48.500 Einwohner.

Zudem schadeten Änderungen der internationalen Handelsruten und Kriegssteuern der wirtschaftlichen Konjunktur. Vor allem der Handel mit Flandern und England ließ gegen Mitte des 15. Jahrhunderts spürbar nach.

Während der Seehandel weiterhin zu Wohlstand verhalf, hatten hohe Steuern, die Aragón den Balearen nach 1349 auferlegt hatte, zur Verarmung der Bauern und zur Stärkung der Macht der Großgrundbesitzer geführt. Aus den ehemals freien Bauern waren dadurch Landarbeiter mit nur noch kleinem Landbesitz für den Eigenverbrauch geworden. Die Folge war ein Bauernaufstand 1391 gegen die Ausbeutung durch den Stadtadel und die Grundbesitzer.

Judenprogrome

Der Unmut der Bauern und Handwerker führte im selben Jahr auch zu Judenverfolgungen, die in dieser Zeit in ganz Spanien zu beobachten waren, z. B. auch in Sevilla, Cordoba, Toledo, Valencia und Barcelona. Am 2. August 1391 riefen in der Monti-Sion Straße, der großen "Judenstraße" in Palma, rebellische Christen zur Zerstörung des Judenviertels auf. Das Massaker dauerte fünf Tage und kostete 300 Menschen das Leben. 800 jüdische Bürger konnten sich retten. Viele Juden wurden gewaltsam zur Konvertierung gezwungen.

Der damalige König Juan I. zeigte sich von den Ereignissen in Palma beunruhigt und verurteilte die Insel zu einer Strafe von 150.000 fl., da die Beamten und Sicherheitskräfte nur halbherzig die Juden geschützt hatten. Mit dieser Maßnahme wollte das Königshaus den Tod der unschuldig ermordeten Juden rächen. Das Massaker führte jedoch dazu, daß viele Juden Mallorca insbesondere in Richtung Nordafrika verließen. Durch den Abzug verlor die Insel finanzkräftige Bewohner, fleißige und erfolgreiche Händler und Seefahrer, die zum Wohlstand der Insel erheblich beigetragen hatten. Nicht zuletzt waren es gerade die jüdischen Händler, die aufgrund ihrer verwandtschaftlichen Beziehungen und ihrer Erfahrung den Handel mit Nordafrika und Sizilien unterhielten. Dabei gilt noch zu bedenken, daß sich viele Juden mit der christlichen Umwelt arrangiert hatten. Viele Christen und Juden waren - wie in späteren Zeiten auch - miteinander verwandt, da einer der Ehepartner vor der Hochzeit konvertierte. Juden trugen christliche Namen und unterschieden sich im alltäglichen Leben nicht von den Christen. Jüdische Gemein-

Die Königsburg Bellver in Palma wurde im Auftrag König Jaumes II. von Mallorca erbaut.

unten: Mit dem Bau des Bischofspalastes in Palma begann man unmittelbar nach Gründung des Bistums Mallorca. Der Palast wurde in allen Jahrhunderte umgebaut und erweitert. Einige Bauteile sind noch gotisch.

Die Marienverehrung spielt auf Mallorca seit dem Mittelalter eine große Rolle. Es gibt zahlreiche Kirchen und Kapellen mit verehrten Mariengnadenbildern. Das älteste Mariengnadenbild Mallorcas ist die «Madonna von Lloseta» aus dem 13. Jahrhundert, die in der Pfarrkirche von Lloseta bei Inca aufbewahrt wird (Abb. oben).
Die «Madonna von Lluc» ist das bekannteste Gnadenbild (Abb. unten). Sie ist das Ziel eines großen Pilgerstroms seit dem Mittelalter. Die Skulptur ist zwischen der Mitte des 13. und der Mitte des 14. Jahrhunderts entstanden.

den blieben trotz der Ereignisse von 1391 auf Mallorca bestehen. Weiterhin bestanden zwei Synagogen in Palma.

Der Antisemitismus war nach 1391 nicht beseitigt. 1413/14 reiste der Dominikanermönch Vicente Ferrer nach Barcelona und Mallorca, um einen Predigt-Zyklus zur Bekehrung der Juden zu halten. Angefacht durch die Predigten des Dominikaners verwüsteten christliche Fanatiker die große Synagoge in Palma. Diese wurde in eine Kirche umgeweiht. Die zweite Synagoge erhielt die Funktion einer Kapelle. Das Grundstück wurde später den Jesuiten übergeben, die hier die Jesuitenkirche erbauten.

1435 fand die Judenverfolgung einen weiteren Höhepunkt. Ursache war das Gerücht, die Juden hätten in der Karwoche einen Mauren, der als Dienstbote (vermutlich als Sklave) in einem jüdischen Haushalt lebte, ergriffen und ihn gekreuzigt. Unverzüglich ließ Bischof Gil Sanchez Muñoz zwei Juden, die ihm als Urheber des Verbrechens genannt worden waren, in Ketten legen und den Mauren, der trotz angeblicher Kreuzigung und Marter noch am Leben war, in Sicherheit bringen. Die Juden wandten sich für ihre unschuldig eingekerkerten Glaubensbrüder an den Vize-Gouverneur der Insel, Juan Desfar. Dieser setzte sich für die Freiheit der Gefangenen ein, da er sich als Stellvertreter seines Monarchen und damit der weltlichen Macht übergangen fühlte. Er verwies darauf, daß nur er befugt sei, Strafen auszusprechen. Er beabsichtigte, ein Gericht über das angeblich stattgefundene Verbrechen durchzuführen. Immerhin dauerte es aber noch 8 Tage, bis der Bischof nachgab und die Juden freiließ.

Wenige Tage später erfolgte das Verhör. Es entstand der Eindruck unter Teilen der mißgünstigen Bevölkerung, die vermögenden Juden hätten durch ihren Einfluß und mittels Bestechung den Vize-Gouverneur dazu bewegt, das "schreckliche Verbrechen", an dem sie keinen Zweifel hatten, ungestraft zu lassen. Einige Geistliche prangerten in ihren Predigten das Verfahren des Statthalters an und schufen so die Grundlage für einen Aufstand gegen den Vize-Gouverneur und die Juden. Nachdem Aufständische mit der Verwüstung des Judenviertels gedroht hatten, sah sich der Statthalter gezwungen, eine öffentliche Verhandlung durchzuführen. Dieser vorwiegend aus Dominikanern und Franziskanern zusammengesetzte Gerichtshof ließ einen der eingekerkerten Juden auf die Folterbank spannen. Dieser gestand daraufhin alles, was man von ihm verlangte. Doch nahm die Verhandlung einen unerwarteten Verlauf, da der jüdische Händler Astruc Sibili sich freiwillig dem Gericht übergab, um damit zu beweisen, daß er, der als Hauptanstifter des mutmaßlichen Verbrechens galt, unschuldig und furchtlos sei. Er wälzte alle Schuld auf seine Mitangeklagten ab. Kurzerhand freigesprochen, verließ er den Gerichtshof, wurde aber bereits von einer Gruppe Jugendlicher erwartet und attackiert, so daß er in ein Haus flüchtete. Als sich die Wut der Verfolger gelegt hatte, drangen Bedienstete des Vize-Gouverneurs in das Gebäude ein, um ihn nun doch ins Gefängnis zu bringen. Im Gericht setzte man die Verhandlungen weiter fort. Palma war in hellem Aufruhr.

Da sich wieder ein Judenprogrom anbahnte, flohen die jüdischen Bürger zu einem großen Teil in das Gebirge um Lluc. Die Flucht sahen einige fanatische Christen als Signal zu einem Aufstand. Die Fliehenden wurden aufgespürt und nach Palma zurückgebracht.

Inzwischen dauerte die Verhandlung fünf Tage. Das Urteil lautete: Die vier vermeintlichen Hauptverantwortlichen, allen voran Astruc Sibili,

oben links: Santa Lucia und Maria Magdalena (Ende 14. Jahrhundert), Maestro del Obisopo Galiano, Museu de Mallorca in Palma
oben: Seitenflügel des Altars
links: Legende der Hl. Ursula (15. Jahrhundert), Meister von Castellitx, Museu de Mallorca in Palma

Die mallorquinische Malerei war im Spätmittelalter von hohem Niveau. Davon zeugen die Tafelgemälde vor allem in Santa Eulalia, ein Gemälde in der Jesuitenkirche Monti-sion in Palma und vor allem die Sammlungen im Museu de Mallorca, Dommuseum und Diözesanmuseum in Palma.

sollten lebendig verbrannt werden. Sollten sie sich taufen lassen, würden sie den Tod durch den Strang erhalten.

Als Folge des Urteils ließen sich die vier Verurteilten taufen. Daraufhin folgten in den nächsten zwei Tagen 200 weitere Juden, die zum Christentum konvertierten. Die Bekehrung führte dazu, daß die Stimmung in der Bevölkerung und beim Klerus ins Positive umschlug. Das Bitten um Begnadigung wurde schließlich seitens des Bischofs und des Statthalters erhört, und die Hinrichtungen wurden aufgehoben.

Jene 200 Juden waren gezwungenermaßen zum christlichen Glauben übergetreten. Die jüdische Bevölkerung, die nicht konvertierte, wanderte, um weiteren Repressalien aus dem Weg zu gehen, auf das spanische Festland ab. Mallorca wurde so die erste Region Spaniens, in der die jüdische Gemeinde offiziell bereits Mitte des 15. Jahrhunderts nicht mehr existierte. Juden praktizierten seitdem ihren Glauben nur noch im Geheimen und wurden in der Folgezeit von der Inquisition verfolgt (s. Abschnitt Inquisition S. 67, 68).

Spätmittelalterliche Truhe aus dem frühen 16. Jahrhundert im Museu de Mallorca in Palma

UM 1500 - UM 1800

RENAISSANCE UND BAROCK

Das heutige Castellot von Santa Ponça stammt aus dem 18. Jahrhundert. Der Vorgängerbau geht auf die Gründung König Jaumes III. im 14. Jahrhundert zurück.

Im Zeitalter der Renaissance und des Barock spielte die Insel Mallorca wirtschaftlich und politisch nicht mehr die Rolle wie im Mittelalter. Allerdings entstanden, nachdem die Gefahr durch Piratenangriffe gebannt war, einige anspruchsvolle Paläste und Kirchen.

Piratenüberfälle und "Türkentürme"

Besonders im Zeitraum zwischen 1497 und 1510 legte die Seemacht Spanien befestigte Stützpunkte auf afrikanischem Boden an. Dazu zählten Melilla (1497 bis heute spanisch), Oran (1509 bis 1708 und 1732 bis 1793 in spanischer Hand), Algier (1510 bis 1519) und Bougie (1510 bis 1555). Ceuta war ab 1415 portugiesisch und ist seit 1580 spanisch.

Aufgrund der spanischen Expansion suchte der Bey von Algier, Selim-el-Tumi, nach Verbündeten im Kampf gegen die spanischen Eindringlinge. Deshalb rief er 1516 die aus der Ägäis stammende türkische gefürchtete Piratenflotte zweier Brüder, die im gesamten Abendland unter den Namen Horuk und Chairredin Barbarossa bekannt waren, zu Hilfe. Tatsächlich zogen diese nach Algier. Doch noch bevor sie sich gegen die christlichen Flotten wandten, erdrosselte der ältere Bruder, Horuk Barbarossa, eigenhändig den Bey Selim und setzte sich an seine Stelle. Nur zwei Jahre später fiel Hodruk im Kampf gegen die Spanier, und sein Bruder erbte die Herrschaft einschließlich der Piratenflotte.

Chaireddin Barbarossa, der eigentlich Khair ed-Din Khizr hieß, gelang es, die im Mittelmeer operierenden moslemischen Seeräuber zu organisieren und die Unterstützung des mächtigen Sultans von Konstantinopel zu erringen, von dem er als türkischer Generalgouverneur weitere Schiffe und Kriegsgerät erhielt. Dadurch verfügte Barbarossa über eine gewal-

rechts: Infolge der Piratenüberfälle errichtete man auf hochstehenden Küstenfelsen die sogenannten "Türkentürme", die Atalayas (von arabisch "atalayi" = Wachtturm). Die ersten Türme entstanden um 1400. Die Mehrzahl stammt aus dem 16. Jahrhundert. Die erhaltenen Türme zählen heute zu den malerischen Sehenswürdigkeiten entlang der Küstenstraßen. Die Abbildung zeigt den Aussichtsturm Albercutx auf der Halbinsel Formentor (Ende 16. Jahrhundert). Von dem Turm hat man einen Blick über die gesamte Halbinsel Formentor, die Bucht von Pollença und bis nach Cala Sant Vicenç.

Von den 85 Wacht-, Signal- und Verteidigungstürme entlang der Küste Mallorcas sind noch etwa 50 erhalten. Die Türme besaßen gewöhnlich zwei gewölbte Kammern und unten eine Zisterne. Der Eingang lag hoch und war über eine Handleiter erreichbar, die nach Gebrauch zurückgezogen wurde. Zu ihrer Verteidigung besaß ein Turm im ausgehenden 16. Jahrhundert eine oder mehrere Kannonen und andere Waffen. Gewöhnlich wurde der Turm nach Plänen der Baubehörden errichtet. Die Wachen wurden teils von den Ortschaften, teils vom Staat bezahlt. Ihre Zahl wechselte zwischen zwei und vier Mann. Die Wache durfte - nach einer Verordnung von 1453 - den Turm nicht verlassen, es sei denn, um die Bewegung feindlicher Schiffe zu melden. Alle drei Tage konnte einer der Wachen Nahrungsmittel besorgen.

Der abgebildete Wachtturm (La Talaia d'Albercutx auf der Halbinsel Formentor) stammt aus dem 16. Jahrhundert. Er trägt den Namen der benachbarten Finca. Der Gutshof war das Ziel zahlreicher Piratenangriffe. Anfang des 17. Jahrhunderts wurde beispielsweise von hier ein fünf- bis sechsjähriger Junge in die Sklaverei verschleppt. Er verstarb 1676 in Algier, nachdem alle Versuche, ihn gegen Lösegeld freizukaufen, gescheitert waren.

Bei Banyalbufar an der Küstenstraße steht der Torre de es Verger, auch Ses Animes oder Sa Torreta genannt. Der schlichte Rundturm wurde 1545 erbaut und war ursprünglich bedacht. 1875 erwarb Erzherzog Ludwig Salvator das Bauwerk und setzte es instand.

In exponierter und oft romantischer Lage stehen über die ganze Küste Mallorcas verteilt die Aussichts- und Verteidigungstürme. Die Abbildung zeigt den Turm am Eingang des Naturhafens von Cala Figuera im Süden Mallorcas.

Aussichtsturm von Cala Pi (im Kern 1447, 1595 und 1662 wiederaufgebaut)

tige Flotte, die zur Geißel des Mittelmeers wurde. Als Konsequenz der gestiegenen Piratenüberfälle mußten die Stadtbefestigungen im Mittelmeerraum ausgebaut und die christlichen Handelschiffe bewaffnet werden. Zugleich kaperten nun auch die spanischen und italienischen Handelsschiffe kleinere moslemische. Die Grenzen zwischen friedlichem Seehandel und Seeraub vermischten sich. Der Sieg über ein Schiff der anderen Glaubensgemeinschaft galt als gott- bzw. allahgefällige Heldentat. Die Gefangenen wurden versklavt und als Ware weiterverkauft bzw. als Ergänzung der Rudermannschaft eingesetzt.

Der spanische König Karl I. (1516-56), der sich 1519 zum Kaiser Karl V. wählen ließ, stellte erst 1535 eine christliche Flotte zum Kampf gegen die Piraten um Barbarossa auf. Zwar konnte er Tunis erobern und tausende christliche Sklaven befreien; doch noch während des Abzugs hatten die moslemischen Piraten Mahon auf Menorca zerstört und angeblich 6.000 Sklaven verschleppt und damit ihre Vormachtstellung im Mittelmeerraum unterstrichen. 1541 reiste Kaiser Karl V. eigens nach Palma, um von dort aus Algier zu erobern. Das Unternehmen scheiterte aufgrund der ungünstigen Wetterlage; die spanische Flotte erlitt eine schwere Niederlage. Tausende von Seeleuten und Sklaven fielen in die Hände der Moslems.

Damit hatte sich die Macht der türkischen Piraten gefestigt. Sie kontrollierten nun das westliche Mittelmeer im Bündnis mit den Schiffen König Franz I. von Frankreich gegen die Habsburger und brandschatzten Italiens Häfen, belagerten Nizza, suchten die Küsten der Balearen heim und besetzten die Insel Cabrera unmittelbar südlich von Mallorca.

Die schlimmsten Piratenüberfälle auf Mallorca fanden zwischen 1530 und 1578 statt. 1531 überfielen 500 Piraten mit 5 Schiffen Pollença, das

links: Torre de la Calobra (aus: Ludwig Salvator: Die Balearen in Wort und Bild, 1884)

oben: Pfarrkirche von Pollença
Am 31. Mai 1550 überfielen 1500 Seeräuber, die auf 20 Schiffen nach Mallorca gekommen waren, Pollença. Das Befestigungssystem hatte nicht funktioniert. Und die meisten Männer waren auf den Feldern, so daß nur 30 Verteidiger zur Verfügung standen. 130 Bewohner wurden entführt oder getötet. Die Stadt wurde geplündert, und die Maurensklaven entkamen. Die Verluste unter den Seeräubern waren mit 50 Toten und drei Gefangenen hoch.

1550 erneut von 1500 Seeräubern (20 Schiffen) geplündert wurde. Weitere Angriffe folgten 1551 auf Alcúdia (5 Piratenschiffe), 1552 auf Valldemossa (10 Schiffe) und 1553 auf Andratx (24 Schiffe). Die Einheimischen waren den Angreifern stets unterlegen. Den hunderten von Seeräubern standen oft nur 30 Mallorquiner entgegen, da die Überfälle meistens an Samstagen erfolgten, wenn die meisten Männer des Ortes mit ihren Angehörigen zum Wochenmarkt in Palma unterwegs waren. Dennoch waren die Verluste seitens der Seeräuber verhältnismäßig hoch. Beim Überfall auf Valldemossa gab es keine Verluste unter der mallorquinischen Bevölkerung, jedoch 72 Tote unter den Piraten und 17 Gefangene. Abgesehen von einem Überfall auf Andratx 1555 konnte allerdings die Plünderung der unbefestigten Ortschaften nicht verhindern werden. Im Fall der befestigten Stadt Alcúdia ging es den Korsaren nicht um die Plünderung, sondern um die Gefangenahme möglichst vieler Sklaven.

Erstmals geschlagen wurden die Piraten nach ihrem Überfall auf Sóller 1561. Zwar konnten die 1700 Piraten, die auf 22 Schiffen nach Mallorca gekommen waren, die Stadt plündern. Doch nach ihrem Rückzug lockte die vergleichsweise kleine Zahl von 600 Verteidigern die Seeräuber in eine Falle. 300 Seeräuber und nur 6 Verteidiger wurden getötet.

Infolge derartiger Bedrohungen errichteten die Mallorquiner auf hochstehenden Küstenfelsen die sogenannten "Türkentürme", die Atalayas (von arabisch "atalayi" = Wachtturm, Wache; von dem Begriff leitet sich auch das Wort "Talayot" ab). Die ersten derartigen Türme waren bereits um 1400 entstanden. Die Mehrzahl stammt aus dem 16. Jahrhundert.

Renaissance-Fenster aus dem Jahr 1529 von Juan de Salas mit einem Relief, das Kaiser Karl V. zeigt (heute am Palacio March in Palma eingebaut) (aus: Ludwig Salvator: Die Balearen in Wort und Bild, 1884).

Vor allem um 1584 verordnete die Obrigkeit den konsequenten Ausbau der Küste mit Wachttürmen. So entstanden 85 Wacht-, Signal- und Verteidigungstürme, von denen noch knapp 50 erhalten sind und die heute zu den malerischen Sehenswürdigkeiten entlang der Küstenstraßen gehören. Das Wachpersonal sollte von dort aus tagsüber mit Rauchsignalen und in der Nacht durch Feuer Alarmzeichen bei Piratenüberfällen von Turm zu Turm weitergeben. Nach Ludwig Salvator (1916) soll das Feuerzeichen erst durch den mallorquinischen Astronomen Juan Bautista Binimelis (Pollença 1538 - Palma 1606) um 1580 empfohlen und danach eingeführt worden sein. Die Meldung konnte so innerhalb weniger Minuten bis zum Almudaina-Palast in Palma gelangen und eine entsprechende Hilfsaktion in Gang setzen. Als im 18. Jahrhundert die Seeräuberei aufhörte, wurden auch die Türme funktionslos.

Als Maßnahme gegen die Piratenüberfälle wurde die Stadt Alcúdia zu einem stark befestigten Bollwerk ausgebaut, Palmas Verteidigungsanlagen längs der Hafenseiten verstärkt. Zusätzlich legte man allerorten Depots für Nahrungsmittel und Waffen an. Eine derartige Aufrüstung und ständige Alarmbereitschaft verfügte ab 1556 der eigens aus Italien herbeigeholte Festungsbaumeister Juan Bautista Calvi im Auftrage des neuen König Philipps II. von Spanien.

1571 unternahm die algerisch-türkische Piratenflotte erneut einen Angriff auf Mallorca. Zwar hatten auch sie noch teilweise Erfolg mit Plünderungsversuchen. Doch nun griff das neue Alarmsystem. Die Mallorquiner verteidigten sich, und die Befestigungen hielten besser stand. Seitdem gab es auf Mallorca keine nennenswerten Piratenüberfälle mehr, zumal in der Seeschlacht von Lepanto am 7. Oktober 1571 die türkischen Freibeuter unter dem Oberbefehl Barbarossas durch die vereinigte Flotte des Abendlandes mit 243 Schiffen und 43.000 Mann Besatzung sowie ebensovielen Ruderern (überwiegend moslemischen Sklaven) am Golf von Patras endgültig besiegt wurden. Es war die größte Seeschlacht der Geschichte Europas. Die moslemische Flotte, bestehend aus 282 Schiffen (allerdings weniger Feuerwaffen als die christliche Flotte), 47.000 Seeleuten und Soldaten sowie 41.000 Ruderern (meistens christlichen Sklaven), war damit zerstört worden. 10.000 muslimische Gefangene wurden unter den Siegern aufgeteilt. Der spanische König erhielt davon 3.600. Die Kapitäne, Truppenführer, der Doge von Venedig, der Papst und andere bekamen entsprechend ihres Anteils überlebende Moslems, die versklavt wurden. Das Seeräuberunwesen spielte seitdem nur noch eine untergeordnete Rolle, wenngleich die Gefahr von Überfällen für Mallorca noch bis in die Mitte des 19. Jahrhunderts bestehen blieb.

Trotz der Seeräuberüberfälle entstanden auch im 16. Jahrhundert - wenn auch seltener - anspruchsvolle Gemälde, wie der "Auferstandene Christus mit den drei Marien" und der "Ecce-Homo" von Meister López d. J. (Ende 16. Jahrhundert) im Museum des Nonnenklosters Sant Bartomeu in Inca.

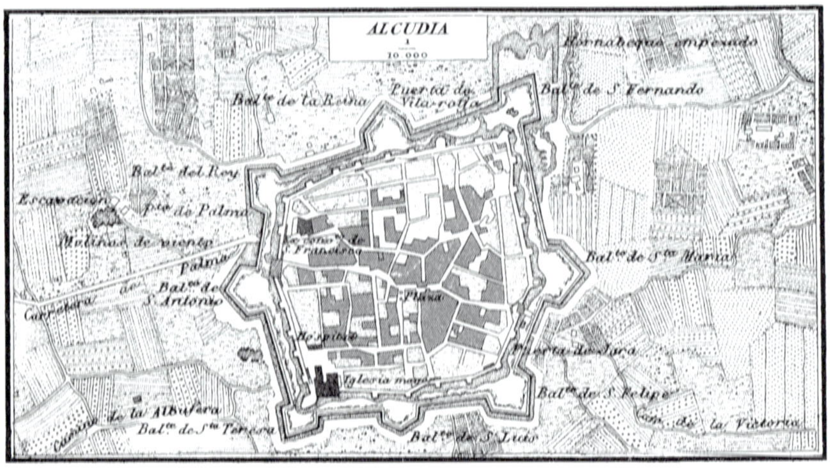

Der Stadtplan (um 1880) zeigt die Stadt Alcúdia mit der mittelalterlichen Stadtmauer (innere Ummauerung mit kleinen Türmchen) und der äußeren frühneuzeitlichen Stadtbefestigung mit Bastionen, die zum Schutz vor Piratenangriffen angelegt wurden.

Durch die Piratenüberfälle erklärt sich auch, weshalb die Küstenstreifen bis zum Bau der großen Touristensiedlungen fast unbewohnt waren. Die Städte und größeren Dörfer konnten sich letztlich nur im Landesinneren weiterentwickeln, während die dazugehörigen Häfen - abgesehen von Palma - nur zum Be- und Entladen der Schiffe genutzt wurden und klein blieben.

Inquisition

Die Inquisition (Ketzergerichte zum Schutz der Reinheit der offiziellen Kirchenlehre) gab es schon seit der Eroberung Mallorcas durch die Christen. Die eigentliche mallorquinische Inquisition begann jedoch erst unter der Herrschaft der Königin Isabella von Kastilien und König Fernando von Aragón, die 1478 eine straff organisierte Inquisition mit einem Großinquisitor an der Spitze einsetzten. Sie glaubten, die in ihrem Königreich zum christlichen Glauben konvertierten Juden und Mauren seien oft Scheinchristen, die heimlich ihrem alten Irrglauben nachgin-

Zum Schutz gegen Seeräuber wurde die Stadt Alcúdia von 1298 bis 1362 durch Mauern befestigt, die noch heute das Ortsbild bestimmen (Abb. oben). Aufgrund der Weiterentwicklung der Kriegstechnik mußte im 17. Jahrhundert (bis 1660) ein weiterer Mauerring errichtet werden, von dem sich nur die Bastei Sant Ferran erhalten hat (Abb. links), in deren Inneren sich heute die Stierkampfarena befindet (Abb. unten).

gen. Wie sich herausstellte, wurde aber nicht nur dieser Bevölkerungsgruppe häufig der Prozeß gemacht, sondern jeder konnte von der Inquisition betroffen sein. Selbst Geistliche wurden teilweise beschuldigt, Kirchliches kritisiert, unerlaubte Ansichten geäußert oder vorgeschriebene Riten nicht eingehalten zu haben. Verdächtigte wurden kurzerhand verhaftet und durch Psychoterror und Folter zu Geständnissen und zum Verrat von Gesinnungsgenossen gezwungen. Die spanische Inquisition konnte so z. B. auch das Eindringen reformatorischer Strömungen, wie Luthertum, Calvinismus und Anglikanismus, verhindern.

König Fernando bestimmte das Dominikanerkloster in Palma als den Gerichtshof auf Mallorca. Der Gefängnisbau, eine große Anlage, befand sich an der Stelle des heutigen Plaça Major. Er wurde wenige Jahre nach der Aufhebung der Inquisition 1812 abgebrochen, da sich mit der Architektur auch die Untaten der Inquisition verbanden. Zorn entlud sich auch bezüglich des Dominikanerklosters, das unmittelbar nach seiner Auflösung 1835 im Zuge der Säkularisation abgebrochen wurde.

Die ersten großen Inquisitionsgerichte auf Mallorca hängen unmittelbar mit der Verfolgung des Judentums zusammen. 1488 wurde nämlich ein Dekret erlassen, das eine Amnestie allen Juden versprach, die heimlich ihrer Religion nachgingen. 260 Personen auf Mallorca erklärten daraufhin ihre jüdische Abstammung. Als Folge mußten sie sich taufen lassen und erhielten zusätzlich eine Geldstrafe. Diese Vorgehensweise wiederholte sich, als 1491/92 die Vertreibung der nicht konvertierten Juden aus der spanischen Monarchie begann. Weitere 424 Juden mußten sich taufen lassen. Personen, die dem jüdischen Glauben weiter anhingen, wurden durch die Inquisition zur Verbrennung auf dem Scheiterhaufen verurteilt.

Vor dem Jerusalemtor in Palma verbrannte man auf einem inquisitorischen Scheiterhaufen im Jahre 1506 Bilder von 22 teilweise bereits verstorben Anhängern des Judentums. Es folgte an gleicher Stelle 1509 die Verbrennung von vier jüdischen Frauen. 1510 kamen hier drei weitere Juden um. Schließlich endete die Ausrottung des Judentums 1511 mit der Verbrennung von Bildern von 62 Juden, die kurz zuvor noch fliehen konnten. Am 13. April 1675 wurde ein zum christlichen Glauben konvertierter Jude auf dem Scheiterhaufen lebend verbrannt.

Auch in den folgenden Jahrhunderten wurden offiziell keine Juden auf Mallorca geduldet, auch wenn es sie vereinzelt gab. Die Inquisition entzog ihnen nach Bekanntwerden ihr Hab und Gut, und die Juden mußten die Insel verlassen. Oft genug wurden sie sogar noch in der ersten Hälfte des 18. Jahrhunderts auf dem Scheiterhaufen verbrannt. Erst 1782 erhielten die Juden ihre Gleichstellung mit den Christen.

Ketzerverbrennungen waren auf Mallorca die Ausnahme. Im Zeitraum von 1579 bis 1606 wurden 403 Inquisitionsprozesse geführt, bei denen nicht ein einziger mit dem Tod bestraft wurde. Meistens waren es kleinere Strafen.

Wirtschaftlicher Aufschwung nach 1571

Nachdem die Piratengefahr abgewendet war, konnte Palma aufgrund seiner günstigen geographischen Lage seine Bedeutung als Handelsmetropole wieder festigen. Durch den Handel Spaniens mit dem fast hundert Jahre zuvor entdeckten Amerika profitierte auch Mallorca vom wirtschaftlichen Aufschwung. Unzählige neue Paläste wurden erstellt bzw.

umgebaut. Es fällt auf, daß sich - abgesehen vom Königspalast - nur zwei Stadtpaläste finden lassen, die noch einen seit dem frühen 16. Jahrhundert nur wenig veränderten Innenhof besitzen. Dies verdeutlicht, daß die spätmittelalterlichen Bürgerhäuser aufgrund des wirtschaftlichen Wohlstands seit dem ausgehenden 16. Jahrhundert fast durchweg umgebaut oder neu errichtet wurden. Charakteristisch für diese Renaissance- und Barockpaläste sind das relativ schlichte Äußere, der großzüge Innenhof und die repräsentativen Innenräume.

Als spätbarocke Kapelle von 1792 präsentiert sich heute das ehemalige Geburtshaus der heiligen Catalina Tomás in Valldemossa.

Die wirtschaftliche Stagnation während der Zeit der Piratenüberfälle und der Aufschwung nach deren Beendigung ist auch anhand der Einwohnerzahlen Mallorcas belegbar. In den ersten sieben Jahrzehnten des 16. Jahrhunderts lag die Bevölkerungszahl nie wesentlich über 50.000. In der Regel kann von etwa 45.000 Einwohnern ausgegangen werden. Davon lebten etwa 25 % in Palma. Größere Schwankungen (1531 mit 34.295 Einwohnern, 1559 mit 50.693 Einwohnern und 1566 mit 42.795 Einwohnern) sind weniger auf die Bevölkerungszahl auf dem Land als vielmehr auf Palma zurückzuführen. Auffällig ist dann jedoch die bemerkenswerte Zunahme der Bevölkerung seit den 1570er Jahren, nachdem also die Piratenüberfälle kaum noch eine Rolle spielten. 1573 waren es bereits 58.095 Einwohner auf Mallorca, 1591 73.647, 1668 99.192, 1750 119.620, 1787 134.787 und schließlich im Jahr 1798 140.699 Einwohner.

Im Jahr 1585 war nach Palma der in der Inselmitte gelegene Ort Inca mit 6.147 Einwohnern die größte Stadt Mallorcas, gefolgt von Sóller (5.292 Einwohner), Pollença (4.341 Einwohner) und Manacor (4.174 Einwohner). Weitere Ortschaften über 3.000 Einwohner waren Alcúdia, Llucmajor, Muro, Felanitx, Petra und Sineu.

Inselheilige Catalina Tomás

Am 1. Mai 1531 wurde Beata Catalina Tomás als sechstes Kind einer Landarbeiterfamilie in Valldemossa geboren. Als sie drei Jahre alt war, verstarb ihr Vater, sieben Jahre später ihre Mutter. Die verwaisten Kinder wurden an verschiedene Verwandte verteilt. So lebte die zehnjährige Catalina in der Familie eines Onkels, der das abgelegene Gut Son Gallard (an der Straße Valldemossa - Deìa) bewirtschaftete. Mit 18 Jahren trat sie die Stelle einer Dienstmagdzeit bei der vermögenden Familie Zafortesa in Palma an.

Viele Gläubige besuchen die Kirche des Magdalenenklosters in Palma, in der der unverweste Leichnam der heiligen Catalina Tomás aufbewahrt wird. Die klassizistische Grabanlage ließ Kardinal Despuig durch den Bauleiter Tomàs Abrines von 1806 bis 1815 errichten (Abb. aus Montaner, 1889).

Ihr Wunsch nach einem Leben als Nonne wurde seitens der Klöster lange abgewiesen, da die Klöster überfüllt waren und Catalina keine Mitgift mitbringen konnte. Ihre Versuche, durch verstärktes Beten und Fasten doch aufgenommen zu werden, schwächten sie körperlich derartig, daß sie erst wieder durch die Unterstützung der Familie Zafortesa, die sie zur Erhohlung auf das Gut Raixa (zwischen Palma und Valldemossa) brachten, zu Kräften kam.

Im November 1522 ging ihr Wunsch in Erfüllung, und sie wurde ohne Mitgift von den Augustinerinnen des Magdalenenklosters in Palma aufgenommen. Hier zeichnete sie sich durch ein außergewöhnliches Streben nach religiöser und sittlicher Vervollkommnung, durch absoluten Gehorsam, unerbittliche Enthaltsamkeit und ungewöhnliche Nächstenliebe aus. Mehrfach fiel sie in ein Koma, das häufig 24 Stunden, mehrmals auch wenige Tage und im Jahre 1571 sogar 21 Tage dauerte, in dem sie weder essen noch trinken konnte, und ihr Laken sauber blieb. Es handelte sich um Extasen im mystischen Sinn, die Aufsehen erregten. Die

Das Geburtshaus der hl. Catalina Tomás in Valldemossa wurde 1792 zu einer Gnadenkapelle umgestaltet. Stifter war Kardinal Despuig.

Catalina Tomás lebte vom 11. bis 19. Lebensjahr auf dem Gut Son Gallard, das heute unmittelbar an der Straße von Valldemossa nach Deia liegt. Der ansprechende heutige Bau erhielt im 19. Jahrhundert die symmetrische Fassadegestaltung.

Bildkacheln neben der Haustüre zeigen in Valldemossa häufig die heilige Catalina Tomás.

Gläubigen einschließlich der Ordensleute sahen in ihr eine Heilige und Seherin mit überirdischen Kräften. Die Folge war, daß sie von Gläubigen aus allen Teilen der Bevölkerung aufgesucht und um Rat in ihren Nöten gefragt wurde. Selbst der Vizekönig von Mallorca, Don Guillermo de Rocafull, soll sie häufig zu Beratungen getroffen haben.

Catalina verstarb im 43. Lebensjahr, geschwächt durch vieles Fasten und harte Kasteiungen, am 5.4.1574 im Magdalenenkloster. Zunächst wurde die Verstorbene in einem Holzsarg unter den Stufen des Hochaltars bestattet, ehe sie in eine Marmorgruft unter der Kapelle ihrer Schutzheiligen, der hl. Katharina von Ägypten, ihre letzte Ruhestätte finden sollte. Als der Leichnam nach drei Jahren (1577) umgebettet wurde, stellte man fest, daß zwar der Sarg zerfallen, die Kleider verfault, der Leichnam aber unverwest war. Zudem geschahen an diesem Tag zwei Wunderheilungen, die man der Fürsprache Catalinas zuschrieb. Durch diese Ereignisse stieg Catalina zur hochverehrten Inselheiligen Mallorcas auf.

1792 wurde Catalina Tomás - nicht zuletzt durch Unterstützung des Kardinals Antonio Despuig - seliggesprochen. Der Kardinal, dessen Schwester Priorin des Magdalenenklosters war, ließ aus Anlaß der Seligsprechung auf seine Kosten die Klosterkirche von einem italienischen Maler ausschmücken und die Kapelle, in der der einbalsamierte Leichnam der verehrten Catalina in einem gläsernen Sarkophag zu sehen ist, in klassizistischen Stilformen neu gestalten. 1930 wurde Catalina Tomás heiliggesprochen.

In vielen Kirchen Mallorcas gibt es Darstellungen der Heiligen, unter anderem ein Halbfigurgemälde im Querschiff der Wallfahrtskirche in Lluc. Mehrere handbemalte Keramikschilder an den Häusern von Valldemossa zeigen Szenen aus dem Leben der Inselheiligen. Zu keiner anderen Person finden mehr Prozessionen auf Mallorca statt oder wurden Straßen und Plätze auf der Insel benannt. Am 28. Juli feiert man z. B. in Valldemossa zu Ehren der hl. Beata Catalina das "festa de la Beata", das Fest der Frommen. Dann schmücken Palmenzweige die Hauseingänge und bunte, weiße und rote Papiergirlanden die Straßen. Ein Mädchen fährt, als Beata verkleidet, mit etwa sieben Kindern in der Gestalt von Engeln in einem Triumpfwagen durch die Stadt.

Spanischer Erbfolgekrieg

Im Spanischen Erbfolgekrieg (1701-1714) standen die Mallorquiner auf der Seite des Erzherzogs Don Carlos von Österreich gegen Felipe V. Letzterer wurde jedoch erster französischer König Spaniens. Nachdem Felipes Truppen Barcelona eingenommen hatten, erfolgte im Juli 1715 die Eroberung Mallorcas. Der neue König schaffte jegliche Autonomie der Balearen und die bestehende Steuerfreiheit ab. Im Zuge des vom Bourbonenkönig Felipe V. erlassenen Neuordnungsdekrets zur Zentralisierung und Vereinheitlichung der politischen Macht in Spanien büßte das Königreich Aragón und somit auch Mallorca seine ursprünglichen Rechte und Privilegien ein.

Menorca ein Teil des Britischen Empire

1713 erhielten die Briten im Frieden von Utrecht Gibraltar und Menorca zugesprochen. Menorca blieb bis 1802 (Friede von Amiens) britisch mit Ausnahme der Jahre 1756 bis 1763, als fanzösische Truppen während des Siebenjährigen Krieges Menorca in Besitz nahmen.

Missionar Junípero Serra in Mexiko und Kalifornien

Die bekannteste Persönlichkeit Mallorcas im 18. Jahrhundert war Junípero Serra (24.11.1713 in Petra - 28.8.1784 in Monterey/Kalifornien). Der in Petra geborene Missionar trat 1730 in das Kloster de Jesus ein, war von 1744 bis 1749 Universitätsprofessor in Palma und reiste 1749 nach Mexiko, um dort als Volksprediger seine Missionstätigkeit auszuüben. Zunächst wirkte er unter den Indianern von Sierra Gorde, später im heutigen Kalifornien. Hier gründete er unter anderem 1776 als Missionsstation das Kloster San Francisco de Assisi, aus dem sich die Weltstadt San Francisco an der Westküste der USA entwickelte. Zudem errichtete er die Missionsstationen von San Diego und Monterey, wo er 1784 starb. Seine Heiligsprechung erfolgte 1988.

Horacio de Eguía Quintana schuf 1965 die 3,3 m hohe Bronzeplastik des Missionars Serra mit einem Indianerjungen vor der Franziskanerkirche in Palma.

Das Haus Californa Nr. 46 in Petra, in dem Junípero Serra geboren wurde, ist nicht erhalten. Zu sehen ist jedoch noch das Gebäude Carrer Barracar Alt Nr. 6 aus dem 17. Jahrhundert, in dem die Familie Serra seit Ende 1719 wohnte und das besichtigt werden kann. Im benachbarten Franziskanerkloster ging Junípero Serra zur Schule. Im "Museo del Padre Serra", einem pseudo-historischen Neubau von 1959, werden Bilder und Dokumente des Missionars und Modelle der Kirchen gezeigt, die der Franziskanermönch in Nord- und Mittelamerika errichten ließ.

links und oben: Wohnhaus Serras (17. Jahrhundert) in Petra, das mit historischen Ausstattungsstücken eingerichtet ist.
unten: Garten im Museum Serra in Petra

Auflösung des Jesuitenordens

Ein wichtiger Einschnitt in der Kirchengeschichte Mallorcas war die Auflösung des Jesuitenordens, der unter anderem für die Universität zuständig war. 1767 mußten die Jesuiten in Spanien, da sie als Anhänger des alten spanischen Königreichs galten, ihre Klöster, Hochschulen und Schulen schließen und auch Mallorca verlassen. 40 Ordenleute aus Mallorca und ihre Ordensbrüder aus den übrigen spanischen Regionen wurden nach Civitavecchia in Italien gebracht. Am 21.7.1773 wurde der Jesuitenorden ganz aufgehoben. 1816 kehrten jedoch die von Carlos III. aus Spanien verjagten Jesuiten nach Palma de Mallorca zurück.

Die Bedeutung der mallorquinischen Handelsflotte blieb im 18. und 19. Jahrhundert bestehen. Nun wurden auch die Karibik und die Häfen der Philippinen regelmäßig angesteuert.

ab 1800

19. und 20. Jahrhundert

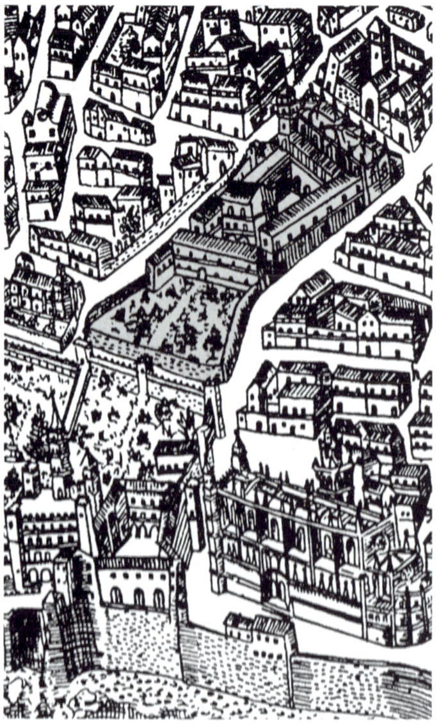

Im Zuge der Säkularisation von 1835/36 wurde das stattliche Dominikanerklosters in Palma einschließlich Kirche abgebrochen. Die Abbildung oben zeigt die großzügige Anlage (grau hervorgehoben) auf dem Stadtplan Palmas von A. Garau aus dem Jahr 1644. An dieser städtebaulich wichtigen Stelle stehen heute historistische Geschäftshäuser, der Palacio March und das Parlamentsgebäude. Die berühmte Orgel der ehemaligen Dominikanerkirche aus dem ausgehenden 18. Jahrhundert befindet sich heute in der Pfarrkirche von Santanyí (Abb. rechts).

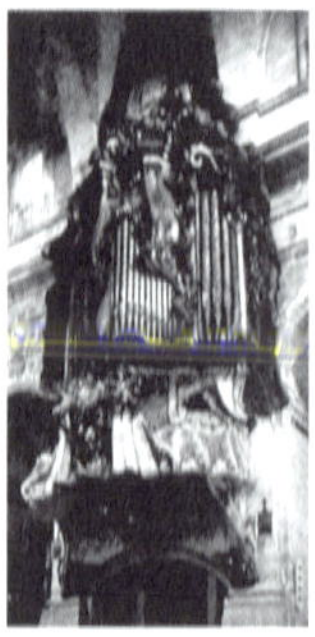

Zu Beginn des 19. Jahrhunderts galt Mallorca als die "Insel der Verbannung". Ursache dafür war der Beginn des spanischen Unabhängigkeitskriegs gegen Napoleon. 40.000 Flüchtlinge zog es vom Festland nach Palma. Nach dem Krieg gingen sie wieder in ihre alte Heimat zurück. Zudem diente die Insel Cabrera unmittelbar südlich von Mallorca 1808 nach dem Sieg der Spanier bei Bailén 9.000 französischen Kriegsgefangenen als Gefangenenlager. Da man ihnen zu wenig Wasser und Nahrung gegeben hatte, wurden die Soldaten das Opfer von Krankheiten, Disziplinlosigkeit und Durst. Als sie nach sechs Jahren von der Insel "befreit" wurden, waren nur noch ein Drittel der Gefangenen am Leben. Erst im Laufe des 19. Jahrhunderts wandelte sich der Status Mallorcas. Die Schönheit der Insel wurde entdeckt und der Tourismus begann ein Wirtschaftsfaktor zu werden.

Abschaffung der Inquisition und liberale Revolution

1820 wurde in Spanien die Inquisition abgeschafft. Seit dem späten Mittelalter war sie für die Verbrennung auf dem Scheiterhaufen und andere Verurteilungen verantwortlich.

Im selben Jahr brach die liberale Revolution aus, die von den konservativen Kräften niedergeschlagen wurde. Im Zuge der Unruhen sorgte man für den Abriß des Gebäudes der Inquisition, das sich bis 1823 an der Stelle des heutigen Plaça Major befand. Ab 1823 waren die Liberalen erneut starken Repressalien ausgesetzt. Es folgten öffentliche Verbrennungen von Büchern und Zeitschriften, die liberales Gedankengut äußerten.

Säkularisation

Nach dem Regierungsantritt Isabellas II. von Spanien wurden - zur Sanierung des öffentlichen Haushalts - unter dem umstrittenen Premierminister Don Juan Mendizabal 1836 die Klöster säkularisiert, d. h. enteignet und aufgehoben, Klöster mit weniger als zwölf Insassen abgebrochen oder der klösterliche Besitz verweltlicht und an Interessenten verkauft. Innerhalb von zehn Jahren hatten 139 ländliche und 122 städtische kirchliche Güter auf Mallorca weltliche Besitzter. Säkularisiert und an neue Besitzer verkauft wurde auch das Kartäuserkloster Valldemossa,

Von der Säkularisation 1835/36 waren alle Klöster betroffen. Auch das Santuari de Nuestra Senyora de Cura de Randa wurde 1835 aufgelöst, nachdem zuvor bereits 1826 die Grammatikschule aufgegeben worden war. Das Kloster verfiel. Nach gescheiterten Versuchen in den Jahren 1862 bis 1870 gelang es 1913, das Kloster durch Franziskaner wiederzubeleben. Die Abbildung zeigt das ruinöse Kloster in einer Darstellung aus der Zeit um 1880 (aus: Ludwig Salvator: Die Balearen in Wort und Bild, um 1885).

Das Zisterzienserkloster Santa Maria de la Real nördlich von Palma nahe der Straße Richtung Valldemossa wurde 1820 aufgelöst, die Güter wurden versteigert. 1821 richtete man in den Gebäuden ein Spital ein. Zwar kehrten 1823 die Mönche zurück. Mit der Säkularisation 1835/36 war aber endgültig die Geschichte des Klosters beendet. Die Gebäude verfielen, wie die Abbildung zeigt (aus: Montaner, 1889). Kurz vor 1900 begann der Wiederaufbau der Anlage.

in dem vom Dezember 1838 bis Februar 1839 Frédéric Chopin und George Sand mit den Kindern der Dichterin im "Winter auf Mallorca" in Zellen dieser Kartause zur Miete wohnten.

Viele kunsthistorisch bedeutende Kirchen und Klöster wurden zerstört oder verfielen aufgrund mangelnder Bauerhaltung. Die bedeutendste Klosteranlage auf Mallorca, die im Zuge der Säkularisation abgebrochen wurde, war diejenige des Dominikanerklosters in Palma. Auch die große Kirche, die fast die Ausmaße der Franziskanerkirche in Palma besaß, brach man ab. Im Dominikanerkloster tagte bis 1820 die Inquisition. Wie beim Haus der Inquisition, das 1823 zerstört wurde, wollte man die Erinnerung an die unliebsame Inquisition für alle Zeiten durch den Abbruch tilgen. Des weiteren mußte das Kloster San Felipe Neri bis 1854 dem Plaça Major weichen. Das Kloster de Jesus, das 1440 gegründet worden war, verfiel. Nur noch Reste des Kreuzgangs sind erhalten. Auch die Klostergebäude des Augustinerinnenklosters von Santa Margalida wurden zu großen Teilen zerstört. Die Liste könnte beliebig fortgesetzt werden.

1837 mußten die Augustinerinnen von Santa Margalida in Palma ihr Kloster verlassen, das daraufhin als Gefängnis und Lagerhalle genutzt wurde. Teile des gotischen Kreuzgangs rettete der österreichische Erzherzog Ludwig Salvator, indem er Reste in seinem Landsitz Miramar (s. Seite 54) aufbaute (historische Ansicht aus dem Monumental- und Museumskomplex der Kartause in Valldemossa, Abteilung "Erzherzog Ludwig Salvator").

Unruhen nach dem Sturz Königin Isabels II.

Als Königin Isabel II. 1869 ihren Thron verlor, führte dies in Palma zu einem Aufstand mit dem Sturm auf das Rathaus, dessen Archiv in Flammen aufgingen. Das Denkmal der Königin Isabel II. auf dem Plaça de la Reina in Palma wurde gestürzt. Reste stehen heute im Garten des Landhauses Defla bei Sineu. Heute befindet sich an der Stelle des Denkmals der sogenannte Krötenbrunnen. Nachdem die Anführer der Rebellion sogar die Republik ausgerufen hatten, brachten spanische Kriegsschiffe die Mallorquiner zur Ruhe und setzten Alfons XII. und die spanische Monarchie wieder ein. Demonstrativ besuchte der König 1877 die Insel.

Reblausplage

Im Jahr 1900 wurden die Weinkulturen Mallorcas durch die Reblausplage zerstört. Als Konsequenz setzte man Mandelbäume, die heute die Landschaft in Mittel- und Südmallorca mit prägen. Nachdem eine Reblausplage auch Orangehaine in Sóller zerstörte, kam es zu einer Wirtschaftskrise auf Mallorca. Infolge der Arbeitslosigkeit emigrierten viele Mallorquiner nach Barcelona oder Südamerika.

Weinlese aus: Ludwig Salvator: Die Balearen in Wort und Bild, um 1885.

oben: Ansicht auf Valldemossa mit dem ehemaligen Kartäuserkloster (links im Bild) und der Pfarrkirche (rechts).
Frédéric Chopin und George Sand verbrachten die Wintermonate 1838/39 auf Mallorca. Ihr Hauptaufenthaltsort auf der Insel war das säkularisierte Kloster Valldemossa, in dem sie einige Zellen bewohnten. Die Räumlichkeiten sind heute zu besichtigen.

unten: Klavier im Kartäuserkloster in Valldemossa, auf dem Chopin spielte (Abb. mit freundlicher Genehmigung von Margalida Ferrà).

Beginn des Tourismus

Die Entdeckung Mallorcas als Urlaubsziel begann mit der Romantik und dem damit verbundenen Reisen in exotische Länder. Insbesondere durch Veröffentlichungen französischer und englischer Schriftsteller seit dem frühen 19. Jahrhundert wurde die Insel einem breiten Publikum bekannt. Es waren zunächst Intellektuelle und Aussteiger, die Mallorca bereisten, um Erholung in mildem Klima zu finden und die malerische und romantische Landschaft sowie die angeblich "exotisch-maurischen" Gassen der Städte und Dörfer zu genießen. Zu den bekanntesten Besuchern gehörten Frédéric Chopin und George Sand, die dichtende Gräfin (1804-1876), die in den Wintermonaten 1838/39 Valldemossa aufsuchten. Das relativ rauhe Winterklima gefiel ihnen weniger. Dennoch wurde George Sands Roman "Ein Winter auf Mallorca", in dem die Schriftstellerin kein gutes Haar an den Mallorquinern ließ, zu einem Bestseller und machte Mallorca berühmt und Valldemossa zur touristischen Attraktion.

Nicht zuletzt gehört auch der Erzherzog Ludwig Salvator von Habsburg zu denjenigen, die die Insel bekanntmachten und sich zudem für die Erhaltung ihrer Kultur einsetzten. Als 22jähriger kam er 1867 erstmals nach Mallorca. Zwei Jahre später ließ sich der in Florenz 1847 geborene fest auf der Insel nieder. Unter seinen vielen Schriften ragt das neunbändige Werk "Die Balearen in Wort und Bild" von 1869 bis 1891 heraus. 1897 wurde die Untersuchung in einer zweibändigen Ausgabe zusammengefaßt. Zwei Jahre später erhielt er auf der Pariser Weltausstellung dafür eine Goldmedaille. Die sehr lesenswerte Veröffentlichung von 1897 steht heute als Reprintausgabe in einigen deutschen Bibliotheken. Das neunbändige, in der Ausstattung und Größe monumentale mehrbändige Werk ist nur sehr selten in Bibliotheken vorhanden.

Im Laufe des 19. Jahrhunderts gewann der Tourismus zunehmend an Bedeutung. Auch die Kaiserin Elisabeth von Österreich, genannt Sissi, besuchte 1861 und 1892 Mallorca. 1861 kam ebenfalls Erzherzog Ferdinand Max auf die Insel.

Förderlich für die Entwicklung der Urlauberzahlen war nicht zuletzt die zunehmend bessere Anbindung der Insel an das Festland durch einen regelmäßigen Fährdienst mit Segelschiffen zwischen Palma und Barcelona, der ab 1833 bestand. Ein Jahr später wurde bereits die erste Verbindung mit dem Dampfer "El Balear", einem hölzernen Raddampfer mit zwei Kesseln, 60 PS und 7 bis 8 Seemeilen pro Stunde aufgenommen. Die Überfahrt dauerte fast 20 Stunden.

Doch erst gegen Ende des 19. Jahrhunderts erkannten einige Mallorquiner den Wirtschaftsfaktor Tourismus. Im Jahre 1890 war es Santos Oliver, der erstmals die Förderung des Tourismus auf Mallorca zum wirtschaftlichen Nutzen der Insel in einem Aufsatz forderte. Er empfahl zur Steigerung der Urlauberzahlen die Verbesserung der touristischen Infrastruktur durch eine häufigere und schnellere Seeverbindung zum Festland und den Bau geeigneter Hotels, um dort anspruchsvolle Besucher unterbringen zu können.

Kurz nach der Veröffentlichung des Aufsatzes wurde tatsächlich ein neuer Dampfer in Funktion genommen, die "Miramar", die zusammen mit bereits vorhandenen Schiffen die Linie von Barcelona nach Palma de Mallorca befuhr. Erst elf Jahre später realisierte man die zweite Forderung, den Bau eines Luxushotels, das an zentraler Stelle in Palma realisiert wurde. Es handelt sich um das ehemalige Grand Hotel, das nicht nur eines der technisch modernsten und prächtigsten Hotels seiner Zeit war, sondern auch im modernen, extravaganten Stil, d. h. im Jugendstil, ausgeführt wurde. Damit war der Weg für eine rasante Zunahme von Touristen bereitet. Der Massentourismus setzte jedoch erst Ende der 1950er Jahre und insbesondere nach dem Ausbau des Flugverkehrs ein.

oben: Bahnhof von Palma.
1875 konnte die erste Eisenbahnlinie (von Palma nach Inca) eingeweiht werden.

unten: Bahnwagons im Bahnhof von Sóller. Die heute von den Touristen häufig genutzte Bahnstrecke von Palma nach Sóller wurde 1912 erstmals befahren. 1929 stellte man sie auf elektrischen Betrieb um.

oben: Die Straßenbahn von Sóller nach Port de Sóller konnte 1913 erstmals befahren werden.

Ab 1869 ließ sich Erzherzog Ludwig Salvator von Österreich-Toskana auf seiner geliebten Insel Mallorca an der Küste bei Valldemossa und Deia nieder. Er sammelte mallorquinische Volkslieder und Märchen und erwarb zahlreiche historische Bauwerke, um sie vor ihrer Zerstörung zu bewahren. Außerdem verfaßte er mehrere Schriften über die Balearen (Auswahl s. Literaturverzeichnis).

Der ehemalige Bahnhof von Sineu aus dem Jahr 1876 ist - seitdem die Bahnstrecke Inca - Sineu - Manacor - Artà 1975 stillgelegt wurde - eine Kunstgalerie.

Mallorca war während der Franco-Diktatur ein Zufluchtsort vieler Republikaner. Zwar nahm der Bürgerkrieg auf Mallorca noch härtere Züge als auf dem Festland an. Nach seiner Beendigung aber bot die Insel mehr Sicherheit als die großen Städte und insbesondere Barcelona.
Das Luxushotel Formentor, das der argentinische Korrespondent Adan Diehl 1923 errichten ließ, ist ein schlichter, langgestreckter Bau. Es wurde bald zum intellektuellen Treffpunkt im westlichen Mittelmeer. Während des Spanischen Bürgerkriegs war das Formentor Zufluchtsort für politisch Andersdenkende. Zu den prominenten Gästen zählten Churchill, die Windsors, Charlie Chaplin, später Helmut Schmidt, Michael Douglas, das belgische Königspaar, Plácido Domingo, Peter Ustinov, Audrey Hepburn und der 14. Dalai Lama von Tibet. Im September 1995 tagte hier ein EU-Gipfeltreffen. Von daher ist das Formentor auch heute noch das Luxushotel Mallorcas.

Spanischer Bürgerkrieg 1936-1939

Bereits am ersten Tag des Militärputschs, der den Spanischen Bürgerkrieg (1936-39) auslöste, fiel Mallorca ohne größere Widerstände an den nationalisten General Francisco Franco. Die Versuche der republikanischen Regierung, die Balearen zurückzuerobern, scheiterte. Die mehr als 3.000 Toten, die während des Spanischen Bürgerkriegs auf Mallorca ermordet wurden, gehen auf das Konto des italienischen Faschisten Arconovaldo Bonacorsi. Er nannte sich Graf Rossi und setzte 1936 ein brutales "Säuberungskommando" ein, bei dem Andersdenkende, insbesondere Kommunisten, ausgemacht werden sollten. Während des Unrechtregimes wurden Menschen ermordet, sobald sie sich - wie auch immer - verdächtig gemacht hatten, auf der Seite der Republikaner oder Kommunisten zu stehen. Die Exekution einer Familie ist belegt, nachdem mißgünstige Nachbarn behaupteten, die Familie hätte beim Anblick vorüberfliegender republikanischer Flugzeuge im Garten applaudiert. Auf das Zeigen der geballten Faust stand die Todesstrafe.

Zeit der Franco-Diktatur

Während der Franco-Diktatur (1936-1975) und somit über einen Zeitraum von vier Jahrzehnten war es verboten, mallorquinisch in der Öffentlichkeit zu sprechen, obgleich die Landbevölkerung nur diese Sprache kannte. So wurde das Kloster Lluc im Norden Mallorcas Schutzraum für die katalanische bzw. mallorquinische Sprache.

Der Ende der 1950er Jahre einsetzende Massentourimus überschwemmte zuerst die Bucht von Palma. In Cala Major und Illetas wuchsen die Hotels und Appartmenthäuser die vom Meer steil aufsteigenden Hänge hinauf. In wenigen Jahren änderte sich das Leben der Menschen vor allem im Westen der Insel. Während in den 1950er Jahren noch der größte Teil der mallorquinischen Bevölkerung in der Landwirtschaft tätig war, sind es heute nicht einmal mehr zwanzig Prozent. Der Fremdenverkehr brachte einen wirtschaftlichen Aufschwung und führte zur Entstehung einer neuen Gesellschaftsstruktur und zum Abbau von Barrieren zwischen den verschiedenen Bevölkerungsschichten und Gruppen.

Demokratisierung und autonome Region Balearen

Nach dem Tod Francos im November 1975 begann unter König Juan Carlos I. die Demokratisierung Spaniens. Der damals 37jährige Juan Carlos, der Enkel Alfonsos XIII., wurde Spanischer König. Schon als Student verbrachte er seine Ferien in der Kartause von Valldemossa. Später verlebte er den Sommer in der Villa Marivent in Cala Major bei Palma. Dort verbringt noch heute die königliche Familie ihre Oster- und Sommerferien.

1983 wurden die Balearen zur autonomen Region mit der Hauptstadt Palma de Mallorca erklärt. Aufgrund von Streitigkeiten unter den Inseln war die Selbständigkeit später als die von Katalonien und dem Baskenland erfolgt. Auch die Befugnisse und Rechte des balearischen Inselparlaments sind gegenüber denjenigen der Parlamente der Katalanen und Basken eingeschränkt.

Das Regionalparlament tritt im Gebäude des ehemaligen Circulo Mallorquin unweit der Kathedrale von Palma zusammen. Es gibt insgesamt 59 Parlamentssitze, davon entfallen 33 auf Mallorca, 12 auf Menorca, 11 auf Ibiza und 3 auf Formentera.

Villa Marivent in Cala Major bei Palma

Amtssprachen: Katalanisch und Kastilisch

Wie in Katalonien und Valencia gibt es auch auf den Balearen heute zwei Amtssprachen: Katalanisch und Kastilisch (das "offizielle" spanisch). Nach jahrelanger Unterdrückung durch das Franco-Regime ist für viele Inselbewohner die Bewahrung und Würdigung des Katalanischen zum entscheidenden Element ihrer regionalen Identität geworden. Straßen- und Ortsnamen haben seit 1978 wieder ihre traditionellen, d. h. katalanischen Namen erhalten. So wurde beispielsweise aus calle wieder carrer, aus plaza wieder plaça.

Heute wird in Kirchen, Schulen und Universitäten vorwiegend Katalanisch gesprochen. Auf dem Land ist dagegen das Mallorquín, der mallorquinische Dialekt, der dem Katalanisch sehr ähnlich ist, üblich. Daher werden z. B. Gottesdienste in Spanischer, Katalanischer oder Mallorquinischer Sprache gehalten, und es erscheinen Bücher überwiegend zu regionalen Themen bzw. Lokalzeitungen auf katalanisch und mallorquinisch.

Tourismus

Heute ist Mallorca eines der beliebtesten Urlaubsziele der Welt. Mehr als 20 Millionen Touristen verzeichnet die Insel im Jahr. Und die Zahl der Urlaubssuchenden wächst. Der 1997 vergrößerte Flughafen, der noch weiter ausgebaut werden soll, ist der größte Touristikflughafen der Welt. Die touristische Infrastruktur ist hervorragend. Seit einigen Jahren bemüht sich die balearische Regierung um einen Qualitätstourismus. Mallorca ist inzwischen eine Prominenteninsel geworden. Durch den Bau von Golfplätzen und den Ausbau von Yachthäfen sowie Luxushotels schuf man eine Infrastruktur, die nicht zuletzt finanzkräftige Urlauber anzieht. Der Massentourismus bewirkt, daß Mallorca das höchste Pro-Kopf-Einkommen und die niedrigste Arbeitslosigkeitsrate in Spanien aufweist.

Miró und Mallorca

Mirós Mutter und seine Frau Pilar Juncosa, die er 1929 in Palma heiratete, stammen aus Mallorca. Während Miró in Barcelona aufwuchs, lebten seine Großeltern und weitere Familienangehörige auf Mallorca. Deshalb wurde für den jungen Miró die Insel zum Reiseziel seiner Ferien. 1940 zog er sich nach Palma de Mallorca zurück, nachdem in der Normandie, wohin er beim Einmarsch deutscher Truppen in Paris geflüchtet war, die ersten Bomben fielen. Barcelona war als Zufluchtsort für ihn politisch unsicher geworden, da am 1. April 1939 mit dem Ende des Spanischen Bürgerkriegs die Franco-Diktatur begonnen hatte. Miró war ein erklärter Gegner Francos und hatte - wie seine Künstlerfreunde Picasso, Gonzáles und Sert - im Bürgerkrieg auf der Seite der Republikaner gestanden und während deren kurzer Regierungszeit im Pavillon der Spanischen Republik auf der Weltausstellung von 1937 in Paris ausgestellt. Hier war unter anderem Picassos 'Guernica' zu sehen. Aus Furcht vor Repressalien wohnte Miró bis 1942 unter größter Geheimhaltung in einem Haus in der Carrer de les Minyones in Palma.

Erst in den frühen fünfziger Jahren entschloß sich Miró, endgültig auf Mallorca niederzulassen. Damals kaufte er "Son Abrines", ein Grundstück oberhalb der Bucht von Palma. Auf dem Anwesen ließ wenig später seine Frau ein neues Wohnhaus und ein großes Atelier nach Plänen seines Freundes Josep Lluís Sert bauen. Als weiteres Atelier erwarb Miró

Die Bronze-Plastik vor dem Palau March in Palma de Mallorca stammt von Miró. Miró erfuhr auf Mallorca spät Anerkennung. Erst mit fünfundsiebzig Jahren wurde der international bekannte Künstler Ehrenbürger der Stadt Palma. Fünfundachtzigjährig erhielt er die Goldmedaille der Stadt. Eine von Miró 1970 für den Parc de la Mar entworfene Großplastik war 1970 vom Rat der Stadt abgelehnt worden.

Atelier Mirós in Cala Major, einem Vorort Palmas, nach Plänen seines Freundes Josep Lluís Sert von 1956

später auch das oberhalb gelegene mallorquinische Landhaus Son Boter aus dem 17. Jahrhundert.

Miró war 1956, als er in dem von Sert entworfenen Atelier zu arbeiten begann, bereits dreiundsechzig Jahre alt und stand auf dem Höhepunkt seiner Karriere. Die ersten großen Einzelausstellungen in den USA und in Europa hatten bereits stattgefunden, in Venedig erhielt er 1954 den großen Preis der Biennale für Graphik und in New York war man im Museum of Modern Art mit einer Retrospektive seines Werks in der Vorbereitung. Außerdem erschienen in den 50er Jahren die wichtigsten Veröffentlichungen zu seinem Werk. Auf Mallorca begann zu diesem Zeitpunkt der künstlerische Schritt zum Dreidimensionalen, der Keramik und Skulptur. Zudem entdeckte er das große Format in der Malerei, bei dem er sich fast monochromen Farbflächen zuwandte.

Joan Miró lebte rund 30 Jahre auf Mallorca. Er verstarb hier in seinem Anwesen in Cala Major neunzigjährig am 25. Dezember 1983. Seinem Wunsch entsprechend wurde er in seiner Geburtsstadt Barcelona auf dem Friedhof am Montjuïc begraben. In der Nähe befindet sich die Fundació Joan Miró, die mit etwa 10.000 Arbeiten die größte Sammlung seines Werkes besitzt. Als Miró 1972 die Stiftung ins Leben rief, beauftragte er seinen Freund und Architekten Josep Lluís Sert mit dem Stiftungsgebäude. 1981 wurde in Palma noch zu seinen Lebzeiten die Fundació Pilar i Joan Miró in seinem Anwesen in Cala Major gegründet.

Mirós ehemaliges Wohnhaus Son Boter aus dem 17. Jahrhundert in Cala Major

Abb. S. 79:
Tempel (2. Hälfte 19. Jahrhundert) im Garten des Landhauses Son Marroig zwischen Valldemossa und Deià

Architektur

vor 1300 v. Chr.

Vor-Talayotische Architektur

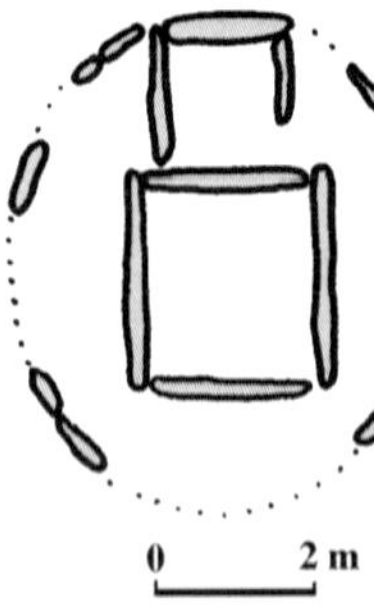

Der Dolmen von Son Bauló de Dalt bei Can Picafort, 2000/1800 v. Chr., Grundriß (Umzeichnung nach Lillius, 1967 und Aramburu/ Garrido/Sastre, 1994)

Die frühesten Bewohner Mallorcas lebten in einfachen Hütten, von denen sich keine Spuren erhalten haben, und in Höhlen. Die ältesten baulichen Zeugnisse sind umgestaltete natürliche Höhlen. Sie wurden als Wohnungen bzw. als Begräbnisstätten genutzt. Ab 1.800 v. Chr. entstanden mit den künstlichen Höhlen und den Dolmen in Son Bauló de Dalt die ersten menschlichen Bauwerke.

Dolmen

Die ältesten Bauwerke Mallorcas, die aus aufrecht stehenden Steinen errichtet wurden, werden um 1800 v. Chr., nach anderer Meinung 2000 v. Chr. datiert. Es handelt sich um Massengräber megalithischer Tradition, sogenannte Dolmen, die bis 1700 v. Chr. genutzt wurden. Bekannt sind bislang der Dolmen von Son Bauló de Dalt bei Can Picafort (Santa Margalida) und bei Colònia de Sant Pere (Artà). Als Dolmen bezeichnet man Bauten, deren Seitenwände aus Steinplatten gebildet werden und die mittels einer großen Deckplatte überdacht sind. Derartige Anlagen dienten im nordwesteuropäischen und wohl auch im Mittelmeerraum vorrangig als Begräbniskammern hochgestellter Persönlichkeiten. Für diese Form der megalithischen Bestattungsarchitektur gibt es zwar auf Mallorca bislang nur zwei Belege. Sie haben aber mit den Dolmengräbern von Ca Na Costa auf Formentera (zwischen 1850 und 1600 v. Chr.), von Can Sergent auf Ibiza (zwischen 1800 und 1400) und von Ses Roques Llisses, Montplé, Binidalinet und Alcaidús auf Menorca (2000 bis 1400 v. Chr.) mehrere Entsprechungen auf den benachbarten Inseln.

Bei der Grabanlage von Son Bauló de Dalt handelt es sich um eine kleine kreisrunde Anlage aus aufrecht stehenden kleineren Steinen, die im Boden versenkt sind. Das Zentrum der Anlage bildet eine quadratische Kammer (2 x 2 m) mit einem Vorraum (1,6 x 1,2 m) aus größeren Steinen.

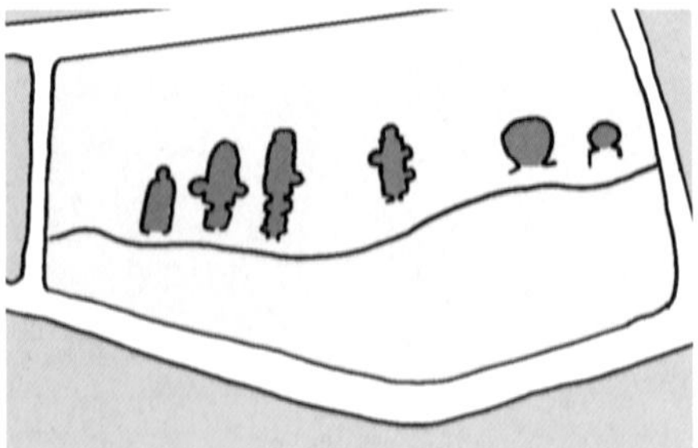

oben: Höhlen von Cala Sant Vicenç bei Pollença, Lageplan der sechs erhaltenen Höhlen (Umzeichnung nach Aramburu/ Garrido/Sastre, 1994)

Die künstlichen Höhlen dienten gewöhnlich als Grabkammern. Die Toten wurden in der Hauptkammer oder - bei den aufwendiger gestalteten Höhlen - in den Nischen an der Wand bestattet. Vor die Nische stellte man einen entsprechend großen Stein, wie bei einigen Höhlen in Son Sunyer bei Arenal und in Cala Sant Vicenç. Man legte - über die Jahrhunderte hinweg - die Toten nebeneinander und in Schichten übereinander. Teilweise wurden die Verstorbenen auch verbrannt. Außerdem waren Grabbeigaben üblich.

unten: Grundriß und Schnitte der Höhle 7 von Cala Sant Vicenç (Umzeichnung nach Bordoy/Plantalamor/Murillo, 1995).

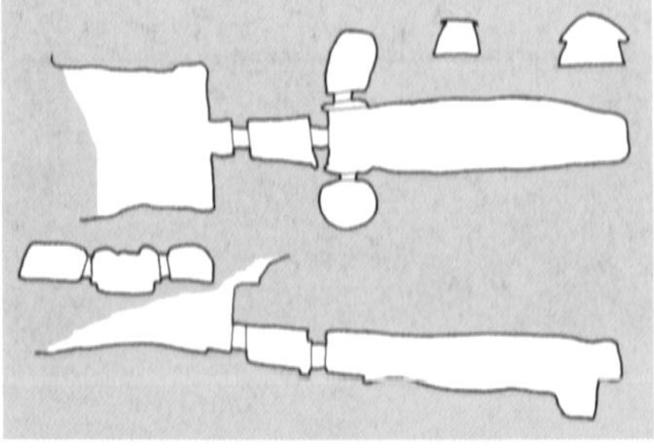

Künstliche Höhlen

Um 1800 v. Chr. entstanden auch die ersten künstlichen Höhlen. Sie dienten im allgemeinen als Begräbnisstätten und wurden durch Aushöhlung der Felsen geschaffen. Die Höhlen besitzen unterschiedliche Zugänge und bereits in der Vor-Talayotischen Epoche sowohl einfache als auch komplizierte Grundrisse. Einfache Höhlen bestehen nur aus einem Raum, der oval oder rechteckig angelegt wurde. Kompliziertere Anlagen besitzen zusätzlich eine Vorhalle, die zudem noch um einen Verbindungsgang zum Hauptraum ergänzt sein kann. In den Räumen sitzen oft seitlich Nischen, während das Raumende oft eine halbkreisförmige Einbuchtung aufweist. Häufig sind seitliche Sitzbänke anzutreffen, die entlang der Wände oder nur an einigen Abschnitten der Wand verlaufen. Außerdem dienten bei einigen Höhlen Öffnungen nach außen zur Belichtung des Innenraums und für den Feuer- bzw. Rauchabzug.

Die sechs heute noch erhaltenen künstlichen Höhlen am Ortsrand von Cala Vicenç (bei km 3,2 von Pollença in der Straße rechts) sind die größte

linke und unten:
Der Dolmen von Son Bauló de Dalt bei Can Picafort (Santa Margalida), um 2000/1800 v. Chr. Es handelt sich um Massengräber megalithischer Tradition.

links:
In den Felsen von Cala Pi sitzen natürliche und künstliche Höhlen.

unten links und unten:
Höhlen von Cala Sant Vicenç bei Pollença. Sie besitzen unterschiedlich große Zugänge von ca. 0,50 m bis 1,90 m Höhe.

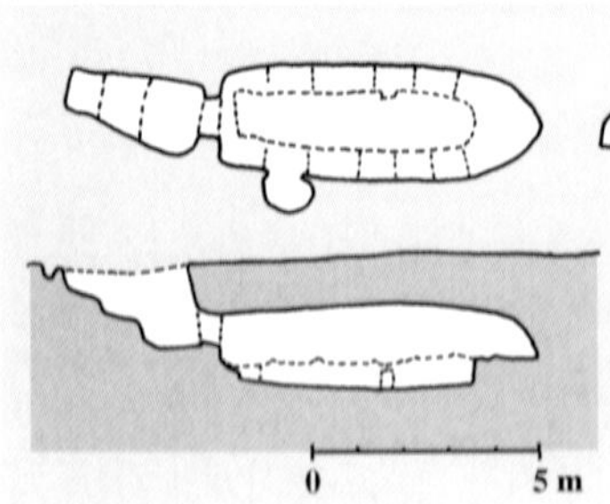

oben und oben rechts: Die Cueva de Son Caulelles in Marratxí liegt südlich des nur wenige Meter entfernten Sportplatzes (zwischen Sa Cabaneta und Pòrtol). In einem fast ebenen Gelände wurde sie in den Kalkstein geschlagen. Drei Stufen führen hinab in die Kammer mit umlaufender Sitzgelegenheit und seitlicher Nische.

unten: Höhle N'Aguermet (Santanyí) (Umzeichnung nach Enseñat Estrany)

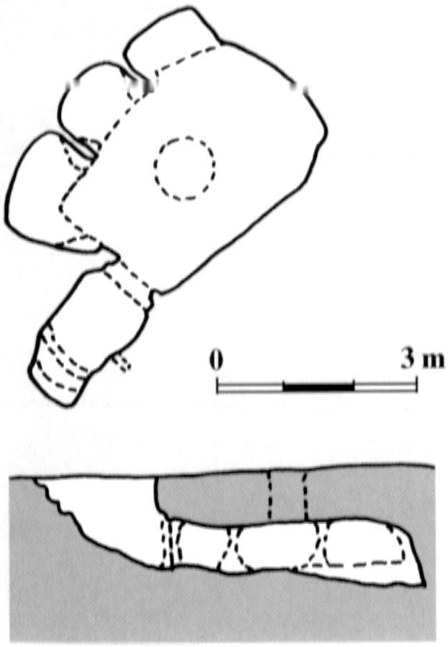

zusammenhängende Gruppe von Begräbnishöhlen auf Mallorca. Sie waren offenbar die Gräber einer kleinen Lebensgemeinschaft. Sie sind in verschiedenen Formen ausgeführt und stammen vielleicht auch aus unterschiedlichen Zeiten. Die Höhlen haben große kreisförmige oder fast quadratisch kleine Zugänge. Die kleinen rechteckigen Eingänge besitzen Falze, die auf eine Verschließbarkeit in Form von Brettern oder Steinplatten hinweisen. Im Innenraum sitzt am Raumende häufig eine Nische. Außerdem weisen zwei der Höhlen zusätzlich einen kleinen Vorraum auf.

Eine weitere Gruppe bilden die acht Höhlen von Son Sunyer bei Arenal. Sechs davon besitzen verlängerte Kammern und zwei einen runden kleinen Raum.

Navetas

Zwischen 1700 und 1500 v. Chr. entstanden die ersten aus einem Mauerverband errichteten Gebäude, die sogenannten Navetas. Es sind - nach Lillius - 15 derartige Anlagen auf Mallorca bekannt, bei denen es sich meistens um doppelte und dreifache Navetas handelt.

Navetas sind längsgerichtete Massivbauten, die im Grundriß auf Mallorca eine Hufeisenform aufweisen. Äußerlich besitzen bzw. besaßen sie die Form eines umgedrehten Schiffs, d. h. die Mauern verlaufen schräg, das Gebäude verjüngt sich so nach oben. Entweder gab es ein Dach aus einer Holzkonstruktion, oder es entwickelte sich aus den schräg nach oben geführten Wänden ein massives Gewölbe und somit eine Überdachung, wie sie auf Menorca mehrfach erhalten ist.

Navetas waren auf Mallorca keine Begräbnisstätten, sondern Wohnungen für 15 bis 20 Personen. Die Gebäude konnten aus zehn und mehr Räumen bestehen. In der Mitte der Anlage lag in der Regel eine Feuerstelle. Navetas sind sowohl als einzeln stehende Gebäude (wie in Alemany südlich von Magaluf) als auch als Gruppe bzw. innerhalb einer Siedlung nachgewiesen.

Eine Sonderform bildet die doppelte Naveta. Dabei handelt es sich um zwei unmittelbar nebeneinander gebaute Navetas mit einer gemeinsa-

links: Die Naveta d'es Tudóns bei Ciutadella auf Menorca ist wohl ein Fürstengrab (um 1800 - 1300 v. Chr.), von denen es auf Menorca weitere etwa 60, allerdings weniger gut erhaltene Beispiele gibt. Das zyklopische Schichtenmauerwerk von 14 Metern Länge formt sich, fast fünf Meter hoch, zu einer umgelegten Schifform. Von Westen führt ein niedriger Gang in zwei übereinanderliegende Kammern. Die untere diente wohl für Grabbeigaben, die obere zur Bestattung (Abb. aus: Ludwig Salvator: Die Balearen in Wort und Bild, 1890).

men Wand. Diese Form ist auf Mallorca häufig. Eines der am besten erhaltenen Beispiele für die Doppelnaveta steht in Es Rafal nahe des Flughafens von Palma.

Darüber hinaus gibt es auch dreiteilige Navetas, wie diejenige von Can Roig Nou bei Felanitx. Hier besitzen die drei miteinander vereinten, ca. 10 m langen und höchstens 4 m breiten Navetas eine einheitliche, geradlinige Fassade, während die mittlere Naveta eine zurückversetzte äußere Apsis aufweist.

Die bekanntesten und am besten erhaltenen Navetas befinden sich auf Menorca. Hier sind 64 Anlagen bekannt. Sie unterscheiden sich wesentlich von denjenigen auf Mallorca, da sie in der Regel wohl nicht als Wohnungen, sondern als Grablegen dienten. Daraus resultieren bauliche Unterschiede. So führt der Eingang menorquinischer Navetas zunächst durch einen Korridor, ehe man in die Kammer gelangt. Die Navetas Menorcas enden zudem nicht mit einem Halbkreisbogen sondern mit

Die Naveta Alemany liegt rechts neben der Straße von Magaluf zum Casino. Es ist das am besten erhaltene Beispiel einer Naveta auf Mallorca. Der Grundriß veranschaulicht die hufeisenförmige Gestalt des Bauwerks aus der Zeit um 1500 bis 1300 v. Chr. mit einer Länge von 19 m und einer Breite von 4 m.

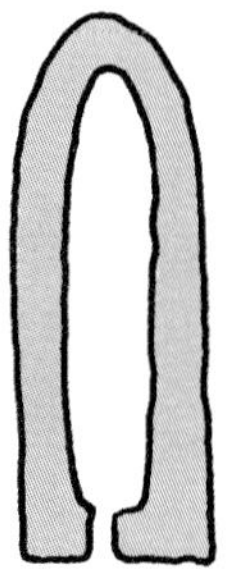

oben und unten:
Die Doppelnaveta von Es Rafal beim Flughafen nahe der Straße Palma - Manacor (bei km 10,5 von Palma links in den Feldweg bzw. Verlängerung der Straße von Can Pastilla/ Arenal) steht mit einer wahrscheinlich älteren Grabkammer in Verbindung. Der Bau wird aus zwei nebeneinanderliegenden hufeisenförmigen Navetas von 13,5 x 3 m Größe gebildet. Die Außenwände haben sich bis auf eine Höhe von zwei Metern erhalten.

Unterhalb der Doppelnaveta liegt eine ältere Grabhöhle, die über einen tiefen Schacht erreichbar ist (vgl. Schnitt und Grundriß).

unten: Schnitt und Grundriß der Doppelnaveta von Es Rafal (Umzeichnung nach Lillius) und Modell der Anlage im Stadtmuseum von Palma (im Castell de Bellver in Palma)

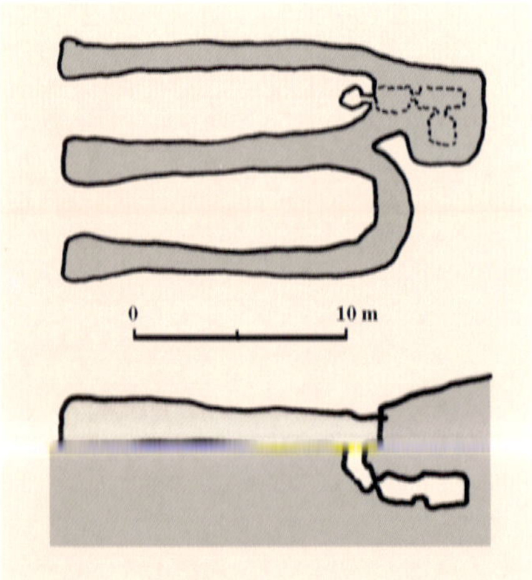

einem geraden Schluß und besitzen eine flache Deckenkonstruktion, die auf vorspringenden Steinreihen aufliegen.

Die Navetas und auch die Höhlen der frühesten Siedler blieben häufig bis zur maurischen Epoche in Benutzung und wurden mehrfach umgebaut.

Grabbauten aus Grabkammer und Steinbau

In Sant Jordi und Es Rafal treten die Navetas in Verbindung mit künstlichen Höhlen, die durch einen kleinen Zugangsschacht erreichbar sind, auf. Es handelt sich bei den Höhlen wohl um ältere Grabkammern, die der italienische Archäologe Giovanni Lillius als "Grabkrypten" bezeichnet und über die später die Navetas gebaut wurden. In Son Oms bei Can Pastilla wurde die Grabkammer mit einem Rundbau nachträglich kombiniert.

In Es Rafal liegt die Grabhöhle unter der doppelten Naveta. Hinter dem Zugangsschacht befinden sich ein kleiner Vorraum, eine Kammer und eine seitliche Zelle. Die Räume haben einen ovalen Grundriß und eine flache Decke. Die kleinen Türzugänge bestehen aus seitlichen Pfosten und einem massiven Sturz.

Die Anlage Son Oms bei Can Pastilla wurde im Zuge des Flughafenausbaus und des Autobahnbaus teilzerstört. Hier lag die Höhle am Rand eines abgestuften runden Grabhügels, der räumlich und funktional mit ihr in Verbindung stand. In die Höhle führte ein fast 2 m tiefer Schacht, der von vier großen Steinplatten bedeckt war. Die künstliche Höhle bestand aus einem 2,1 x 2,5 m großen Vorraum, einer Hauptkammer (3,2 x 2,3 m) und einem hinteren Raum (3,7 x 1,3 m). Die 1,3 bis 1,5 m hohen Decken waren gewölbt, die Kammern hatten einen elipsenförmigen Grundriß. Die Türen von nur 0,56 m Breite und 0,43 m Höhe verbanden die Räume. Sie besaßen ebenfalls seitliche Pfosten und einen massiven Sturz. Zudem gab es hier - nach Lillius - bereits ein Mauerwerk aus lehmgebetteten übereinanderliegenden Steinen. Die Höhle wurde nachträglich vor 1300 v. Chr. um einen Rundbau von mehr als fünf Metern Höhe und einem Durchmesser von 24,5 x 19,5 m ergänzt. Nach Lillius scheint das Gebäude für "Grab- und Kultzwecke gleichzeitig bestimmt gewesen zu sein: d. h. eine Art Mausoleum, das dem Kammergrab als sichtbares Erinnerungsmal für die in der Krypta bestatteten, zu Heroen und Göttern gewordenen Vornehmen hinzugefügt war, denen man öffentliche Verehrung auf der Höhe des weiteren Rundbaus entgegenbrachte, wo der Priester in Anwesenheit des unten um den Tumulus versammelten Volkes den Gottesdienst zelebrierte."

Höhlenzeichnungen und Skulpturen

Zeichnungen im schematisch-linearen Stil auf Höhlenfelswänden fanden Archäologen in der Cova de Belem bei Deià: Die Darstellung einer Hütte, eines Tieres mit Hörnern und eines Bogenschützen im Profil. Die Zeichnungen werden um 1800 v. Chr. datiert. Aus anderen Höhlen sind bislang lediglich Ritzungen in Form von geometrischen Motiven bekannt, wie in der Cova de S'Homonet.

Kleinplastiken stammen erst aus der Zeit gegen Ende der Vor-Talayotischen Epoche, d. h. kurz vor 1300 v. Chr. Es handelt sich um kleine Figuren, sogenannte Idolos, die aus einem Stein gehauen wurden.

1.300 - 123 v. Chr.

Talayotische Architektur

Um 1300 v. Chr. vollzog sich ein sozialer und kultureller Wandel innerhalb der mallorquinischen Gesellschaft. Er steht möglicherweise mit einer Neubesiedlung der Insel im Zusammenhang. Von diesem Zeitpunkt an entstanden überdimensionierte Steinbauten, die große Ähnlichkeit mit der Zyklopenarchitektur besitzen, die auch andere Mittelmeerinseln (z. B. Malta, Korsika und Sardinien) aufweisen. Offenbar bestand hier ein kultureller Austausch und Einfluß. Insbesondere auf Sardinien und Korsika lebten ähnliche Kulturen. Die z. T. mächtigen Turmbauten der balearischen Inseln werden im arabischen "atalaya" (zu deutsch "Wachturm") genannt und heißen deshalb heute "Talayots". Sie geben der Epoche ihren Namen.

unten: Son Oms bei Can Pastilla (s. Text S. 84; Modell im Stadtmuseum von Palma im Castell de Bellver in Palma)

oben und oben rechts: Talayot Can Jordi nordöstlich von Santanyí
unten links: Talayot Son Fred nördlich von Sencelles
unten rechts: Talayotische Dorfummauerung von Ets Antigors südlich von Ses Salines

linke Spalte und unten:
Talayot von Sa Canova (westlich von Artà)

Der Rundbau gehört zusammen mit einem viereckigen Turm und anderen nur noch schwer erkennbaren Resten zu einer Dorfanlage. Sein äußerer Durchmesser beträgt 15,50 m, seine heutige Höhe 4 m. Der Eingang ist 1,4 m hoch und 0,8 m breit und führt in den kreisförmigen Innenraum von 7,4 m Durchmesser, der sich nach oben (da sich die Mauern nähern) auf 6,4 m verringert. In der Mitte des Raumes steht ein Pfeiler aus rohen und großen übereinandergelegten Blöcken, die nach oben breiter werden, so daß der höchste Stein eine breite Auflagefläche für die Deckenkonstruktion (vermutlich aus Steinplatten, Reisig und Lehm) lieferte. Es gab wohl kein Obergeschoß, da weder innen noch außen eine Treppe nachgewiesen werden kann. In der Rundung des Innenraums befindet sich eine Kammer. Der Turm diente wahrscheinlich als Wohnbau. Bemerkenswert ist die relativ genaue Ausführung des Talayot mit einer äußeren Steinreihe aus regelmäßig geschnittenen Kalksteinblöcken. Diese sind annähernd quadratisch und manchmal von sehr großen Ausmaßen (3,37 x 1,25 m). Das Bild unten zeigt die obere erhaltene Steinlage des Talayots mit den gewaltigen Quadern. Über die Art und Weise, wie diese Steine über viele Kilometer transportiert wurden, ist nichts bekannt.

Talayots

Talayots sind runde oder rechteckige, konisch nach oben zulaufende turmähnliche Gebäude von bis zu acht Metern Höhe und 15 Metern Breite. Besonders stattliche, im Grundriß kreisförmige Bauwerke besitzen einen Mittelpfeiler aus grob gearbeiteten Steinblöcken. Talayots kommen in Gruppen, einzeln, im innern von Ringmauern bzw. auf Anhöhen vor. Sie standen somit vereinzelt in der Landschaft oder gehörten zu befestigten Talayot-Siedlungen. Es gibt von ihnen mehr als tausend auf Mallorca und über hundert auf Menorca.

Über die Funktion dieser Talayots gibt es unterschiedliche Meinungen. Die ältere Forschung hielt sie meistens ausschließlich für Begräbnisstätten. Heute dominiert die Auffassung, daß der überwiegende Teil dieser turmartigen Steinbauten vornehmlich als Wohnhäuser und Beobachtungs- bzw. Verteidigungstürme errichtet wurde. Insbesondere in Verbindung mit einer Siedlung konnten sie als Festung zum Schutz der Bevölkerung genutzt werden. Man vermutet, daß sich die Mallorquiner nicht vor Eindringlingen außerhalb der Insel schützen mußten. Vielmehr lebten die einzelnen Sippen Mallorcas wohl nicht immer friedlich nebeneinander. Die Funktion als Verteidigungstürme wird auch dadurch bestätigt, daß die Talayots in vielen Fällen in der Nähe eines Brunnens erbaut wurden. So ist anzunehmen, daß von den mächtigen Türmen die Kontrolle der Wasserversorgung erfolgte. Darüber hinaus fiel den Talayots sicher auch die Aufgabe als Prestigebau zu, d. h. als Zeichen der Macht einer Sippe oder eines Herrschers. Diese mächtigen Bauwerke besaßen von daher wohl auch einen symbolischen Charakter als Versammlungsort einer Siedlung bzw. einer Sippe. Untermauert wird diese These durch Tierknochenfunde. Anscheinend wurden im Innern der Talayots Tiere verspeist. Außerdem dürften hier wertvolle und religiöse Gegenstände aufbewahrt worden sein.

Ob den Talayots zusätzlich die Funktion als Begräbnisstätte bzw. Kultbauten, etwa zur Verehrung von Gottheiten, zufiel, ist dagegen spekulativ. Lediglich für einige der rechteckigen Talayots - dazu weiter unten - ist eine derartige Nutzung relativ wahrscheinlich, da diese teilweise in Verbindung mit anderen Kultstätten vorkommen. Nicht auszuschließen ist zudem auch ein Funktionswandel im Laufe der Jahrhunderte.

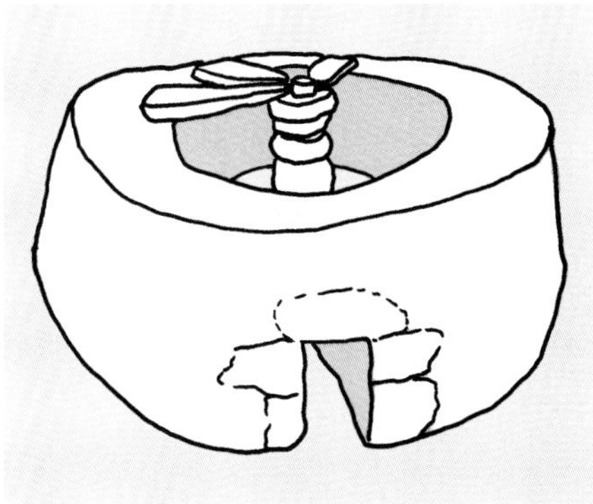

Rekonstruktion eines Talayot mit Steinplatten als Deckenkonstruktion

Talayot bei Son Ferrandell / Son Oleza (westlich von Valldemossa)

unten: Zu den größten Talayots gehören diejenigen von Son Fornés nördlich von Montuiri (Straße Montuiri - Pina bei Kilometer 2,5 rechts, etwa 50 m von der Straße). Gewaltig sind die 5 m breiten Mauern und 4 m hohen Mittelstützen der Talayots. Die Siedlung, die bis zum 4. Jh. n. Chr. bewohnt wurde, besteht aus einer Mauer, zwei Talayots und fünf Steinhäusern.

Talayot von Hospitalet Vell bei Manacor/Cales de Mallorca
Nur beim Talayot von Hospitalet Vell haben sich auf Mallorca Teile der ursprünglichen Deckenkonstruktion erhalten. Die Anlage liegt etwa 100 m rechts der Straße, die von der Straße Portocristo - Porto Colom nach Cales de Mallorca führt. Der Talayot auf rechteckigem Grundriß besteht aus einem Pyramidenstumpf von 9,8 x 9,4 (unten) und 8,6 x 8,2 m (oben) und hat eine Höhe von 3 m. Auf der Mittelstütze und den Außenwänden liegen vier große Steinplatten.

links: Grundriß und Schnitt, Umzeichnung nach Lillius. Von den Deckenplatten haben sich vier erhalten. Ursprünglich waren es etwa zehn Platten.

links und oben: Talayot von Hospitalet Vell bei Manacor/Cales de Mallorca wurde später durch Steinbauten ergänzt. Das bemerkenswerteste Gebäude ist dasjenige mit einer rechteckigen hohen Mauer aus gleichmäßigen Quadern. Es handelt sich um ein Santuario, d. h. ein nicht überdachtes Heiligtum.

unten und unten links: Talayots und Ummauerung der talayotischen Siedlung Ets Antigors südlich von Ses Salines

Der Talayot de Son Serra de Marina steht auf einem Hügel unmittelbar an der Straße Artà-Can Picafort (bei Colonia de Son Serra). Er besitzt einen rechteckigen Grundriß und wird nach oben schlanker. Aufgrund der Tatsache, daß er außerhalb einer Ortschaft liegt, handelt es sich möglicherweise um eine Kultstätte.

oben und unten: Bei Son Mas (links der Straße zwischen Valldemossa und Port de Valldemossa) entdeckte der amerikanische Archäologe Waldren ein Santuario, eine talayotische Kultstätte. Die obere Abbildung ist eine Umzeichnung der Rekonstruktionszeichnung nach Waldren.

Eine Sonderform bilden die nicht überdachten, unter punischem Einfluß erst seit dem 8. Jahrhundert v. Chr. entstandenen rechteckigen, breitgelagerten, niedrigen Steinbauten, sogenannte Santuarios, die schon zur Bauzeit als Kultanlage errichtet wurden (s. u.).

Die Architektur der Talayots ist monumental. Die gewaltigen Steinblöcke wurden ohne Mörtel aufeinandergeschichtet. Die Mauern sind zweischalig. Außen sitzen große Quader, innen etwas kleinere Steine. Dazwischen liegt loses aufgeschüttes Füllmaterial, bestehend aus kleineren Steinen. Es ist erstaunlich, daß derartig große Steine verbaut wurden. Nicht geklärt ist, welche Baumethoden angewandt wurden, um diese Gewichte zu heben und wie die Steine über viele Kilometer transportiert werden konnten.

Im Unterschied zu den Navetas der vorausgegangenen Epoche fand ab 1300 v. Chr. bei großen Bauwerken auch eine Stütze aus grob bearbeiteten Steinen Verwendung. Diese Mittelstütze im Innenraum wurde zu einem wichtigen Element der Architektur und übernahm die Aufgabe als Auflager für die Deckenkonstruktion, die man aus Balken und/oder Steinplatten bildete. Beim Talayot von Hospitalet Vell bei Manacor haben sich noch vier Steinplatten der Deckenkonstruktion an ihrem ursprünglichen Ort erhalten (s. Abb. S. 88). Darüber befand sich das zweite Geschoß. Bei eingeschossigen Bauten bildete die Decke das Flachdach bzw. die Aussichtsfläche, die über eine spiralförmige Außentreppe oder eine Rampe betreten werden konnte.

Unterschiedliche Bauformen der Talayots

Die **kreisförmigen Talayots** sind am häufigsten. Sie sind bis zu acht Meter hoch und besitzen einen Durchmesser von bis zu fünfzehn Metern. Baumaterial waren Quadersteine. Der Eingang ist wie ein Portal mit seitlichen großen Steinen und einem darüber breit gelagerten gewaltigen Stein als Sturz ausgebildet. Durch den Eingang erreicht man einen Gang, der in den Innenraum führt. Der Innenraum hat noch einen Durchmesser von sechs bis sieben Metern. In der Mitte steht eine Stütze, die aus mehreren übereinandergesetzten, nur grob bearbeiteten Steinen gebildet wird. Der Innenraum ist somit relativ klein. Oft gab es zwei Geschosse.

Die kreisförmigen Talayots standen einzeln in der Landschaft oder innerhalb bzw. bei einer Siedlung, d. h. sie lagen teilweise etwas außerhalb der die Ortschaft umgebenden Mauer, oder sie bildeten das Hauptgebäude innerhalb der Ansiedlung. Lag das Gebäude außerhalb der Mauer,

Zwei größere Talayots haben sich südlich von Llubí erhalten (kleine Straße im Ort ca. 1 km Richtung Süden).

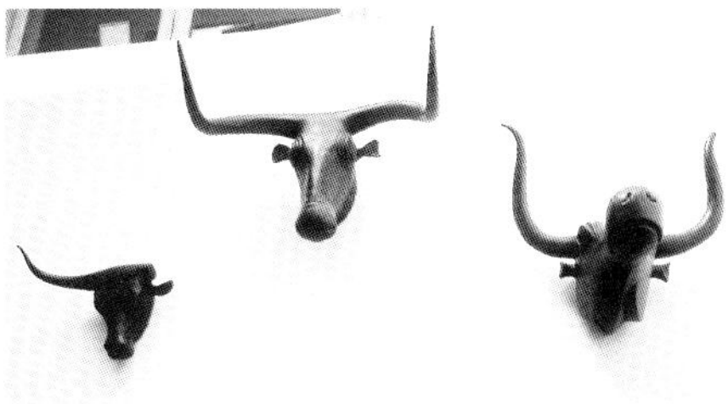

dann wurde - nach Aramburu/Garrido/Sastre - der Eingang auf einen anderen Talayot bezogen. Er war somit von einem anderen Talayot einsehbar.

Neben runden gibt es auch **viereckige Talayots**. Die viereckigen Monumentalbauten lagen meistens außerhalb der Siedlungen und scheinen dann in Verbindung mit anderen Kultstätten errichtet worden zu sein. Diese Gruppe Talayots besitzt fast durchweg mit 10,8 m Breite gleiche Ausmaße. Dies läßt auf eine festgelegte, systematisch geplante Baustruktur schließen. Naheliegend ist daher der Gedanke an einen religiös-astronomischen bzw. magischen Kultbau.

Als Sondergruppe sind als jüngste und vierte Bauform reine Kultanlagen, sogenannte **Santuarios**, auf viereckigem oder rundem Grundriß und ohne Überdachung anzusprechen. Ein Eingang führt bei diesen "Talayots" in das offene "Innere" mit Pfeilern bzw. Säulen, die zumeist in zwei Reihen angeordnet sind, und einem Altar oder einem Opferplatz. Diese Opferstätten sind erst ab dem 8. Jahrhundert v. Chr. belegt und entwickelten sich offenbar unter punischem Einfluß. Man brachte Tieropfer dar und veranstaltete rituelle Feste, bei denen vermutlich die Tiere verspeist wurden. Nur so können sich die Archäologen die Ascheschichten in diesen Anlagen erklären. Anzunehmen sind außerdem Menschenopfer etwa im Rahmen der Gründung eines derartigen Heiligtums.

Die Opferstätten lagen außerhalb der Siedlungen bzw. neben einem viereckigen Talayot. Bei derartigen Anlagen brachten archäologische Grabungen Votivgaben ans Tageslicht: kleine Kultfiguren oder die berühmten Stiere von Costix bzw. andere Figuren, wie den Mars Balearicus (s. S. 19).

Taulas

Bei Taulas (von katalanisch Taula = Tisch) handelt es sich um Pfeiler, auf denen eine große horizontale Steinplatte ruht, vergleichbar einem Kapitell auf einer Säule. Die «Tischplatte» dürfte häufig als Auflager einer Deckenkonstruktion gedient haben. Auf Menorca haben sich etwa 30 Taulas erhalten, während sie auf Mallorca in ausgeprägter Form nicht vorkommen. Allerdings erinnern die drei Pfeiler der talayotischen Anlage beim heutigen Stausee Gorg Blau an die Architektur der Taulas. Hier sitzt ein großer Stein als Bekrönung auf je einem Pfeiler.

oben und links oben: Das Santuario Talayótico de Son Corró an der Straße von Sencelles nach Costitx (bei Kilometer 2,8 links, etwa 50 m von der Straße) ist das am besten erhaltene Beispiel eines Heiligtums aus spättalayotischer Zeit. Zu sehen sind sechs Säulen der Anlage. Die Ummauerung ist dagegen nur noch teilweise vorhanden. Im Santuario wurden unter anderem Kultgegenstände gefunden, darunter die sogenannten «Stierköpfe von Costitx» (s. auch S. 18). Kopien der Bronzeplastiken befinden sich im Kulturzentrum des Ortes (s. Abb.).

unten: Der Taula de Trepucó bei Maó auf Menorca ist ein gut erhaltenes Beispiel der zahlreichen Taulas auf Menorca. Er besitzt eine Höhe von fast 4 Metern (Abb. aus: Ludwig Salvator: Die Balearen in Wort und Bild, 1890).

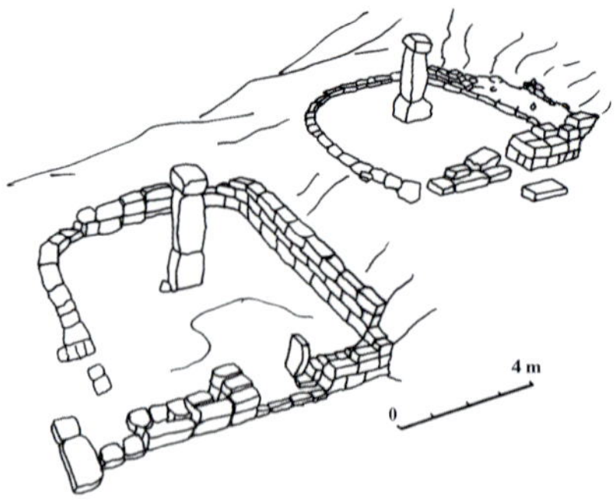

Die talayotische Anlagen beim Stausee Gorg Blau erinnern an die Architektur der Taulas auf Menorca. Einige Historiker und Archäologen halten sie für eine Kultstätte aus der letzten talayotischen Epoche (7. - 2. Jahrhundert v. Chr.). Für die Interpretation als Kultstätte spricht die abgelegene Lage im fast unzugänglichen Hochgebirge. Funktionale Gründe für die Errichtung einer derartigen Anlage sind ansonsten nicht zu finden.
Ein vier Meter hoher Pfeiler mit einem Stein als Bekrönung steht heute unmittelbar an der Straße von Sóller nach Pollença. Er befand sich ursprünglich einige hundert Meter entfernt und wurde während des Stauseebaus an die heutige Stelle versetzt, um nicht im Wasser unterzugehen. Zur Gesamtanlage gehören weitere zwei "Taulas", die nur bei niedrigem Wasserstand aufgesucht werden können und auf der anderen Uferseite liegen (Isometrie, Grundriß und Schnitt: Umzeichnungen nach Damián Cerdá (aus: Historia de Mallorca)).

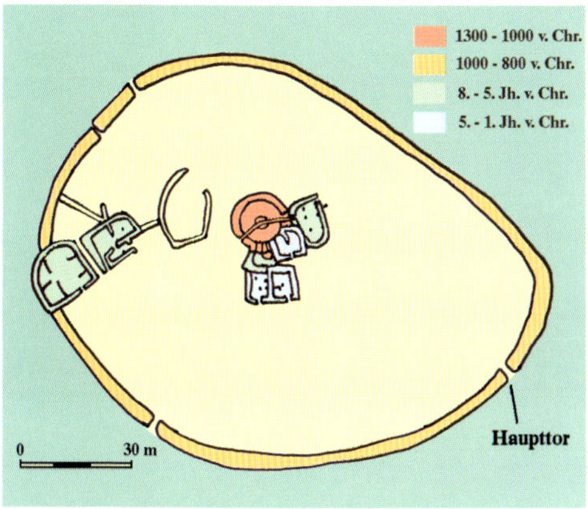

Talayotische Siedlung von Ses Paisses bei Artà (Grundriß: Umzeichnung nach Lilius)

Um 1.000 v. Chr. entstanden Siedlungen ("Poblados"), die von einer Mauer umgeben werden. Die bekannteste Anlage ist diejenige von Ses Paisses bei Artà. Die Tore der Stadt wurden durch monolithische, mächtige Steinblöcke erbaut.

Die Steinquader der 3,6 m dicken und bis zu 3,5 m hohen Mauern haben im Durchschnitt bei 2,68 cbm ein Gewicht von 7,88 t. Das Haupttor besitzt eine lichte Weite von 2,05 x 1,4 x 1,22 m. Der "Türsturz" mißt 3,15 m in der Länge x 0,93 m in der Höhe und 0,97 m in der Tiefe. Sein Gewicht beträgt bei 2,85 cbm 7,75 t.

In Artà standen etwa 30 Häuser, so daß auf 100 Personen geschlossen werden kann. Die Umfassungsmauer besitzt eine Länge von 374 m und 135 bis 104 m Durchmesser. Annährend gleichen Umfang und ähnlichen Grundriß zeigt das Dorf von Es Rossels bei Felanitx.

Das Haus Nr. 6 (mit Stützpfeilern, Abb. unten) mißt im Innern 10,5 x 6,25/6,1 m. Der große Innenraum ist durch Pfeiler in zwei Bereiche geteilt. Das Dach fiel offenbar zur Frontseite hin ab. Die Holzbalken lagen auf den in ihrer Höhe von hinten nach vorn abnehmenden Pfeilern.

oben und oben links:
Talayotische Siedlung von Ses Paisses bei Artà

Den ältesten Teil der von einer mächtigen Mauer mit Toreingängen umgebenen Siedlung bildet der Talayot. Er steht an der höchsten Stelle des Dorfes und besitzt die Form eines Kegelstumpfes. Der Durchmesser beträgt an der oberen höchsten Stelle 11,7/10,5 m, seine Höhe 4,70. Die Mauern sind aus vieleckigen Kalksteinblöcken aufgebaut, innen (s. Abb. unten links) von mittleren Ausmaßen (Gewicht 110 kg), außen mittels größerer Steine (Gewicht 375 kg). Durch den Turm verläuft ein sehr enger, gebogener Gang. Aufgrund des sehr engen Zu- und Durchgangs nimmt Lillius an, daß der Talayot nicht als Wohnung genutzt wurde, sondern als Beobachtungsturm diente und Raum für kultische Handlungen bot.

Siedlungen

Mallorca war zur Zeit der Talayots dicht und gleichmäßig besiedelt. Etwa alle drei Kilometer stößt man auf eine ehemalige Siedlung. Eine Mauer aus Zyklopenmauerwerk umgab seit 1.000 v. Chr. das talayotische Dorf. Das Mauerwerk bestand aus großen länglichen Steinen. Die Mauern waren bis zu drei Meter hoch. Es gab große Eingangsportale. Der Mauergrundriß war oval angelegt. Die Gebäude innerhalb der Mauer lagen dicht und ohne System nebeneinander. Allerdings wurden die Ställe und Lagerräume getrennt von den Wohnungen errichtet. Ein Talayot (nahe des Brunnens) bildete gewöhnlich das Zentrum der Ansiedlung. Innerhalb der Mauer oder auch außerhalb wurden die Lagerräume für Lebensmittel in die Felsen eingebaut.

Dieses Schema ist für die fruchtbaren, tiefer gelegenen Gegenden Mallorcas charakteristisch. Anders verhält es sich mit Siedlungen auf Bergen. Auch dort sind ummauerte Anlagen belegt, wie bei Es Castellot. Die Mauern sind jedoch aus kleineren Steinen erbaut. Keramikreste wurden zudem in sehr viel bescheidenerem Umfang ausgegraben. Daher wird vermutet, daß es sich um nur saisonell genutzte Siedlungen handelte und/oder um Anlagen, die zu Verteidigungszwecken angelegt wurden.

Die am besten erhaltenen talayotischen Siedlungen sind diejenige in Capocorb Vell südlich von Arenal und von Ses Paisses bei Artà. Doch auch sie zeigen nur noch in Ansätzen die einstige Monumentalität der talayotischen Bauwerke, die über Jahrhunderte als Steinbrüche genutzt wurden.

Totenstädte

Auch innerhalb der talayotischen Kultur spielte der Totenkult eine wichtige Rolle. Die Begräbnisstätten waren nach wie vor Grotten und künstliche Höhlen. Doch entstanden nun auch neue Architekturformen, wie z. B. Totenstädte. Die größte Totenstadt hat sich in Son Real bei Can Picafort in der Bucht von Alcúdia erhalten. Sie ist im Grunde eine im Maßstab verkleinerte Siedlungsanlage, bestehend aus einer Aneinanderreihung von vielen Miniatur-Talayots. Interessanterweise waren auch diese Totenstädte befestigt und zeigen daher verkleinerte Strukturen einer bewohnten Siedlung.

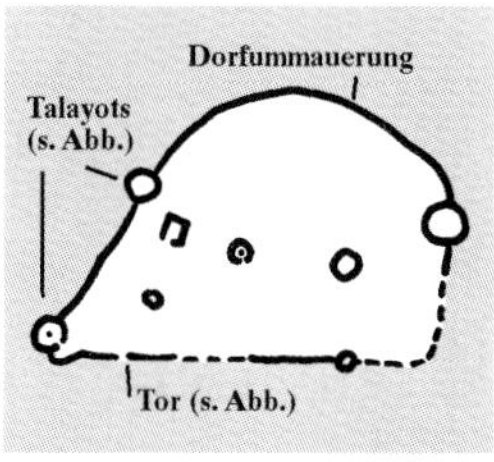

links und oben: Eine relativ gut erhaltene talayotische Siedlung mit Talayots (Abb. S. 89), Santuario und Ummauerung ist diejenige von Ets Antigors südlich von Ses Salines (etwa 1,3 km südlich des Friedhofs, heute landwirtschaftlicher Betrieb).

Nicht nur diese beeindruckende Totenstadt und die Bestattungshöhlen, sondern auch die Grabbeigaben bezeugen die religiöse Haltung der Menschen und den Glauben an ein Leben nach dem Tod.

Punischer Einfluß

Unter punischem Einfluß blieb zwar die Grundrißgestaltung der Neubauten ähnlich. Änderungen sind ab 500 v. Chr. aber in der Bautechnik von der megalitischen Bauweise hin zu kleineren und exakter verarbeiteten Quadern zu beobachten.

Auch die Form der neuen Umfassungsmauern von Dörfern änderte sich von der ehemaligen Kreisform hin zu rechteckigen Formen, wie in Capocerb Vell oder bei Son Ferrandell/Son Oleza (westlich von Valldemossa). Zudem wurden die Behausungen umgebaut, und es entstanden die Santuarios mit Säulen wie in Costitx.

oben und unten: Grundriß und Gräber der Nekropole von Son Real bei Can Picafort

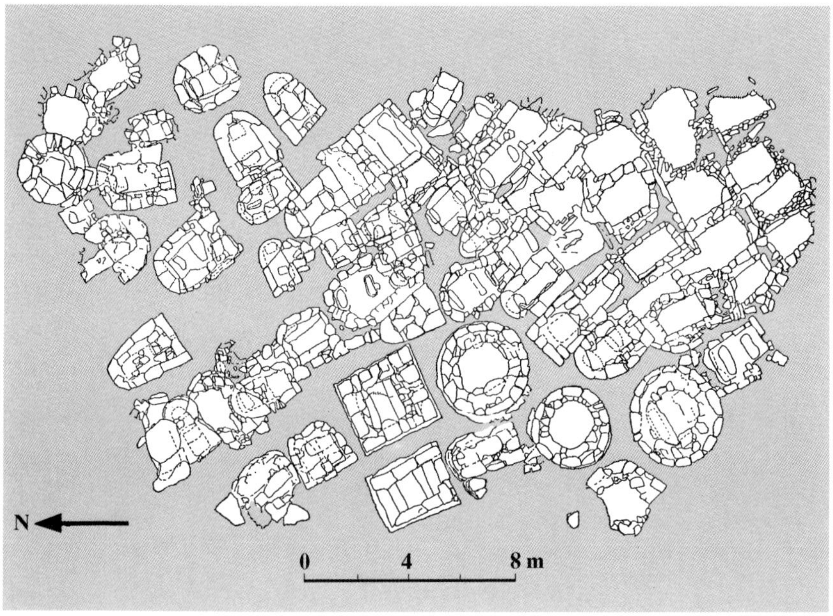

Nekropole von Son Real bei Can Picafort

Unmittelbar am Meer liegt die Nekropole von Son Real. Man erreicht die Anlage, indem man ca. 20 Minuten am Strand von Can Picafort/Son Bauló am Rand der Sanddünen in Richtung Süden läuft. Es handelt sich um eine Totenstadt, bestehend aus runden und viereckigen Miniatur-Talayots, die im Maßstab verkleinert den großen Talayots nachgebaut sind. Die Grabstätte bildet somit eine verkleinerte Form einer talayotischen «Ansiedlung» und besaß möglicherweise auch religiöse Funktion. Die Miniatur-Talayots waren mit einer horizontalen Steinplatte abgedeckt, die die Grabkammer verschloß.

Die Toten wurden in den Grabkammern einzeln oder zu zweit und häufig in Hockstellung bestattet. Interessanterweise sitzen in den Abdeckplatten Löcher. Sie könnten zum leichteren Abnehmen des Schlußsteins eingefügt worden sein. Möglicherweise hatten sie aber auch eine religiöse Bedeutung. Der italienische Archäologe Lillius bezeichnet sie als "Seelenlöcher".

123 v. - 455 n. Chr.

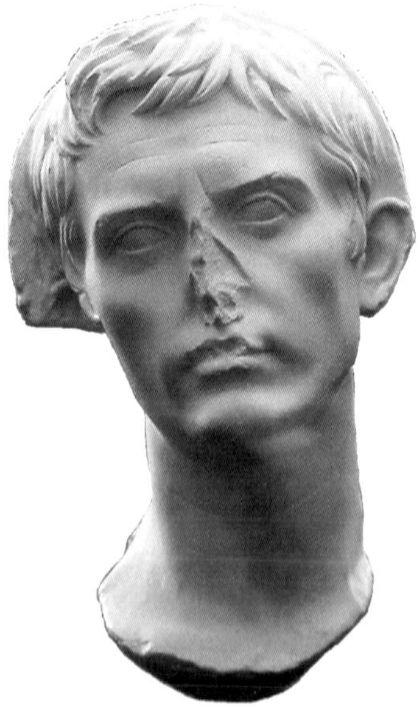

Römischer Männerkopf, 2. Jahrhundert n. Chr. (Museu de Mallorca, Alcúdia).

Römische Architektur

Bauliche Zeugnisse der römischen Blütezeit auf Mallorca sind selten, da sie verfielen oder überbaut wurden. Die wichtigste Stadt Pollentia wurde teilweise noch während der römischen Epoche im 3. Jahrhundert zerstört.

Häuser, Theater und Friedhöfe in Pollentia (Alcúdia)

Die wichtigsten Zeugnisse der römischen Epoche sind das römische Theater und die ausgegrabenen Fundamente der ehemaligen Hauptstadt Pollentia (heute Alcúdia). Zudem haben sich Teile der ehemaligen **Wasserleitung** erhalten, die Frischwasser aus dem Gebirge nördlich von Pollença bis nach Pollentia (Alcúdia) brachte.

Pollentia war kurz nach seiner Gründung 123 v. Chr. eine Stadt von geringer Bedeutung und Größe. Dies änderte sich, nachdem Sertorius nach seiner Verbannung aus Spanien die Balearen zu seinem Exil wählte und der Küstenhandel an Bedeutung gewann. Nach dessen Tod 72 v. Chr. erfolgte die Reorganisation des römischen Spanien, in dessen Folge auch Pollentia und Palma ausgebaut wurden. Zu Zeiten Kaiser Augustus (43 v. Chr. - 14 n. Chr.) erlangte Pollentia seine Blütezeit. Die archäologischen Ausgrabungen belegen, daß zu diesem Zeitpunkt mehrere Häuser (teilweise auf älteren Fundamenten) neu erbaut wurden. Die antike Stadt dehnte sich bis zum Amphitheater aus und wurde von einer Stadtmauer umgeben. Zwischen dem Theater und dem Ausgrabungsfeld unterhalb der Pfarrkirche Sant Jaume lag das **Forum**. An dieser Stelle konnte ein öffentlicher Platz von 26 m Breite ergraben werden. Hier befanden sich Geschäfte, eine Börse und zwei Tempel, darunter ein Jupitertempel.

Römischer Männerkopf, 2. Jahrhundert n. Chr. (Museu de Mallorca, Alcúdia).

Im 3. Jahrhundert n. Chr. begann der kontinuierliche Niedergang der Stadt durch Aufstände der ländlichen Bevölkerung. In diesem Zusammenhang erfolgte wahrscheinlich der Bau einer provisorischen Stadtmauer. Dazu wurde ein Teil des ergrabenen "Nordwesthauses" abgetragen. Folglich muß sich die Zahl der Bevölkerung verkleinert haben und die Gefahr von Angriffen so groß gewesen sein, daß man Wohnraum zugunsten einer eng gezogenen Stadtmauer aufgab. Dies bestätigt sich auch durch die Befunde im "Haus der zwei Schätze", das im Laufe des 3. Jahrhunderts verlassen und um 275 n. Chr. zerstört wurde. Im selben Gebäude stieß man auf einen vergrabenen Schatz, der Bronzemünzen aus dem ausgehenden 4. und frühen 5. Jahrhundert enthielt. Er bezeugt den Fortbestand der Stadt Pollentia über das 3. Jahrhundert und die Vandalenüberfälle hinaus. Doch wurden die Häuser nach schweren Zerstörungen während dieser Epoche nicht instandgesetzt. Vielmehr zeigt sich, daß die neuen Straßenpflasterungen auf den Resten der eingestürzten Mauern erbaut wurden. Die letzten Münzenfunde aus dem Stadtgebiet des antiken Pollentia stammen aus dem 7. Jahrhundert.

Die Ausgrabungen von Pollentia bezeugen den strengen, planmäßigen Charakter der Stadtstruktur römischer Siedlungen, die sich auf zwei

links: Ausgrabungsgelände «Casa de la Portella» des römischen Pollentia unterhalb der Pfarrkirche von Alcúdia; Blick vom oberen Teil der Säulenstraße auf das Atrium (erkennbar anhand der vier Säulen bzw. Säulenstümpfe) des «Hauses der zwei Schätze». Die Säule links im Bild markiert das Atrium des «Nordwesthauses».

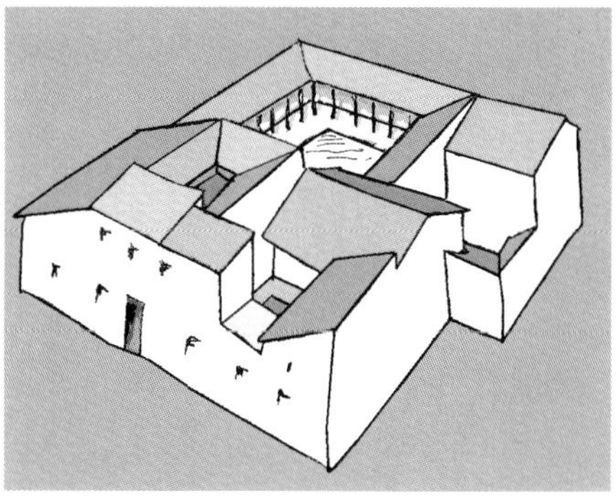

oben: Fiktive Rekonstruktion eines römischen Atriumhauses in Pollentia (Umzeichnung nach Aramburu/Garrido/Sastre, 1994)

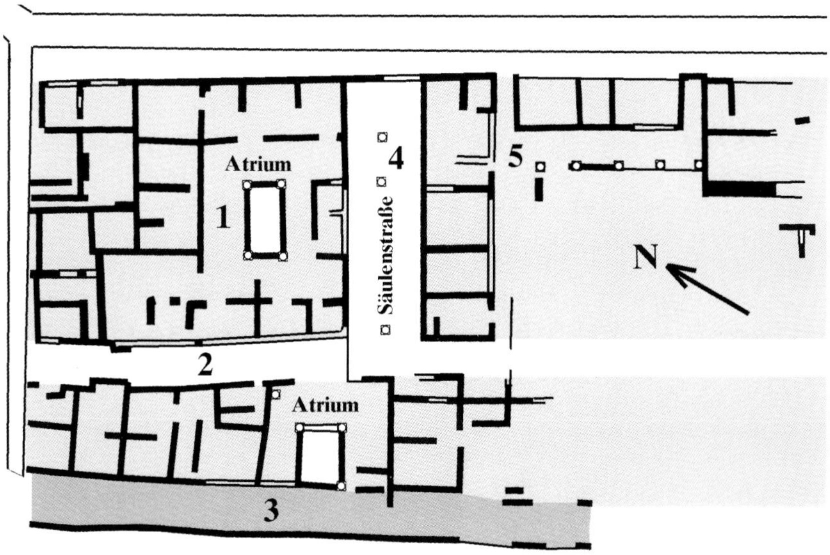

links: Ausgrabungsgelände «Casa de la Portella» des römischen Pollentia unterhalb der Pfarrkirche von Alcúdia

Legende:
1. *Haus der zwei Schätze (3.-5. Jh.)*
2. *Nord-Süd-Straße, 3 m breit und 43 m lang*
3. *Nordwesthaus, das im 3. Jh. teilweise für den Bau der Stadtmauer (dunkelgraue Fläche) abgetragen wurde.*
4. *Säulenstraße («Porticada»), die ein Dachwerk stützte, 7 m breit und 26 m lang ist.*
5. *Haus des Bronzekopfes*

Hauptachsen bezog. Wie im Römischen Reich üblich, reihte man an der Straße Haus an Haus. Ergraben wurden unter anderem drei Wohnanlagen, das **"Haus mit dem Bronzekopf"**, das **"Nordwesthaus"** und das **"Haus der zwei Schätze"**. Der Bautypus entspricht dem typischen Atriumhaus der Römer. In den Atriumhäusern lebte die Familie, zu der auch die Sklaven gerechnet wurden. Die Räume waren um den zentralen Mehrzweckraum, das Atrium, geordnet, in dessen Mitte sich das Dach öffnete, so daß Licht und Luft von oben in die Halle gelangte. Das Regenwasser wurde in einem Marmorbecken, das in den Boden eingelassen war, aufgefangen.

Das nur wenige hundert Meter von den Ausgrabungen in Richtung Hafen entfernte **Theater** gehörte zur obligatorischen Einrichtung einer römischen Stadt. Es lag außerhalb der römischen Stadtmauer und wurde in den Felsen gehauen. Das Theater stammt aus dem 1. Jahrhundert n. Chr. und ist mit einer Kapazität von 1.500 bis 2.000 Personen das kleinste bekannte römische Theater in Spanien. Es diente Theateraufführungen und keinesfalls Gladiatorenkämpfen. In einem Halbrund sind die Sitze in zehn Reihen am Hang angeordnet. Möglicherweise gab es weitere (viel-

Der Bronzekopf gab einem der ausgegrabenen Häuser in Alcúdia seinen Namen. Er stammt aus dem 2. Jahrhundert n. Chr. (Museu de Mallorca, Alcúdia).

leicht auch provisorische hölzerne) Sitzreihen. Die ersten sieben werden mittels Durchgängen und Treppen in vier Sektoren geteilt, die auf den Mittelpunkt des Orchesterbereichs führen. Um das Orchester sind halbkreisförmig weitere drei niedrigere Sitzreihen angeordnet, die offenbar für Ehrengäste vorgesehen waren. Die erste Reihe ist nicht in den Fels gehauen, sondern wurde aus großen Sandsteinblöcken gemauert. Das Orchester besitzt einen Durchmesser von etwa 5 m. Vor der Bühne steht eine Kanzel auf rechteckigem Grundriß, die den Orchesterbereich vor der Bühne trennt. Das Theater war zwei Jahrhunderte in Betrieb. Eine Maskensammlung wurde ergraben und ist heute im Museu de Mallorca in Alcúdia ausgestellt. Mit dem Niedergang Pollencias verwahrloste auch das Theater. Im 5. und 6. Jahrhundert nutzte man das Gelände als Friedhof. Die tiefen Nischen in den Sitzreihen des heute freigelegten Theaters sind Gräber dieser Zeit. Zudem befindet sich im Bereich der Ränge eine Höhle aus prähistorischer Zeit.

Die römischen Friedhöfe des 1. und 2. Jahrhunderts n. Chr. lagen im Osten, Südosten, Süden und Nordwesten der antiken Stadt. Hier wurden sowohl Körperbestattungen als auch die Einäscherungen durchgeführt. Bei den Brandbestattungen füllte man die Asche in Holzkästen, die in

Kinderkopf und Skulptur (2. Jahrhundert n. Chr.) aus dem Museu de Mallorca in Alcúdia.

rechts und S. 101 oben: Säulenstraße im Ausgrabungsgelände

S. 101 unten: Amphitheater in Alcúdia

oben: Theatermaske, wohl 2. Jahrhundert n. Chr., Museu de Mallorca in Alcúdia

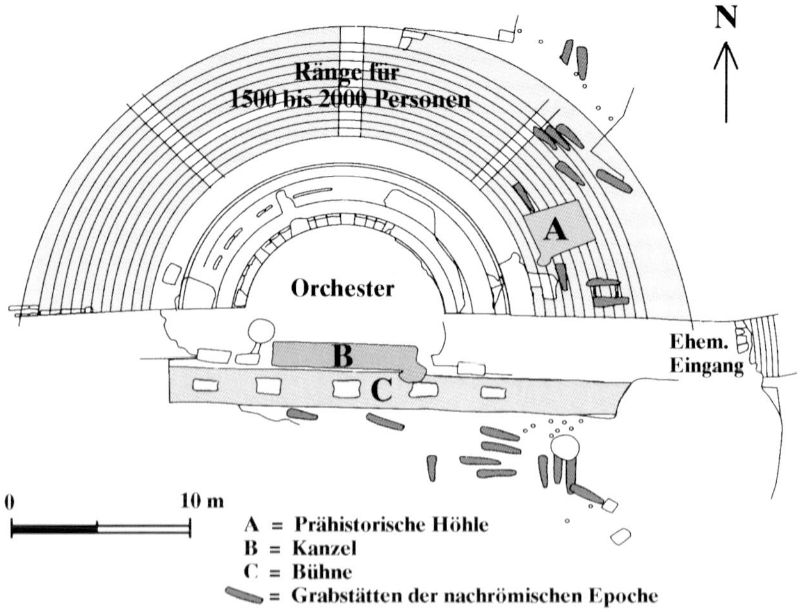

oben rechts: Grundriß des römischen Theaters in Alcúdia aus dem 1. Jahrhundert n. Chr. Das Theater diente Theateraufführungen und keinen Gladiatorenkämpfen. In einem Halbrund sind die Sitze in zehn Reihen am Hang angeordnet.
In das seit dem 4. Jahrhundert verwahrloste römische Theater wurden im 5. und 6. Jahrhundert christliche Felsengräber direkt in die Bühne und die Sitzreihen hineingeschnitten. Unmittelbar hinter der obersten Sitzreihe befindet sich eine kleine Höhlenkapelle aus der talayotischen Epoche.

rechts: Römisches Theater von Alcúdia

unten: Kopf des Dionysos aus einer römischen Villa bei Son Mas (Manacor), römische Kleinplastik, wohl 2. Jahrhundert n. Chr., Museu Torre dels Enagistes in Manacor.

Gruben beigesetzt wurden. Leichen legte man in hölzerne Särge und bestattete sie in schlichten Gruben oder in einem Sarkophag.

Im Rahmen der Ausgrabungen 1980/81 legten Archäologen einen spätrömischen Friedhof aus dem 4. Jahrhundert n. Chr. mit zahlreichen Gräbern frei. Dabei handelt es sich sowohl um Gruben, die mit Steinen bedeckt sind, als auch um Steinsärge. Der Friedhof wurde auf dem ehemaligen Zentrum der römischen Stadt angelegt. Denn unter den Gräbern liegen ältere Baureste und Gedenksteine aus dem 2. und 3. Jahrhundert n. Chr. Sie belegen, daß hier das Forum, d. h. der römische Marktplatz der Blütezeit Pollentias, lag. Während des 3. Jahrhunderts n. Chr. hatte sich offenbar die Bevölkerung derartig verringert, daß man das zerstörte alte Stadtzentrum nicht mehr aufbaute, sondern als Friedhof nutzte. Der Wohnbereich wurde mehr gegen die Nordwestzone der Stadt verlegt, wodurch das alte Forum seine Zentralfunktion innerhalb der Stadt einbüßte und schließlich zu einem freien Platz wurde, auf dem man im 4. Jahrhundert den Friedhof anlegte. Aus demselben Grund wurde in nachrömischer und frühmittelalterlicher Zeit auch das ehemalige römische Theater zu einem Friedhof.

Interessant und gut präsentiert sind die Funde aus römischer Zeit im Museu de Mallorca in Alcúdia. Das Museum verfügt über wertvolle römische Skulpturen, Gläser, Münzen, Keramiken und andere Funde sowie ein Modell eines Atriumhauses.

Der Torre de Paraires in Porto Pí, dem Hafen von Palma, ist vermutlich noch römischer Herkunft. Darauf deuten die unteren Steinlagen aus großen Quadern hin (s. auch S. 36 und 128).

Römerbrücke bei Pollença

Die sogenannte Römerbrücke liegt am nördlichen Rand der Altstadt von Pollença. Die mittlere Stütze mit dem Entlastungsbogen und dem Wellenbrecher stammt wohl noch aus dem ersten Jahrhundert nach Christus. Sie bildete in der Antike einen der Stadteingänge und überquert den Torrent de Sant Jordi, einen Trockenbach.

Römische Reste in Palma

In dem 123 oder 122 v. Chr. als Militärlager gegründeten Palma sind Strukturen der römischen Stadt anhand der heutigen Straßenverläufe noch erkennbar. Jüngere Forschungen und Ausgrabungen (z. B. im Bereich der Kathedrale und dem dazugehörigen Kreuzgang) belegen, daß entgegen früherer Meinung das heutige Stadtzentrum auf den römischen Fundamenten steht. Der heute bekannte ehemalige römische Bereich besaß eine Größe von 6 Hektar und reichte von der Kathedrale bis etwa zum heutigen Rathaus. Das Straßensystem bestand aus planmäßig angelegten Achsen mit geraden Straßenverläufen. Drei Straßenachsen, die von Osten nach Westen verliefen, sind als heutige Straßen erhalten. Die Straße Sant Roc, die von Norden nach Süden verläuft, wird mit der römischen *cardo maximus* gleichgesetzt, in der vermutlich das Forum lag. Der südliche Bereich der von einer Mauer umgebenen römischen Stadt ist heute von der Kathedrale überbaut. Ebenso war das Gebiet des heutigen Almundaina-Palastes in römischer Zeit bebaut. Die Mauern der Anlage und insbesondere die Türme gegenüber der Kathedrale ruhen teilweise auf

unten: Zeugnisse römischer Architektur auch auf dem "Land" wurden in Santa Ponça ergraben. Die Reste der römischen Villa aus dem 1. und 2. Jahrhundert n. Chr. liegen rechts neben dem Supermarkt "Gigant" beim Ortseingang von Santa Ponça (von Palma kommend).

links: Eine unter römischer Herrschaft angelegte Straße führte von Pollentia über Inca nach Palma. Reste davon haben sich unmittelbar entlang der Bahnlinie Palma-Inca westlich von Santa Maria (an der Straße Palma-Inca, bei Kilometer 12, linke Straße) erhalten. Gut erkennbar ist der gerade Verlauf der Straße und das ausgefahrene Straßenpflaster mit den tiefen Fahrrillen.

Die Römerbrücke am nördlichen Rand der Altstadt von Pollença überquert einen Trockenbach, der nur nach Regenfällen Wasser führt. Sie gehört zu dem Straßennetz, das die Römer nach ihrer Eroberung 123 v. Chr. anlegten. Man nimmt an, daß die mittlere Stütze mit dem Rundbogen und dem Wellenbrecher aus der Blütezeit des Römischen Imperiums stammen (wohl 1. Jh. n. Chr.).

Oberhalb der Brücke in der Finca Can Quec haben sich [illegible] Bögen eines Aquäduktes erhalten. Früher leitete es Wasser aus dem Ternellestal bis in die römische Stadt Pollentia. Dabei wurden 14 Kilometer überbrückt.

römischen Fundamenten (s. auch S. 112). Erhalten haben sich außerdem die Reste der römischen Stadtbefestigung. Sie sind z. B. im Innenhof des Hauses Carrer de Morey 14 zu sehen.

Inzwischen glaubt man auch die Stelle des ehemaligen römischen Theaters von Palma gefunden zu haben. Es lag wahrscheinlich außerhalb der

Das Arabische Tor (Arc de L'Almudaina bzw. Almudaina-Bogen genannt) war ein Stadttor der zweiten und größten Stadtmauer des römischen Palma. Als Baudatum wird das ausgehende 5. Jahrhundert angenommen. Man vermutet, daß das Tor entstand, als gegen Ende der römischen Herrschaft ein neues Verteidigungssystem im Kampf gegen die Vandalen errichtet wurde.
In maurischer Zeit bildete das Tor den Zugang zum Residenzbereich, der al-Mudayna. Daher rührt der Name des Tores.
Die Aufbauten des Tores und Teile des Mauerwerks stammen aus dem späten Mittelalter und sind daher gotisch.

Stadtmauer und nördlich des Stadtzentrums in unmittelbarer Nähe zum heutigen Plaça del Rei Joan Carles I. zwischen den Straßen Brondo, Pelaires und Jovellanos. Darauf deutet die ungewöhnliche und für Palma einzigartige Parzellenstruktur hin, bei der die Grundstücke wie Tortenstücke aufgeteilt sind, d. h. rückwärtig spitz zulaufen. Offenbar wurde - nach Aufgabe des Theaters - das Gelände nicht in längliche, sondern in dreieckige Grundstücke aufgeteilt.

Zu den neuen Forschungserkenntnissen gehört auch, daß das sogenannte "Arabische Tor" (Arc de L'Almudaina) im Kern nicht aus der arabischen, sondern aus der späten römischen Epoche (Ende 5. Jahrhundert) stammt. Es wurde in arabischer Zeit weitergenutzt und im späten Mittelalter erweitert. Auch der Torre de Paraires in Porto Pí (Abb. S. 103) könnte noch in Teilen des aufgehenden Mauerwerks römisch sein.

In römischer Zeit waren Skulpturen weit verbreitet, wie Ausgrabungen belegen. Es handelt sich vorwiegend um Porträt- und Götterdarstellungen. Zahlreich vertreten sind Kopien nach griechischen Originalen. Fast alle Werke wurden aus Marmor oder Bronze gefertigt. Es handelt sich wahrscheinlich um Importware.

455 - 902 n. Chr.

Frühchristliche Architektur

Zeugnisse frühchristlicher Architektur sind selten. Aus frühchristlicher Zeit wurden bislang lediglich drei Kirchen nachgewiesen und archäologisch ergraben: Son Fiol bei Santa Maria, Son Peretó zwischen Manacor und Sant Llorenç und Sa Carroja bei Portocristo.

Die Grundrisse der frühchristlichen Basiliken, die Gestaltung der Mosaike und Gräber zeigen große Verwandtschaft zu nordafrikanischen Kirchen. Stilistisch sind die drei ergrabenen Kirchen - nach Auffassung der überwiegenden Zahl der Kunsthistoriker - in die 2. Hälfte des 5. Jahrhunderts einzuordnen und somit in die Zeit, als Mallorca Teil des Vandalenreichs war, zudem auch Nordafrika gehörte (s. S. 24). Genaue

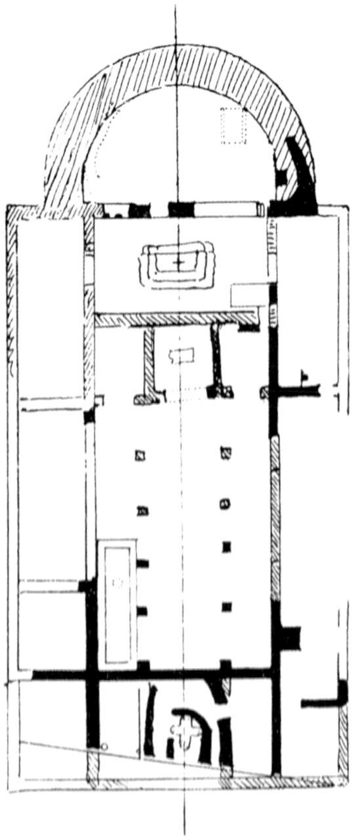

*Die frühchristliche Kirche **Sa Carrotja bei Portocristo** wurde 1908 entdeckt. Sie lag in einer kleinen Ortschaft. Aus den Funden läßt sich eine Basilika mit drei Schiffen und von einfacher Bauweise sowie niedrigen Mauern rekonstruieren. Die Grundrißzeichnung (Abb. oben) ist ein Rekonstruktionsversuch von Rubio Bellver (aus: Palol/Rossello-Bordoy/Alomar/Camps, 1968). Die Kirche war 25 m lang und besaß eine Gesamtbreite von 10 m. Die Breite des Mittelschiffs beträgt 4,2 m. Die Kirche besaß ein Atrium und ein Taufbecken in Kreuzform (Abb. unten; Umzeichnung nach Palol/Rossello-Bordoy/Alomar/Camps, 1968), vergleichbar Son Peretó (s. Abb. S. 107). Die Kirche wurde während der römischen Herrschaft gegen Ende des 4. oder Anfang des 5. Jahrhunderts erbaut.*

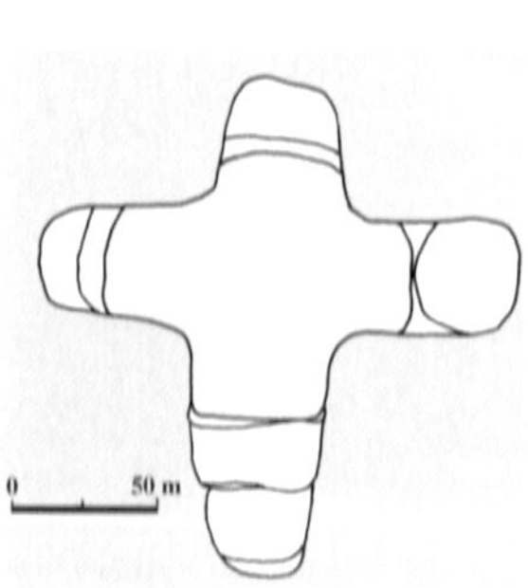

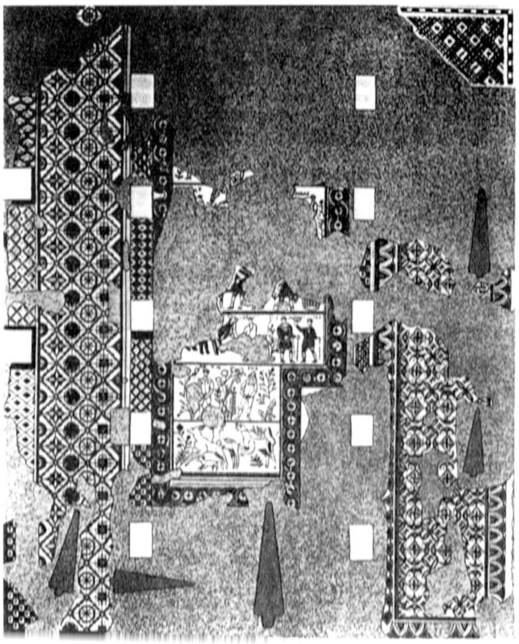

*1833 entdeckte man die Kirche von **Son Fiol bei Santa Maria** in einem Weingut. Unmittelbar danach begann man mit den Ausgrabungen. Die Kirche bestand aus drei Schiffen, die durch Säulen voneinander getrennt waren. Ihre Länge betrug 17,28 m, ihre Breite 11,3 m. Ihre Entstehungszeit wird für den Zeitraum vom 5. bis zum 7. Jahrhundert angenommen. Der Fußboden bestand aus verschiedenen schwarzen, weißen, rötlichen und gelben Marmorsorten gefertigten Mosaiken, die in den Seitenschiffen geometrische Figuren, die ineinander verschlungen waren, Blumen und Sterne und im Mittelschiff acht biblische Szenen zeigten. Als zentrales Motiv waren im zweiten Joch Adam und Eva im Paradies mit der Schlange, die sich um einen Baum windet, zu sehen. Darunter befanden sich im ersten Joch Tierdarstellungen. Das dritte Joch zeigte den Verkauf des Josef durch seine Brüder, das vierte das Gespräch zwischen Josef und seinem Bruder. Das fünfte und sechste schilderte Gärten mit Blumen und Reste einiger Figuren. Die Mosaiken des siebten und achten Jochs waren nicht mehr erhalten. Die Abb. oben zeigt den Grundriß des sechsjochigen Langhauses mit den ergrabenen Mosaiken (Abb. aus: Lorenzo Muntaner/Manuel de Assas: Mosaico descubierto en Mallorca en 1833. In: Museo Español de Antigüedades VIII, Madrid 1877, S. 259 bzw. Lorenz Pérez: Mallorca Cristiana. In: Historia de Mallorca, 1978).*

Byzantinisches Kapitell im Museu de Mallorca in Palma. Das Kapitell wurde als Taufstein wiederverwendet.

Anhaltspunkte für eine Datierung gibt es jedoch nicht. Deshalb wird eine Entstehungszeit der Kirchen auch um 400 oder noch für das ausgehende 6. Jahrhundert diskutiert. Wie lange diese Gebäude als christliche Kirchen genutzt wurden, ist ebenso ungeklärt. Sehr wahrscheinlich waren sie bis kurz nach der maurischen Eroberung im 10. Jahrhundert in Funktion.

Auffällig ist, daß sich die drei archäologisch gesicherten Kirchen ausschließlich in ländlicher Gegend und nicht in Stadtzentren befinden.

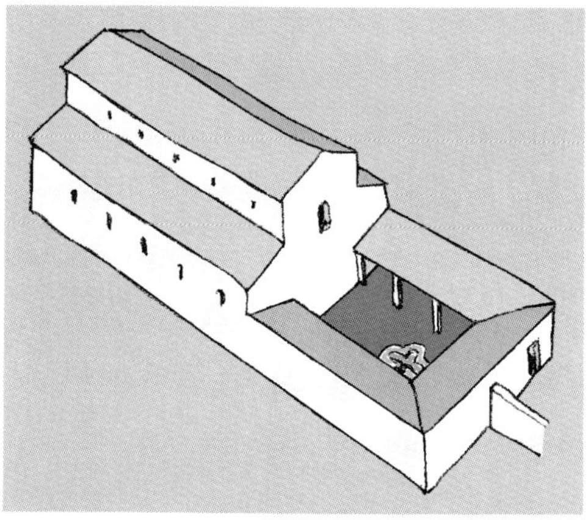

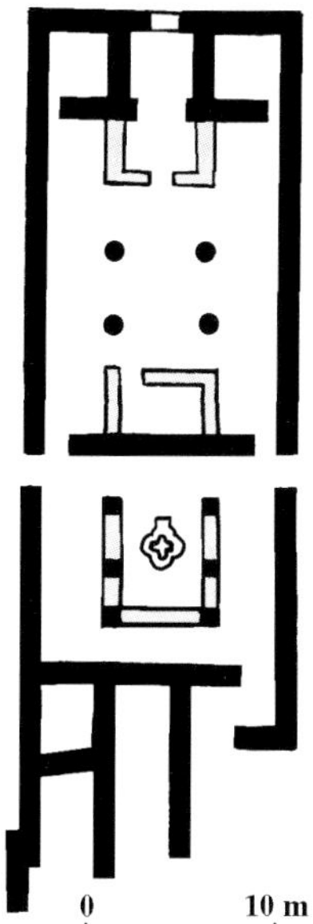

Die Reste der frühchristlichen Kirche ***Son Peretó bei Sant Llorenç/Manacor*** *liegen links neben der Straße Manacor - Sant Llorenç bei Kilometer 54. Das Bauwerk wurde 1912 entdeckt (Ausgrabungszustand im Jahre 1998 s. Abb. unten). Es handelte sich ebenfalls um eine Basilika mit drei Schiffen und einem vorgelagerten Atrium, wie es die isometrische Rekonstruktionszeichnung (Abb. oben) zeigt. Im Atrium befindet sich ein Taufstein in Kreuzform (Abb. rechts). Die Länge der Kirche betrug 31 m, ihre Breite 14 m. Der Grundriß (Abb. rechts und rechts oben; aus: Palol/Rossello-Bordoy/Alomar/Camps, 1968) verdeutlicht, daß die Seitenschiffe durch Säulen vom Mittelschiff getrennt waren. Die qualitätvollen Mosaiken der Kirche werden heute im Museu Torre dels Enagistes von Manacor ausgestellt (Abb. unten rechts). Einige*

Archäologen vermuten, daß das Bauwerk vor seiner Nutzung als Kirche ein römischer Profanbau war. Das Gebäude könnte noch während der römischen Herrschaft erbaut und Ende des 4. oder Anfang des 5. Jahrhunderts zur Kirche umgebaut worden sein.

902 - 1229

Maurische Architektur

Bauwerke aus der maurischen Epoche sind auf Mallorca selten. Die Moscheen wurden durch christliche Kirchenneubauten ersetzt. Von den ehemaligen maurischen Palästen blieben gewöhnlich nur Fundamente erhalten. Ausnahmen bilden das Torhaus des ehemaligen Almudaina de Gumara, einer stattlichen Anlage, die 1230 dem Templerorden überlassen wurde (s. S. 44, 113), und große Teile des Almudaina-Palastes in Palma, d. h. der ehemaligen arabischen Hauptresidenz. Dazu zählen die Mauern und Türme der Befestigung sowie der "Große Bogen" beim Königsgarten. Er war Teil des Palastes und des künstlich angelegten Hafenbeckens von 18 Metern Länge. Darüber hinaus stammen Teile bzw. Fundamente der Landhäuser im Landesinneren

links oben: Die isometrische Rekonstruktionszeichnung zeigt den Almudaina-Palast (Königspalast) in Palma im Zustand des 12. Jahrhunderts (Umzeichnung nach Conrado de Villalonga, 1992). Hier zeigt sich, daß die Architektursprache von Berberkastellen beeinflußt ist. Dieser Einfluß ist wohl auf die Almoraviden-Dynastie des 12. Jahrhunderts zurückzuführen.

oben: Die Ecktürme und der Hauptturm des Hauptgebäudes des Almudaina-Palastes stammen aus maurischer Zeit.

links: Als Einfahrt in den Hafen und als Teil der Befestigung des Almudaina-Palastes diente der sogenannte "Große Bogen" beim Königsgarten aus dem 10. Jahrhundert.

Innenhof des Almudaina-Palastes in Palma. Die Türme stammen aus dem 12. Jahrhundert. Der höchste Turm (Torre de l'Àngel - Engelsturm) wurde 1117 errichtet. Den Querbau mit den Rundbogenöffnungen ließ König Jaume II. von Mallorca zwischen 1305 und 1314 erbauen.

rechts: An der höchsten Stelle des Castell de Capdepera steht der Torre d'en Miquel Nunis, der wohl noch in maurischer Zeit auf rechteckigem Grundriß erbaut und in den letzten Jahrhunderten zu einer Windmühle umgebaut wurde. Dazu errichtete man den Rundturm auf dem maurischen, würfelförmigen Turmstumpf.

Die wenigen Zeugnisse maurischer Architektur in Palma sind insbesondere Reste der maurischen Stadtbefestigung. Der überwölbte Bogen der Carrer de la Mar beim Plaça de la Reina geht im Kern z. B. noch auf ein ehemaliges maurisches Stadttor aus dem 12. Jahrhundert zurück.

aus maurischer Zeit. Die Datierung der Bauteile ist jedoch schwierig. So wird beispielsweise angenommen, daß der Turm mit Zinnenkranz des Landguts Defla bei Sineu um 900 errichtet wurde (s. S. 30).

Desweiteren hat sich ein Teil der ehemaligen maurischen Stadtmauer in Palma erhalten (s. S. 29). Arabischen Ursprungs ist daher der überwölbte Bogen der Carrer de la Mar. Es handelt sich um ein ehemaliges Stadttor aus dem 12. Jahrhundert. Das Almudaina-Tor (s. S. 105) ist noch ein Teil der römischen Befestigung, die von den Mauren weitergenutzt wurde. Man weiß, daß die Medina um 1230 sieben Stadttor, von denen sich Reste bis zur Schleifung der Befestigungsanlage um 1910/13 erhalten hatten, und darüber hinaus acht Moscheen und fünf Brücken besaß.

Teilweise maurisch sind auch Mauer- und Fundamentreste der drei stattlichen Felsenburgen Mallorcas. Während das Castell de Santueri (s. S. 38) und die Burg von Alaró (s. S. 35) ihr heutiges Aussehen im wesentlichen im 14. bzw. 15. Jahrhundert erhielten, sind beim Castell del Rei bei Pollença noch einige maurische Baureste erhalten. Wahrscheinlich stammt auch der Torre d'en Miquel Nunis in der Burg von Capdepera aus der maurischen Epoche.

Die bekanntesten Zeugnisse maurischer Architektur auf Mallorca sind die "Arabischen Bäder" in Palma

links: Der Palast Almudaina de Gumara, der wahrscheinlich im 11. Jahrhundert an die Stadtmauer von Palma gebaut worden war und 1230 an den Templerorden fiel, besaß einen großen Innenhof und Ecktürme, von denen zwei als Torhaus an der Straße noch erhalten sind (s. auch S. 44, 113).

rechts: Das Puerto de Santa Margalida, das in maurischer Zeit Bab-al-Kahl hieß und durch das König Jaume I. 1229 in Palma einzog, wurde 1912/13 zerstört. Es lag neben dem Kloster Santa Margalida und wies noch bis zu Beginn des 20. Jahrhunderts in großen Teilen die Bauformen des 12. Jahrhunderts auf (Foto aus: Montaner, 1889).

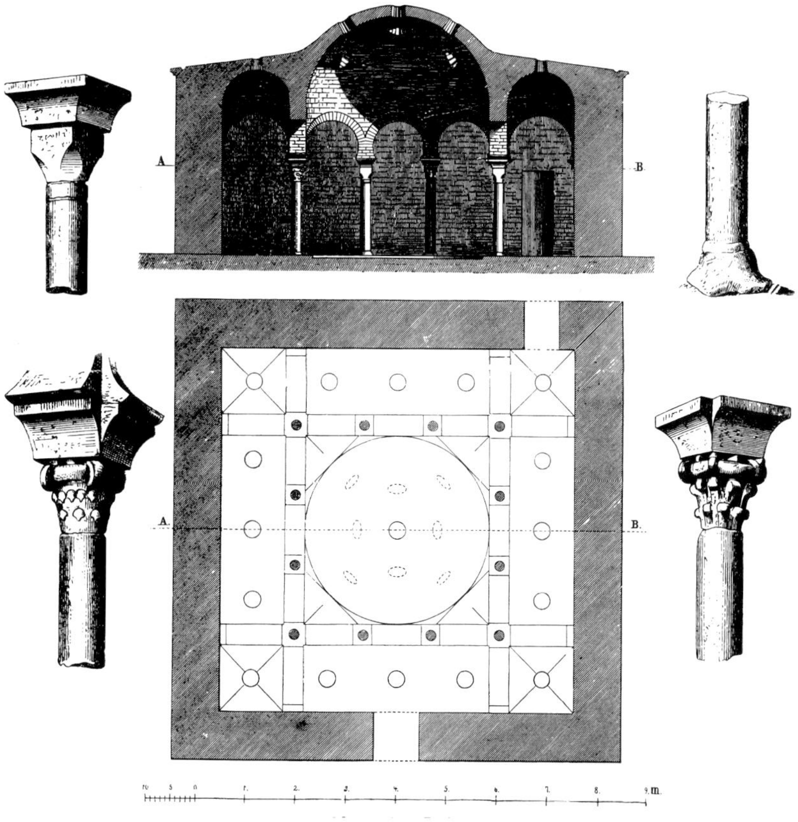

Abbildungen oben und rechts:
Die "Arabischen Bäder" in Palma gehören zu den wenigen gut erhaltenen Zeugnisse maurischer Architektur auf Mallorca. Sie befinden sich im Garten des Can Fontiroig (Carrer de Can Serra 7). In Palma gab es in maurischer Zeit fünf arabische Bäder, von denen nur diejenigen in der Can Serra erhalten sind.
Die unterschiedliche Form der Kapitelle und die Ungleichmäßigkeit der Säulen im Gebäudeinneren verweisen darauf, daß diese zweitverwendet sind und daher von einem oder mehreren älteren Bauten (vielleicht einem Vorgängerbau) stammen. Die Kapitelle werden in das ausgehende 10. oder in das 11. Jahrhundert datiert. Das heutige Gebäude entstand vielleicht erst im 12. Jahrhundert, möglicherweise nach dem pisanisch-genuesisch-katalanischen Überfall auf Palma (1113-1115), bei dem Teile Palmas zerstört worden waren.
Die Badeanlage besteht aus einem zentralen Raum, der für die warmen Bäder bestimmt war und einem kleinen rechteckigen Raum mit einer Halbtonne, dessen Funktion noch ungeklärt ist. Der Hauptraum von 7 m Länge wird durch einen hufeisenförmigen Eingang betreten. Er besitzt einen viereckigen Grundriß. Zwölf Säulen, die mit hufeisenförmigen Bögen verbunden sind, tragen eine zentrale Kuppel. Das Gewölbe ist aus Backstein gemauert. In ihr sitzen kleine Öffnungen, die für die nötige Belichtung sorgen. Die Säulen verfügen - wie bereits angesprochen - über unterschiedliche Kapitelle. An den Wänden befinden sich noch die Reste alter Kamine. Am Boden sind die alten Wasserleitungen erkennbar, die das Wasser vermutlich aus der Font de la Vila (Stadtquelle) durch eine Wassermühle, die im Garten entdeckt wurde, beförderten.

Nebenraum (Abb. oben) und Hauptraum (Abb. unten) der "Arabischen Bäder" in Palma

links:
Der Brunnen von Son Pere Jaume steht links an der Straße am Ortsausgang von Vilafranca de Bonany nach Süden Richtung Felanitx bzw. Porreres. Er stammt aus dem Mittelalter, vermutlich noch aus maurischer Zeit. Gegenüber der Straße steht das Häuschen von Son Pere Jaume, das angeblich älteste des Ortes.

Nach der Eroberung Mallorcas 903 durch die Mauren wurde Isam al Jawlani Statthalter. Er ließ auf römischen Resten die neue Festung (Alcazaba) erbauen. Seitdem besteht der Name "Almudaina". Die Burganlage wurde königliche Residenz. Das Äußere des Almudaina-Palastes wirkt aufgrund der zinnenbekrönten hohen Mauern und Türme, die teilweise zwischen 1964 und 1989 rekonstruiert bzw. von Anbauten freigelegt wurden, wehrhaft. Die Fundamente der Türme, die gegenüber der Fassade der Kathedrale liegen (Abb. oben), stammen noch aus römischer Zeit. Teile der Mauern sind maurisch, ebenso wie der "Große Bogen" beim Königsgarten aus dem 10. Jahrhundert (Abb. links, s. auch Abb. S. 108). Er wurde 1961 freigelegt.

Im Innenhof des Almudaina-Palastes in Palma steht eine Kopie des Léon de la Almudaina, d. h. einer Löwendarstellung aus der Maurenzeit. Das Original ist im Castell de Bellver in Palma ausgestellt.

Der Brunnen in der Carrer de la Concepció in Palma stammt im wesentlichen aus dem 16. oder 17. Jahrhundert und erhielt im 19. Jahrhundert das massive Dach. Der Brunnen wurde über einer Zisterne bzw. einer Naturquelle aus arabischer Zeit erbaut. Das Wasser nutzte man für die benachbarte Moschee, die an der Straßengabelung stand. Die Moschee wurde nach 1230 durch eine Kirche ersetzt, die kurz nach ihrer Profanisierung (1843) abbrannte.

1229 - ca. 1520

Gotische Architektur

Bautätigkeit im 13. Jahrhundert

Nach der Eroberung maurischer Gebiete durch christliche Truppen auf der Iberischen Halbinsel und den Balearen erfolgte nicht unmittelbar eine lebhafte Baukonjunktur in den neuen christlichen Gebieten. Vielmehr ist festzustellen, daß die Moscheen der Mauren zunächst wohl überwiegend umgenutzt wurden. Große Bauwerke entstanden erst später. So nutzte beispielsweise der Erzbischof von Toledo, Primas der spanischen Kirche, seit der Einnahme Toledos durch christliche Truppen 1085 bis ins 13. Jahrhundert die arabische Hauptmoschee. Im seit 1248 christlichen Sevilla hielt dieser Zustand bis zum 15. Jahrhundert an. In Córdoba wird bis heute die ehemalige Moschee als Kathedrale genutzt. Die Umnutzung bedeutender islamischer Monumente ist nicht ungewöhnlich und findet sich auch in anderen Regionen (z. B. in Fünfkirchen in Ungarn) wieder. Auch die Mauren verwendeten christliche Kirchen und nutzten sie als Moscheen, wie z. B. in Istanbul. Was für derartig bedeutende und große Städte galt, ist natürlich auch für die kleinen und wenig finanzkräftigen Gemeinden anzunehmen. Denn ein einfacher Weiheakt genügte, die Moschee in eine christliche Kirche umzuwandeln.

Diese Tendenz kann auch für Mallorca beobachtet werden. Hier wurden erst ab 1300, d. h. 70 Jahre nach der Eroberung von 1229/30 durch Jaume I. und somit in der dritten Generation erstmals große neue Bauvorhaben begonnen. Die in vielen deutschen Reiseführern angegebenen Datierungen vor 1300 für Kirchenneubauten auf Mallorca beziehen sich im allgemeinen nicht auf den Baubeginn einer Kirche, sondern auf die erstmalige Erwähnung einer Kirche im Ort und auf die Umnutzung bzw. den Umbau der Moschee.

Bezeichnend ist daher auch, daß der Bischof von Palma analog zu den oben angeführten Beispielen aus Toledo, Sevilla und Cordoba zunächst für fast 150 Jahre die Hauptmoschee als Domkirche nutzte. Mit dem Kathedralbau wurde nämlich erst um 1300 begonnen. Treibende Kraft für den Neubau war dabei bezeichnenderweise nicht das Domkapitel, sondern der mallorquinische König Jaume II. Er hatte kurz zuvor die Machtprobe mit dem Königreich Aragón bestanden und stiftete daher als sichtbares Zeichen seines Machtanspruchs, als Grablege seiner Familie und als Symbol des Königreichs Mallorca den Neubau der Kathedrale von Palma. Da die Kirche jedoch erst gegen 1386 in Teilen nutzbar war, blieb die ehemalige Moschee bis zu diesem Zeitpunkt religiöser Mittelpunkt des Bistums. Wenig später brach man das maurische Bauwerk ab, um an seiner Stelle das Langhaus der neuen gotischen Kirche zu vollenden.

Aus der Zeit unmittelbar nach der Eroberung Mallorcas durch die Truppen Jaumes I. haben sich keine größeren Profanbauten und auch - mit Ausnahme der ersten Franziskanerkirche von Palma - nur kleine Kirchen erhalten. Zwar ist denkbar, daß bereits im 13. Jahrhundert auch stattliche Kirchenneubauten entstanden waren, die später durch noch größere

Der Palast Almudaina de Gumara, der wahrscheinlich im 11. Jahrhundert an die Stadtmauer gebaut worden war und 1230 an den Templerorden fiel, besaß einen großen Innenhof und Ecktürme, von denen zwei als Torhaus an der Straße noch erhalten sind.
unten: Grundriß der Anlage nach Ludwig Salvator: Die Balearen in Wort und Bild, 1884

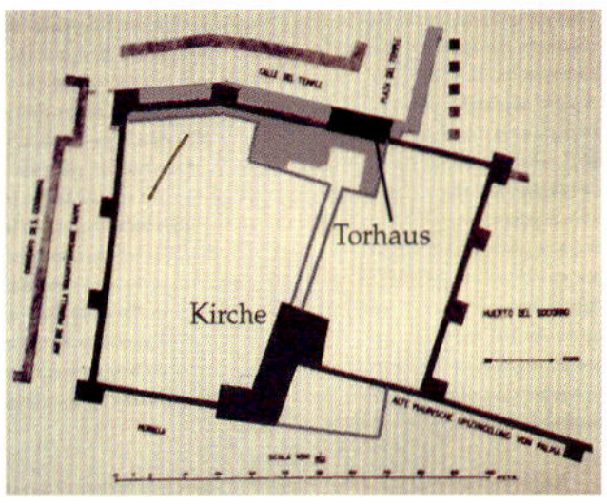

Die schlichte Kapelle Sant Feliu (Ecke Carrer de Sant Gaietà/Carrer de Sant Feliu) ist eine der ältesten Kirchen Mallorcas. Sie entstand unmittelbar nach der Eroberung 1229/1230. Auftraggeber der Kapelle war der Abt von Sant Feliu de Guíxols, der aufgrund seiner Teilnahme an der Eroberung der Insel mehrere Gebäude zugesprochen bekommen hatte. Die Kapelle ist einschiffig. Die Fassade besitzt heute ein Renaissanceportal (16. Jahrhundert) mit unterproportionierten Säulen. Der seitliche Eingang ist noch gotisch. Eine durchgreifende Restaurierung erfolgte 1997/98.

ersetzt wurden. Dafür gibt es jedoch keine konkreten Hinweise. Vielmehr scheint es bis etwa 1280 - abgesehen von der ersten Franziskanerkirche (der heutigen Kirche Santa Margalida) in Palma - lediglich eine Reihe schlichter, nicht gewölbter, einschiffiger Kirchenneubauten gegeben zu haben, von denen sich einige erhalten haben. Erst ab 1281, dem Baubeginn der ehemaligen Dominikanerkirche, setzte mit zunehmendem Wohlstand und steigenden Einwohnerzahlen eine Bauwelle für größere Kirchen ein.

Ohnehin muß man sich bezüglich der Baukonjunktur im 13. Jahrhundert die relativ niedrige Bevölkerungszahl aufgrund der Ermordung und Vertreibung der ehemaligen maurischen Bevölkerung vor Augen führen. Die Bevölkerung war z. B. in Palma von etwa 60.000 auf ca. 15.000 zurückgegangen. Warum sollte man neu bauen, wenn bedeutende großartige Paläste genutzt werden konnten. Und außerhalb Palmas lebten Mitte des 13. Jahrhunderts auch nur einige tausend Christen. Hundert Jahre nach der Eroberung im Jahre 1329, als Mallorca einen großen wirtschaftlichen und kulturellen Aufschwung genommen hatte, zählte Palma immerhin 25.000, die gesamte Insel jedoch erst 50.000 Einwohner. Die Hälfte der Bevölkerung der Insel Mallorca lebte also in der Hauptstadt, in der die größten Kirchen, Klosteranlagen, Verwaltungseinrichtungen und Paläste der Insel erbaut wurden. Mit 25.000 Einwohnern hatte Palma eine stattliche Größe erreicht. Die Stadt war damit größer als Perpignan, jedoch etwas kleiner als Montpellier.

Kapellen und Klöster in Palma vor 1280

Mit der Eroberung der Insel Mallorca durch christliche Truppen gelangte auch der christliche Glauben auf die Insel (s. S. 42). So entstanden - wenn auch zunächst noch vereinzelt - neue Klosteranlagen, Kirchen und Kapellen.

Zu den frühesten Zeugnissen christlicher Architektur des Mittelalters auf Mallorca gehört die Kapelle **Sant Feliu** (Ecke Carrer de Sant Gaietà/Carrer de Sant Feliu). Sie geht auf die Stiftung des Abtes von Sant Feliu de Guíxols zurück, der an der Eroberung der Insel teilgenommen und dafür mehrere Häuser in der Straße als Belohnung von Seiten des Königs erhalten hatte. Die Kirche wurde kurz nach 1230 erbaut. Derartige Stiftungen für kleinere Kapellen wird es - aus Dankbarkeit für den Sieg oder aufgrund eines Gelöbnisses während der Schlachten - häufiger gegeben haben.

Insbesondere die zu Einfluß gelangten Institutionen und Einzelpersonen werden innerhalb der ihnen zugewiesenen Paläste Kapellen eingebaut bzw. eingerichtet haben.

Auch der **Templerorden**, der aufgrund der beachtlichen Landzuweisungen zu den großen "Gewinnern" der Eroberung zählte (s. S. 44), errichtete 1234 oder wenig später innerhalb der ihm zugesprochenen maurischen Palastanlage, dem Almudaina de Gumara, eine Kapelle. Nur noch einige Teile der Kirche haben sich erhalten, da das Bauwerk 1885 nach Plänen von J. Oleza neo-romanisch erweitert und umgebaut wurde. Aus der Bauphase vor 1250 blieben zwei Seitenkapellen (im ersten Joch) in Form von Rundbogennischen erhalten. Die Bogenform, die vorgelegten, schlanken Säulchen mit Kapitell, das Kämpfergesims und die Ornamentik sind noch der romanischen Formensprache entlehnt. Möglicherweise

König Jaume I. überließ dem Templerorden unter anderem den Almudaina de Gumara. Im Innern der Anlage errichteten die Templer 1234 oder nach anderen Angaben kurz vor 1250 eine neue Kapelle. Von ihr stammen zwei frühgotische Rundbögen mit seitlichen Säulchen und Knospenkapitellen. Die Abbildungen rechts zeigen den nördlichen Bogen und ein Detail.

stammt auch der spitzbogige Haupteingang in der heutigen Vorhalle aus der ersten Bauphase. Vielleicht wurde er auch einige Jahrzehnte später geschaffen.

Die Kirche, wie sie bis 1885 bestand, wird in dem mehrbändigen Werk "Die Balearen in Wort und Bild" vom Erzherzog Ludwig Salvator im Jahre 1884 als kleine Kirche mit bedachtem Glockengiebel und zwei gotischen Eingängen beschrieben. Über eine Vorhalle betrat man die Kirche, in die drei Tore führten. Der mittlere Eingang war gotisch-spitzbogig und dürfte mit dem noch heute vorhandenen Eingang identisch sein. Das Innere einschließlich Vorhalle war nicht gewölbt und zeigte *"vier schmucklose Bogen"*. Die Situation um 1880 entsprach offenbar noch der mittelalterlichen, wie die spitzbogigen Eingänge und auch der beschriebene Innenraum vermuten lassen. Denn das Innere zeigte die typische Bauweise der Kirchen des 13. Jahrhunderts auf Mallorca: Es war einschiffig, ungewölbt und besaß vier schlichte Gurtbögen, vergleichbar der zeitgleich entstandenen Santa-Margalida-Kirche (s. S. 116). Zudem verweist Ludwig Salvator auf die noch heute erhaltenen Seitenkapellen, die er als *"byzantinisch"* (= romanisch) bezeichnet und die er daher von den ansonsten gotisch wirkenden Bauteilen abgrenzt: *"Bemerkenswert sind die beiden Seitenkapellen gleich beim Eingang. Wiewohl leicht in Spitzbogen gebaut, bieten sie byzantinische Anklänge und können zu den ältesten Bauten Palmas gerechnet werden."*

Eingang in der Vorhalle der ehemaligen Templerkirche in Palma (13./14. Jahrhundert)

Neben dem Templerorden traten natürlich auch die übrigen Ordensgemeinschaften, die sich nach 1229/30 auf Mallorca niedergelassen hatten, als Bauherren in Erscheinung. Denn die Ordensregeln zwangen teilweise zu Baumaßnahmen, die nicht durch die Umnutzung und durch notdürftige Umbauten maurischer Paläste alleine befriedigt werden konnten. So ist verständlich, weshalb gerade die seit 1231 bzw. 1232 in Palma ansässigen Dominikaner und Franziskaner mit dem Bau von Kirchen und Klosteranlagen begannen. Im Gegensatz dazu scheint man als Pfarrkirchen vor allem die Moscheen umgenutzt zu haben. Beispielswei-

Santa Margalida in Palma
oben: Blick in das Langhaus von 1238/40 und die Deckenkonstruktion mit Schmuckformen im Mudéjar-Stil (s. dazu S. 140)
unten: Grundriß der Kirche

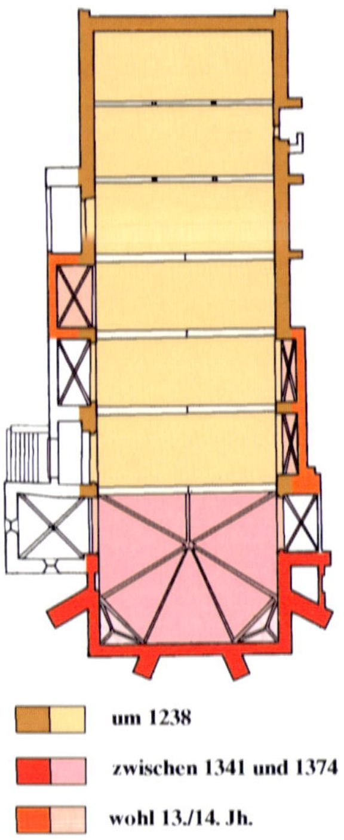

se waren die Vorgängerbauten der heutigen Pfarrkirchen Santa Eulàlia, Sant Miquel und Sant Jaume in Palma umgebaute Moscheen, die man erst ab dem frühen 14. Jahrhundert durch gotische Neubauten ersetzte.

Die Bautätigkeit für größere Kirchen blieb somit im 13. Jahrhundert auf die Orden beschränkt. Den ersten größeren Kirchenbau errichteten die Franziskaner. Sie kamen 1232 nach Palma und siedelten sich zunächst außerhalb der Stadt an. Dort erbauten sie eine bescheidene Kapelle. 1238 zogen sie in die Stadt, um ihrer Aufgabe als Predigerorden besser nachkommen zu können. Das neue Grundstück lag unmittelbar neben der Stadtmauer und somit am Stadtrand. Mit dem Bau des neuen Gotteshauses, der heutigen Kirche **Santa Margalida**, wurde unmittelbar nach dem Erwerb des Grundstücks begonnen.

Das Langhaus von Santa Margalida, das um 1238/40 datiert werden darf, ist hervorragend erhalten. Es besitzt - wie für die zeitgleichen Bettelordenskirchen üblich - ein Schiff und eine offene Holzdecke. Die Kirche besitzt fünf Joche, die durch die spitzbogigen Gurtbögen, auf denen die Deckenkonstruktion ruht, markiert werden. Einzigen Schmuck des Kernbaus bilden die ornamentalen geschnitzten Schmuckbretter im Firstbereich der Deckenkonstruktion. Sie sind im Mudéjar-Stil (s. S. 140) ausgeführt. Der beschriebene schlichte Bautyp wurde schließlich für den Kirchenbau des 13. und 14. Jahrhunderts auf Mallorca prägend. Die Bauweise wurde somit durch die Bettelorden unmittelbar nach der Wiedereroberung Mallorcas verbreitet. Erstmals ist der Bautyp im Dormitorium von 1191 im Zisterzinserkloster Santes Creus bei Tarragona nachweisbar. Es war nicht nur eine einfache, unkomplizierte Architektur, sondern auch eine relativ preiswerte. Außerdem entsprach sie den Tugenden der Einfachheit und Armut, wie es von den Bettelorden gepredigt wurde.

1279 beschlossen die Augustinerinnen von Santa Margalida, ihr Grundstück mit den Franziskanern zu tauschen. Der Franziskanerkonvent zog daher in die Stadtmitte und konnte zugleich mit dem Bau der großen Franziskanerkirche, von San Francesc (s. S. 141-145), im Zentrum der Stadt beginnen. Das alte Kloster übernahmen seitdem die Augustinerinnen. Sie ließen im Westen des Langhauses die Nonnenempore einfügen.

Unter Leitung der Äbtissin Catalina de Torrella, die zwischen 1341 und 1374 das Kloster leitete, wurde der heutige Chor der Kirche erbaut. Er zeigt große Maßwerkfenster, Bauplastik und eine aufwendige Gewölbekonstruktion, die den Geschmackswandel, den gestiegenen Reichtum und den größeren Willen zur Repräsentation während des 14. Jahrhunderts gegenüber dem 13. Jahrhundert veranschaulichen. Die Franziskaner hatten mit der Gründungskirche dagegen noch auf Schlichtheit (auch aus materiellen und bautechnischen Gründen) gesetzt. Außerdem muß auf die typisch mallorquinische Ecklösung des neuen gotischen Chores in Anlehnung an die Königskapelle Santa Anna und den Dom in Palma, bei dem der rechteckige Grundriß mittels Trompen in eine okotogonale Form übergeführt wird, hingewiesen werden.

Santa Margalida in Palma erhielt im Zeitraum zwischen 1341 und 1374 einen neuen gewölbten und hohen Chor (Abb. oben). Er zeigt eine Ecklösung, die zuvor bereits an anderen Kirchen auf Mallorca (z. B. bei der Kathedrale) angewandt wurde: Der Grundriß geht ab dem Fenstersockel vom Quadrat in ein halbes Achteck über. Die Seitenkapellen sind ebenfalls nachträglich eingefügt worden, stammen aber z. T. - wie die unten abgebildete - wohl noch aus dem ausgehenden 13. und 14. Jahrhundert, einige jedoch erst aus der Barockzeit.

Von der ehemaligen Klosteranlage hat sich zudem ein dekroativ ausgestatteter mittelalterlicher Kapitelsaal erhalten. Der Kreuzgang aus dem 14. Jahrhundert, dessen Gestaltung enge Beziehungen zu demjenigen des Franziskanerklosters in Palma (s. S. aufweist, wurde nach Auflösung des Klosters 1837 im Zuge der Säkularisation vernachlässigt und später abgebrochen. Reste ließ Erzherzog Ludwig Salvator in seinem Landhaus Miramar aufbauen (s. S. 54, 73).

Die am besten erhaltene Klosteranlage des Mittelalters in Palma ist das **Kloster Santa Clara**. Es wurde 1256 auf Betreiben König Jaumes I. durch

Das 1256 gegründete Kloster Santa Clara besitzt die am besten erhaltenen Klostergebäude aus dem 13. und 14. Jahrhundert auf Mallorca. Das Bild zeigt eines der Gebäude.

Blick aus dem Kreuzgang des Klosters Santa Clara in Palma (Abb. aus: Ludwig Salvator: Die Balearen in Wort und Bild, 1884).

die aus Tarragona stammende Äbtissin Catalina Berenguer gegründet. Die Konventsgebäude, die auf maurischen Fundamenten und wohl anfänglich auch unter Verwendung maurischer Bauteile errichtet wurden, stammen noch teilweise aus der Gründungszeit des Klosters. Im Laufe der Jahrhunderte erfolgten stetig Um- und Erweiterungsmaßnahmen. Das Dormitorium (Schlafsaal) stammt noch aus dem 13., der prachtvolle, über zwei Geschosse gehende Kapitelsaal aus dem 14. Jahrhundert. Beide hohen Räume sind nicht gewölbt, sondern besitzen sichtbare Holzdecken. Das Refektorium (Speisesaal, 13./14. Jahrhundert) ist von beachtlicher Größte und besteht aus einer vierjochigen Halle mit Spitzbögen, auf denen die Holzkonstruktion ruht. Bemerkenswert ist des weiteren der ungewölbte Kreuzgang.

Kirchen des 13. Jahrhunderts auf dem Land

Die frühesten erhaltenen Kirchen außerhalb Palmas sind zwei kleinere ehemalige Pfarrkirchen aus dem 13. Jahrhundert, die ihre einstige Funktion als Zentrum einer Gemeinde infolge einer Siedlungsverlagerung im Laufe der Zeit verloren haben und die Funktion als Pfarrei an neue Kirchen abgeben mußten. Es sind daher Kirchen, die heute fast vereinzelt stehen, einst aber von einer stattlichen Ansiedlung umgeben waren.

Die ältesten Kirchen zeichnen sich - wie die erste ehemalige Franziskanerkirche Santa Margalida in Palma - durch eine sparsame Bauweise aus. Sie sind einschiffig und nicht gewölbt und besitzen schlichte Holzdecken, wie sie z. B. auch im Languedoc oder in Katalonien bzw. in Palma vorkamen. Die frühen Kirchenneubauten auf Mallorca wurden in späteren Jahrhunderten vereinzelt nachträglich gewölbt (Beispiele dafür siehe S.

unten:
Sant Pere in Escorca (um 1240) nahe der Straße Sóller-Pollença.

125-127). Einige nicht erhaltene Kirchen wurden durch gewölbte Neubauten ersetzt.

Die älteste ehemalige Pfarrkirche Mallorcas, die sich erhalten hat, ist **Sant Pere in Escorca**. Die Kirche steht in einer Streusiedlung mit etwa 200 Einwohnern nahe der Straße von Sóller nach Pollença. Sie blieb fast unverändert erhalten, da sich die Einwohnerzahl kaum vergrößerte und die benachbarte Kirche des Wallfahrtsortes Lluc, die zur Gemeinde Escorca gehört, 1456 die Funktion als Pfarrkirche der Ansiedlung übernahm. Sant Pere wird 1246 erstmals genannt und dürfte kurz zuvor erbaut worden sein. Der Grundriß in Form eines Rechtecks (11 x 8,5 m) ist unkompliziert. Der Bruchsteinbau besitzt keine Schmuckformen. Ob der Außenbau verputzt bzw. geschlämmt und farbig gefaßt war, ist am heutigen Baubestand nicht mehr ablesbar, aber anzunehmen. Die Fensteröffnungen sind sehr klein. Eine gestalterische Betonung erfährt lediglich der Eingang durch seinen Rundbogen und die Verwendung von Werkstein. Der Innenraum ist nicht eingewölbt. Stattdessen fällt der Blick unmittelbar auf die Deckenkonstruktion. In der Raummitte sitzt ein Spitzbogen, der das Innere in zwei Joche teilt und auf dem die Pfetten des Dachwerks aufliegen.

Sant Pere in Escorca (um 1240) ist eines der ältesten Gotteshäuser Mallorcas. Der Grundriß (Abb. unten) veranschaulicht die schlichte Bauweise der nur 11 m langen Kirche.

Etwa zeitgleich wurde die **Ermita de la Pau in Castellitx** als Pfarrkirche über einem maurischen Gutshof erbaut. Das früheste Dokument, das die Kirche nennt, stammt von 1244. Das Bauwerk dürfte daher kurz zuvor erbaut worden sein. Wenig später fiel die Funktion als Pfarrkirche an die Kirche von Algaida.

Die Ansiedlung um die Ermita besteht heute nur noch aus wenigen Häusern. Zwei Joche der Kirche stammen aus dem 13. Jahrhundert. Die Kirche wurde im Osten und Westen im ausgehenden 16. und im 18. Jahrhundert verlängert. Typisch für die Bauweise um 1250 sind der schlichte Grundriß und die einfache Deckenkonstruktion, die Sant Pere

Die Ermita de la Pau in Castellitx liegt wenige Kilometer südöstlich von Algaida. Sie wurde als Pfarrkirche um 1340 erbaut und im 16. und 18. Jahrhundert nach Osten und Westen erweitert. Der Kernbau reicht vom Glockenturm bis zum Ende des vorgezogenen Anbaus. Ohne die Erweiterungen ergibt sich also ein Baukörper, der der Kirche von Escorca eng verwandt ist: Entsprechungen finden sich in der Einschiffigkeit, der Zweijochigkeit, der Dachkonstruktion, in der geringen Anzahl von (kleinen) Fensteröffnungen und in der Verwendung eines Glockenturmaufsatzes. Unterschiedlich ist jedoch die Lage des Eingangs. Er liegt in Castellitx im Westen (statt im Süden). Darüber hinaus ist das Portal aufwendiger dekoriert, vergleichbar dem Portal der ehemaligen Klosterkirche Bellpuig (s. S. 120).

Das ehemalige Prämonstratenserkloster Bellpuig liegt 3 km südlich von Artá links (östlich) der Straße nach Manacor. Hier ließen sich um 1238 Mönche nieder, die die abgebildete Kirche errichteten. Bemerkenswert ist das relativ aufwendig gestaltete Portal, das in ähnlicher Form auch an der Kirche in Castellitx vorkommt.

von Escorca eng verwandt ist. Stilistisch läßt sich auch das an der ehemaligen Westfassade gelegene, heute durch den Anbau von außen nicht mehr zu sehende rundbogige ehemalige Hauptportal mit Kämpfergesims und Rundbogenfries in romanischen Formen in diese Zeit datieren. Es entspricht in der Ornamentierung dem Rundbogenportal der Klosterkirche von Bellpuig bei Artà.

Das ehemalige Kloster **Bellpuig bei Artà** wurde 1238 vom Prämonstratenserorden gegründet (s. auch S. 43). Aus der Gründungszeit stammt die Kirche, die nach der Auflösung der Klostergemeinschaft 1425 profanisiert wurde. Deshalb blieb die Architektur im Zustand des 13. Jahrhunderts mit Ausnahme von späteren Ein- und Anbauten (Zwischendecken, Fensteröffnungen und Wandvorlagen) erhalten. Unklar ist, ob die Kirche in zwei Bauabschnitten errichtet wurde, da die zwei östlichen Joche geringfügig schmäler als die westlichen sind. Die Kirche entspricht dem üblichen Schema der frühen Kirchen Mallorcas: Das Bauwerk war eine einschiffige Halle mit einer sichtbaren Dachkonstruktion, die auf vier spitzbogigen Gurtbögen ruht; die Fassade besitzt als Firstbekrönung einen Glockenaufsatz. Die Kirche ist aufwendiger und größer als die bisher beschriebenen aus Escorca und Castellitx. Sie besitzt nämlich die doppelte Länge von vier Jochen, und die Fassade (s. Abb. S. 43) weist eine heute vermauerte Fensterrose auf. Das Seitenportal ist ornamental verziert (ähnlich dem Eingang der Ermita von Castellitx). Im Innenraum sind darüber hinaus Werksteine mit identischen Ornamentfriesen erhalten.

Zu den frühen Bauten gehört auch das Oratorium von **Santa Anna in Alcúdia** aus der 2. Hälfte des 13. Jahrhunderts. Die Kirche soll von Diego Español erbaut worden sein. Der einschiffige, 17 Meter lange Innenraum

links oben und unten: Die Kirche von Santa Anna in Alcúdia wurde in der 2. Hälfte des 13. Jahrhunderts errichtet.
Der Innenraum zeigt das übliche Schema der frühen Kirchen auf Mallorca. Er besteht aus einem offenen Dachwerk, das auf Gurtbögen ruht.
Die Fassade wurde im Gegensatz zu den zuvor besprochenen Kirchenfassaden nicht aus Bruchstein sondern aus Werkstein gemauert. Angeblich soll die Fassade ohnehin nicht die ursprüngliche sein, sondern aus dem 15. Jahrhundert stammen. Offenbar hielt man sich dabei aber an die Architektur der Vorgängerfassade. Über dem Portal ist eine gekrönte Marienfigur angebracht.

unten:
Die Kapelle des auf einem markanten Berg gelegenen Oratori de Santa Llúcia bei Mancar de la Vall (5 km nordwestlich von Inca) stammt im Kern noch aus dem 13. Jahrhundert, wurde jedoch stark verändert.

auf rechteckigem Grundriß besteht aus vier Jochen, d. h. er wird durch drei Gurtbögen gegliedert. Die heutige Fassade stammt möglicherweise aus dem 15. Jahrhundert. 1903 wurde Santa Anna restauriert. Während der Baumaßnahme erneuerte man die Dachkonstruktion; man öffnete vermauerte Fenster und zerstörte den Portalvorbau.

Das beschriebene Kirchenschema war im 13. und 14. Jahrhundert auf Mallorca die übliche Bauweise. Wie lange sich der Typus fast unverändert für kleine Bauvorhaben hielt, verdeutlicht die Kirche de la Sang in Muro.

Die **Església de la Sang** (Blutskirche) **in Muro** wurde Mitte des 14. Jahrhunderts (wohl 1370) erbaut. Sie soll von Jaume Mollet für die Armen von Muro gestiftet worden sein. Es handelt sich um einen rechteckigen Einraum mit offenem Dachstuhl. Der Innenraum besitzt zwei Joche, die

Die Kirche de la Sang (Blutskirche) in Muro stammt aus der Mitte des 14. Jahrhunderts (wohl um 1370). Sie behält das Architekturschema der frühen Kirchen Mallorcas bei.
Die Abbildung links zeigt ein zweckentfremdetes Kapitell aus der Kirche, das wahrscheinlich noch romanisch ist.

durch einen Spitzbogen geteilt werden. Auch die symmetrische Fassadengestaltung entspricht im Grunde noch dem üblichen Schema. Die Fassade besteht aus einem Rundbogenportal, einem kleinen Rundbogenfenster, einem Glockenaufsatz und einem Relief mit Christus am Kreuz.

Die Kapelle Santa Magdalena del Puig östlich von Inca soll im Kern noch aus dem 13. Jahrhundert stammen,

Das Oratorium von Sant Llorenç am Weg von Sa Calobra zur Cala Tuent stammt wahrscheinlich im Kern noch aus dem 13. Jahrhundert. Das heutige Aussehen bestimmen jedoch Veränderungen des 16. und 17. Jahrhunderts.

oben und unten: Das Oratori de Sant Josep in Sineu wurde möglicherweise kurz nach 1240 erbaut und später kontinuierlich verändert. Das Spitzbogenportal stammt wahrscheinlich erst aus dem frühen 14. Jahrhundert. Die Fassade wurde in der 2. Hälfte des 19. Jahrhunderts neugotisch umgestaltet.

Die angeführten Bauwerke sind die am besten erhaltenen frühen Kirchen Mallorcas. Im folgenden sollen weitere Kirchen angeführt werden, deren ursprüngliche Bausubstanz noch in das 13. Jahrhundert bzw. in die Zeit um 1300 zurückreicht. Die Gotteshäuser wurden in späteren Epochen mehr oder weniger stark umgebaut. Oft ist das Grundschema des Ursprungsbaus vor allem am Außenbau noch erkennbar, während der Innenraum oft eingewölbt wurde.

Noch heute präsentiert sich die **Kapelle Santa Llúcia bei Mancar de la Vall** in der Grund- und Aufrißform in der Gestalt des 13. Jahrhunderts, wenngleich die Detailformen und Oberflächen erneuert sind. Archivalisch ist die Kirche für das Jahr 1300 nachgewiesen. Sie könnte aber aufgrund der Bauformen ein halbes Jahrhundert zuvor erbaut worden sein.

Durch Umbauten und Restaurierung wurde auch die Kapelle **Santa Magdalena del Puig östlich von Inca** in ihrem Erscheinungsbild verändert. Im Kern soll der Bau jedoch noch aus dem 13. Jahrhundert stammen. Tatsächlich sprechen der Fassadenaufbau mit Rundbogenportal, Fensterrose (wie beim ehemaligen Kloster Bellpuig) und der Glockenaufsatz sowie die Proportionen der Gliederungselemente für diese Einschätzung.

Eine eng verwandte symmetrische Fassadengliederung zeigt auch das **Oratorium von Sant Llorenç am Weg von Sa Calobra zur Cala Tuent**. Für das Bauwerk ist die Datierung 1274 überliefert. Die heutige Kirche wird jedoch von den Umbauten des 16. und 17. Jahrhunderts geprägt.

Ebenfalls stark verändert wurde das **Oratori de Sant Josep in Sineu**. Es ist die Kapelle eines 1240 gegründeten Hospitals. Im Kern soll die Kirche noch aus der Gründungsphase stammen. Die Außenmauer zur Straße wirkt jedoch jünger (14. Jahrhundert ?). Die Fassade wurde neugotisch in der 2. Hälfte des 19. Jahrhunderts überarbeitet.

Des weiteren ist auch das heutige Seitenportal des **Oratori del Roser Vell am Ortsausgang von Pollença** ins 13. Jahrhundert einzuordnen. Wahrscheinlich gehörte es zu der Kapelle, die auf die Bitte des Fischers Arnau - nach Angaben aus der Literatur - gegen Ende des 13. oder Anfang des 14. Jahrhunderts zu Ehren eines Gnadenbildes der Muttergottes errich-

Das heutige Seitenportal der Kapelle del Roser Vell am Ortsausgang von Pollença zeigt eine enge Verwandtschaft zu den Portalen der Kirchen von Bellpuig und in Castellitx aus der Zeit um 1240. Wahrscheinlich stammen auch das Türgewände und Teile des Mauerwerks der Kapelle in Pollença aus dem 13. Jahrhundert.

tet wurde. Bislang hielt man die Kirche für einen Bau des 15. oder 16. Jahrhunderts. Doch scheint diese Datierung nur für den nachträglichen Anbau zuzutreffen, der heute eine neo-romanisch-gotische Fassade und Veränderungen aus dem vermutlich frühen 20. Jahrhundert aufweist. Der Nebenbau mit dem Rundbogenportal, das ein romanisch wirkendes Ornamentband besitzt, wie es auch bei den Kirchen von Bellpuig und in Castellitx um 1250 auftritt, dürfte der Rest der urspünglichen Kapelle aus dem 13. Jahrhundert sein.

Ungewiß ist zudem die Datierung der Bauteile des **Oratori von Sant Blai südlich von Campos**. Die Kirche wird bereits in Dokumenten des 13. Jahrhunderts erwähnt. Die Fassade besitzt ein Rundbogenportal ohne Zierformen und ein Rundfenster. M. E. könnte die Fassade - abgesehen von der Aufstockung - aus dem 13. Jahrhundert stammen. Zuletzt wurde sie in der Fachliteratur allerdings ins 15. Jahrhundert datiert. Eine Einordnung in die Spätgotik scheint mir lediglich für die Ostwand mit einem (heute vermauerten) Spitzbogenfenster und einem Glockenaufsatz und Teilen der Nord- und Südwand im Zusammenhang mit einer Gebäudeerweiterung denkbar, zumal die Kirche eine ungewöhnliche Länge aufweist. Nachträglich wurden auch die Außenwände und somit das Dach erhöht. Dies geschah sehr wahrscheinlich im Zuge der nachträglichen Einwölbung des Innenraums mit einem Kreuzgratgewölbe im 17. Jahrhundert (wohl 1653, wie eine Inschrift vermuten läßt). Der Innenraum wirkt heute durch die Einwölbung sehr niedrig. Bemerkenswert sind die teilweise figürlich gestalteten Schlußsteine.

Umstritten ist desweiteren die Datierung von **Sant Miquel bei Campanet**. Die Kirche wird in der Liste von Papst Innozenz IV. 1248 aufgeführt und deshalb in den Reiseführern als eine der ältesten Kirchen Mallorcas bezeichnet. Das äußere Erscheinungsbild mit seitlich stehendem Glockenaufsatz und daneben liegendem Eingang weicht jedoch vor allem in der Fassadengestaltung von den zuvor beschriebenen Kirchen ab. Sehr wahrscheinlich stammen deshalb nur noch wenige Bauteile aus dem 13. Jahrhundert. Darauf verweisen auch zwei Bauinschriften im Innenraum aus den Jahren 1480 und 1482, die größere Baumaßnahmen an der Kirche im letzten Viertel des 15. Jahrhunderts belegen. Wahrscheinlich stammt die heutige Kirche im wesentlichen aus dieser Zeit.

Abschließend können drei weitere eng miteinander verwandte Kirchen aus der Zeit um 1300 angeführt werden, die den oben beschriebenen Bautyp auf größere Bauwerke angewandt haben. Dabei handelt es sich um Pfarrkirchen größerer Ortschaften, die nachträglich eingewölbt wurden.

Sant Miquel bei Campanet wird schon in der Kirchenliste der Bulle Papst Innozenz IV. von 1248 genannt. Die Kirche könnte daher in Teilen noch aus der Zeit zwischen 1230 und 1248 stammen. Allerdings fanden im späten 15. Jahrhundert größere Baumaßnahmen statt, die den Bau maßgeblich veränderten. Im dreijochigen Innenraum befinden sich nämlich zwei spitzbogige Gurtbögen, die inschriftlich 1480 und 1482 datiert sind. Ungewöhnlich ist auch die Existenz zweier Glockentürmchen. Es wird vermutet, daß einer noch aus dem 13., der andere aus dem 15. Jahrhundert stammt.

Links an der Straße von Campos nach Colònia de Sant Jordi liegt das Oratori von Sant Blai. Die Kirche aus dem 13. Jahrhundert wurde wohl im 15. Jahrhundert verändert und vergrößert (?). Der Innenraum besaß ursprünglich eine offene Dachkonstruktion. Der nachträgliche Einbau des Kreuzgratgewölbes erfolgte wahrscheinlich 1673 (Inschrift, Abb. unten) und erforderte eine Erhöhung der Außenwände.

Das früheste Beispiel dieser Gruppe ist vermutlich die kurz vor oder um 1300 entstandene **Pfarrkirche El Roser in Santanyí**. An die einschiffige Kirche mit vier Jochen wurde ab 1786 unmittelbar im Süden die große neue Pfarrkirche Sant Andrés und ab etwa 1820 im Norden eine weitere Kapelle gebaut. Der Innenraum besaß eine flache Holzdecke. Erst Mitte des 19. Jahrhunderts wurde die Kirche eingewölbt. Dabei übernahm der Baumeister die Gewölbeecklösung, die auch in der Kathedrale von Palma und anderen mallorquinischen Kirchen vorkommt, d. h. die Abschrägung des rechteckigen Chorgrundrisses einige Meter über der Fußbodenhöhe (vgl. S. 134, 148, 149).

Die Fassade aus der Zeit kurz vor bzw. um 1300 ist noch gut erhalten und läßt sich anhand der Baunähte gut von den Anbauten abgrenzen. Dominierende Motive der Fassadengestaltung sind das Rundbogenportal, das Rundbogenfenster und der aus drei Bögen zusammengesetzte Glockenaufsatz. Die Fassade weist darüber hinaus keine Gliederung auf.

Kurz vor oder um 1300 entstand die Pfarrkirche El Roser in Santanyí. Die einschiffige Kirche wurde ab 1786 im Süden um die barock-klassizistische Pfarrkirche Sant Andrés und im Norden ab etwa 1820 um eine neugotische Kapelle erweitert. Aus der Zeit kurz vor 1300 stammt daher der mittlere Fassadenabschnitt mit dem Rundbogenportal, dem Rundfenster und dem Glockenaufsatz. Zum ursprünglichen Bau gehört auch der Chor, wie die Abbildung oben links belegt. Sie besitzt noch die kleinen, schmalen Fensteröffnungen der Zeit um 1300. Der Innenraum besaß eine offene Dachkonstruktion. Mitte des 19. Jahrhunderts zog man ein Kreuzrippengewölbe ein, ohne die Kirche in ihrer Höhe zu verändern. Deshalb wirkt das Gewölbe insbesondere im Chor niedrig. Hier realisierte man eine Ecklösung, die auch in der Kathedrale von Palma und anderen mallorquinischen Kirchen beobachtet werden kann, d. h. die Abschrägung des rechteckigen Chorgrundrisses in einigen Metern Höhe.

Die Pfarrkirche **Sant Llorenç in Selva** wird bereits 1248 erwähnt. Ob es sich dabei noch um eine ehemalige Moschee handelte oder hier bereits ein christlicher Neubau stand, ist nicht bekannt. 1301/02 wird jedenfalls ein Neubau an der am höchsten gelegenen Stelle der Ortschaft errichtet. Von ihm hat sich die Fassade mit dem gestuften Spitzbogenportal und dem größeren, aus drei Bögen bestehenden Glockenaufsatz erhalten, der ursprünglich vielleicht anders geplant war, wie eine Baunaht, die nicht weitergeführt ist, vermuten läßt. 1629 ersetzte man den Chor und erweiterte so die Kirche. 1639 entstand die weitläufige Treppe vor der Kirchenfassade. Nach einem Stadtbrand im Jahre 1855 mußte die Kirche erneuert werde. Der Architekt José Frontera Vanrell führte einen Neubau des Langhauses und des Chores in gotischen Bauformen aus.

Die Verwandtschaft zwischen den Fassaden der Pfarrkirchen El Roser in Santanyí und Sant Llorenç in Selva sind offenkundig. Es handelt sich um symmetrisch aufgebaute Schaufassaden ohne weitere Baugliederung. Auch der Glockenaufsatz ist ähnlich ausgeführt. Auffällig ist lediglich, daß in Santanyí ein gestuftes Rundbogenportal mit schlichtem Kämpfergesims vorliegt, in Selva jedoch ein gestuftes spitzbogiges Portal ausgeführt wurde. Man ist dazu geneigt, aus stilistischen Gründen die Kirche in Santanyí für älter zu halten.

Die wahrscheinlich jüngste der drei ähnlich ausgeführten Fassaden auf Mallorca ist diejenige der Kirche **Sant Juan in Capdepera**, die bezeich-

nenderweise ein Spitzbogenportal besitzt und auch später, d. h. archivalisch 1316, datiert ist. Sie befindet sich in der ab 1300 im Auftrag von König Jaume II. angelegten Burg von Capdepera und wurde bis 1316 unter Leitung des Baumeisters Lorenzo de Santa Cruz erbaut. Aus dieser Zeit blieb die Fassade unverändert erhalten. Im 16. Jahrhundert bzw. in einer zweiten Umbauphase bis 1703 wurde die einschiffige Kirche ver-

oben: Die Fassade von Sant Llorenç in Selva wurde 1301/02 erbaut. Das im Außenbau schlichte Langhaus aus der Zeit kurz nach 1855 besitzt einen neugotischen einschiffigen Innenraum mit einem neugotischem Hochaltar.

unten: Sant Juan in Capdepera wurde 1316 erbaut und im 16./18. Jahrhundert eingewölbt.

Kapitelle aus dem Kloster St. Bartolomé in Palma (13. Jh.?) im Museu de Mallorca in Palma

oben: Die unteren Steinlagen des Torre de Paraires in Porto Pí, dem Hafen von Palma, sind vielleicht noch römisch. Ob der Turm seine heutige Gestalt noch in maurischer Zeit oder erst im 13. Jahrhundert erhielt, ist umstritten (s. auch S. 36 und 103).

unten: Das Gegenstück zum Torre de Paraires bildet der Torre de Portopí. Er wurde in gleichen Bauformen wahrscheinlich etwa zur selben Zeit errichtet. Nachweisbar ist er seit dem 14. Jahrhundert. Der Turm erhielt wahrscheinlich 1612 den heutigen Aufbau, als er die Funktion als Leuchtturm übernahm.

längert und um Kapellen erweitert. Im Zuge der Maßnahmen wölbte man auch den Innenraum mit Kreuzrippengewölben ein.

Am Ende des Abschnitts soll noch auf die Sammlung von Kapitellen aus dem 13. Jahrhundert (?) im Museu de Mallorca in Palma verwiesen werden. Sie stammen aus dem Convent von St. Bartolomé in Palma und weisen maurische Gestaltungsformen auf. Möglicherweise wurden sie von maurischen Steinmetzen kurz nach 1230 geschaffen, oder sie sind älter.

Wehrarchitektur von 1230 bis um 1310

Von der Profanarchitektur des 13. Jahrhunderts haben sich lediglich Verteidigungsanlagen - Wachtürme, Stadtmauern und Burgen - erhalten. Die Datierung der Bauwerke und Bauabschnitte ist häufig mangels Dekorationselementen schwierig. Somit ist man oft lediglich auf die spärlichen Archivalien, die Bauangaben überliefern, angewiesen.

Umstritten ist daher auch die Datierung des **Torre de Paraires in Porto Pí**, dem Hafen von Palma. Auf wahrscheinlich römischer Bausubstanz errichtet, erhielt der Turm möglicherweise im 13. Jahrhundert seine heutige Gestalt. Vielleicht bestand er in seinem heutigen Aussehen auch schon gegen Ende der maurischen Epoche. In gleichen Bauformen und wahrscheinlich zum selben Zeitpunkt wurde auch das Gegenstück am Hafen, der Torre de Portopí, erbaut, der im 17. Jahrhundert (nach dem Bau des benachbarten Castell de Sant Carles) seinen barocken Aufsatz erhielt.

Nach der Eroberung Mallorcas durch christliche Truppen übernahmen selbstverständlich die neuen Machthaber die Befestigungsanlagen der Mauren. Dazu gehören unter anderem die **Stadtmauer von Palma** (s. Abb. S. 29), der **Almudaina-Palast in Palma** und die **Felsenfestungen von Alaró, Santueri bei Felanitx und del Rei bei Pollença**. Das Castell del Rei wurde im 13. und insbesondere 14., das Castell de Santueri im 14. und die Burg von Alaró vornehmlich im 16. Jahrhundert ausgebaut. Neue größere Wehranlagen scheint man im 13. Jahrhundert nicht in Angriff genommen zu haben.

Dies ändert sich um 1300, nachdem König Jaume II. die Erbstreitigkeiten mit seinem Bruder beendet und sich Mallorca zu einer Handelsmacht entwickelt hatte. Ab diesem Zeitpunkt bricht nicht nur eine Bauwelle im Kirchenbau an, sondern auch im Städtebau, oft verbunden mit dem Wehrbau. Jaume II. förderte den Ausbau der Städte (s. S. 49) mit ihrer Infrastruktur und den Verteidigungssystemen. So entstanden ab 1300 unter anderem die Stadtmauer von Alcúdia und die Burganlage von Capdepera, die jedoch beide erst im Laufe des 14. Jahrhunderts vollendet wurden.

Bis 1310 konnten allerdings überschaubare Projekte realisiert werden. Dazu zählt die Errichtung des **Castell von Sant Elm**, das 1302 im Auftrag König Jaumes II. erbaut und um 1581 als Verteidigungsanlage erweitert wurde.

Darüber hinaus gab es auch Wehrbauten, deren Auftraggeber wohl nicht nur der König, sondern auch Adelige, die Bürgerschaft und Großgrundbesitzer waren. Dazu zählen sicherlich auch zwei burgartige Wohnsitze in bzw. bei **Manacor:** Der **Torre de ses Puntes** und der **Torre dels Ena-**

oben und rechts: Der Torre de Ses Puntes in Manacor ist ein Wohnturm der Zeit um oder kurz nach 1300.

unten: Der Torre dels Enagistes südlich von Manacor stammt gleichfalls aus der Zeit um oder kurz nach 1300.

Torre dels Enagistes in Manacor, um oder kurz nach 1300

Die spitzbogigen Bogenreste im Castell del Rei bei Pollença gehören zur gotischen Kapelle. Die in römischer und maurischer Zeit angelegte Felsenfestung liegt auf einem 476 m hohem Felsplateau am Meer und wurde im späten Mittelalter und während der frühen Neuzeit weitergenutzt (Abb. aus: Montaner, 1889).

gistes. Der Torre de Ses Puntes, im südwestlichen Teil der heutigen Stadt gelegen, ist ein zinnenbekrönter Wohnturm. Er besitzt teilrekonstruierte romanisch aussehende Zwillingsfenster mit schlanken Säulchen im Obergeschoß. Größer und massiver wirkt der zeitgleich errichtete Torre dels Enagistes an der Straße von Manacor nach Cales de Mallorca, in dem

Das Castell von Sant Elm entstand 1302 im Auftrag König Jaumes II. 1581 erfolgte eine Erweiterung der Anlage (Abb. aus: Montaner, 1889).

Sechs Kilometer südlich von Capdepera (unweit der Straße nach Son Servera nahe der Straße zu den Grotten von Artà) liegt der Torre de Canyamel, ein gotischer Wohnturm, der zur Überwachung der See und des Tales nach Artà diente. Es ist ein gewaltiger, würfelförmiger Bau, dessen zinnenbewehrter Aufsatz aus maurischer Tradition übernommen wurde. An der unteren Plattform sitzen Gußerker.

unten: Almudaina-Palast in Palma. Der höchste Turm der Anlage (von 1117) wird von der Statue des Erzengels Gabriel bekrönt. Die Skulptur schuf 1309 Antoni de Camprodon, ein Bildhauer aus dem Rossillon, das damals zum Königreich Mallorca gehörte.

heute das Stadtmuseum von Manacor untergebracht ist. Das Gebäude, das auf einer Darstellung der 1880er Jahre im Erzherzog Ludwig Salvators mehrbändigen Werk "Die Balearen in Wort und Bild" bereits in der heutigen Gestalt abgebildet ist, wurde offenbar erst kurz darauf stark umgebaut, ehe diese Maßnahme in den 1980er und frühen 1990er Jahren zurückgenommen wurde. Damit sollte der vermeintlich mittelalterliche Zustand wiedergewonnen werden. Allerdings führte dieser Baueingriff zu einer Purifizierung, die jüngere Bauschichten zerstörte. Vor allem die Innenräume präsentieren sich heute in einem "Rohbauzustand" fast ohne historische Farbschichten und Putze. Wiedergewonnen ist - zumindest für den entfernten Blick - das Aussehen des frühen 14. Jahrhunderts für den Außenbau. Dazu mußten unter anderem die Zinnen und Schießscharten rekonstuiert werden. Einziger Bauschmuck der Fassade sind zwei Zwillingsfenster im Obergeschoß. Sie sind stilistisch mit den Fensteröffnungen des Castell de Bellver und am Almudaina-Palast in Palma (Abb. S. 134, 138) bzw. am Königspalast in Perpignan (alle um oder kurz nach 1300) verwandt.

Darüber hinaus steht ein beachtliches Zeugnis der Profanarchitektur Mallorcas aus der Zeit um oder kurz nach 1300 sechs Kilometer südlich von Capdepera, der **Torre de Canyamel**. Es handelt sich dabei um einen gut erhaltenen, mächtigen, zinnenbekrönten Wohnturm.

Königspaläste 1305 - 1320

Für die blühende Baukonjunktur ab 1300 auf Mallorca war maßgeblich König Jaume II. verantwortlich, der sich als Zeichen seiner Königswürde mächtige Paläste bauen ließ.

König Jaume II. erbte von seinem Vater als Königspalast den Almadaina-Palast in Palma, d. h. die stark befestigte ehemalige Residenz der maurischen Stadthalter und Herrscher Mallorcas. Er ließ die Burg ab etwa 1305 modernisieren und in einen repräsentativen Palast in zeitgenössi-

Fassade des Almudaina-Palast in Palma, Arkadenreihe zwischen 1305 und 1314 erbaut.

Rundbogenportal der Königskapelle Santa Anna im Almudaina-Palast in Palma, 1310

links: Rekonstruktion des spätmittelalterlichen Almudaina-Palast in Palma nach Erzherzog Ludwig Salvator (aus: Die Balearen in Wort und Bild, 1884)

unten links: Sala Mayor (auch Salón Gótico genannt) im Almudaina-Palast, um 1310

unten rechts: Deckenbemalung im südöstlichen Seitengang des Almudaina-Palastes

schen christlichen, d. h. hochgotischen Bauformen umbauen. Belassen wurden die Wehrtürme und hohen Mauern. Auch der kastellartige Hauptbau mit seinen vier Ecktürmen und der 1117 erbaute Engelsturm wurde beibehalten. Doch entschied man sich bezüglich der Fassade für einen tiefgreifenden Umbau, der das Aussehen maßgeblich veränderte. So spannte man zwischen die Ecktürme an der Südfassade eine neue Galerie in Form von weithin sichtbaren spitzbogigen Arkaden im 2. und weiten Rundbögen im 1. Geschoß - eine Anordnung, die ihre Entsprechung auch am Königspalast von Perpignan findet. Die für Mallorca bis dahin wohl noch einzigartige Spitzbogenreihe sollte dem Betrachter deutlich machen, daß der Herrscher einen modernen Königspalast auf dem neuesten Stand des internationalen Geschmacks besaß. Darüber hinaus wurde die Königskapelle und der Ostflügel mit dem Sala Mayor, dem großen Repräsentationssaal, der ursprünglich über zwei Geschosse reichte, neu erbaut. Für die bedeutende Bauaufgabe wählte der König zwei ausgezeichnete Architekten: Ponç Descoll und Jaume Salvat. Da Jaume II. 1311 verstarb, wurden die Bauarbeiten unter seinem Sohn Sanç I. 1314 vollendet.

Der Sala Mayor ('Große Saal'), Festsaal und Empfangsraum, liegt im Südosten der Anlage und wurde um 1310 erbaut. Er reichte ursprünglich über zwei Geschosse. Der Sala Mayor war und ist der größte und bedeutendste Raum des Palastes. Die Konstruktion dieses Saales erinnert an

oben und unten: Salón de Consejos (Ratssaal) im Almudaina-Palast, Gewölbe um 1580

Die Königskapelle Santa Anna im Almundaina-Palast in Palma war bis 1310 nach Plänen von Ponç Descoll vollendet. Der Innenraum zeigt erstmals die später typisch mallorquinische Chor-Ecklösung. Dabei geht der rechteckige Grundriß nach ca. 1,5 m in ein halbes Achteck über.

den Salón del Tinell im Palacio Mayor von Barcelona. Für beide ist die imposante gotische Spitzbogenreihe charakteristisch, auf der die Decken-Balken-Konstruktion ruht. Im Jahre 1578 stürzte jedoch die ursprüngliche Deckenkonstruktion des Sala Mayor ein. Deshalb ließ der damalige König Felipe II. den Raum durch den Baumeister Pere Castany in zwei Geschosse teilen. Die Räume des Untergeschosses erhielten Kreuzrippengewölbe. Im Obergeschoß wurde die Bogenreihe belassen.

Als weiterer Neubau entstand von etwa 1305 bis 1310 die Santa Anna-Kapelle. Sie ist in den Bauformen der Königskapelle von Santa Cruz in Perpignan eng verwandt. Es handelt sich um einen einschiffigen, rechteckigen Raum mit Kreuzrippengewölbe. Es war der erste Kirchenraum Mallorcas, der nicht die Deckenkonstruktion zeigte, sondern ein Gewölbe erhielt. Dadurch wurde dem Besucher die Würde und Auszeichnung des Bauwerks als Königskapelle offenkundig. Darüber hinaus sind die hervorragenden Bildhauerarbeiten bemerkenswert, so z. B. die Dienstkonsolen mit Engelsmotiven des Bildhauers Antoni Campredon. Außerdem begegnet man in Santa Anna erstmals dem später für Mallorca typischen Phänomen des im Grundriß rechteckigen Chores, der nach ein oder zwei Metern in einen polygonalen Grundriß übergeht. Dies geschieht in Santa Anna mit Hilfe von Trompen, die in den Ecken sitzen. Bereits zuvor hatte der Architekt der Kirche, der königliche Baumeister Ponç Descoll, diese außergewöhnliche Ecklösung in der Königskapelle in Perpignan im Auftrag des mallorquinischen Königs Jaume II. entworfen und ausgeführt.

unten: vermauertes Zwillingsfenster im Almundaina-Palast in Palma, um 1310

Ungewöhnlich für die Bauzeit 1310 ist darüber hinaus das romanische, d. h. rundbogige Eingangsportal von Santa Anna, das aus rotem Marmor gearbeitet ist, der aus den Pyrenäen stammt. Das Eingang wird von vier Säulenpaaren flankiert. Im Tympanon ist die Jungfrau Maria mit Kind, umgeben von ihren Eltern Joachim und Anna, dargestellt.

Auffällig ist, daß in der gotischen Architektur der Königreiche Aragón und Mallorca gestufte Rundbogenportale im ausgehenden 13. und frühen 14. Jahrhundert bei untergeordneten Portalen oder - ganz im Gegensatz dazu - als Würdemotiv an den ranghöchsten Kirchen angebracht wurden. Dies gilt bei den Bauten König Jaumes II. auf Mallorca für das Portal der Santa-Anna-Kapelle und gleichfalls für das Westportal der Königskapelle in Perpignan. Weiteres Beispiel ist das Westportal der Zisterzienserkirche von Santes Creus bei Tarragona, das der namensgleiche König Jaume II. von Aragón für seine Grablege nachträglich Ende des 13. Jahrhunderts in die Westfassade einfügen ließ. Die Gründe für die Verwendung von romanisierenden Prunkportalen um 1300 hängen wahrscheinlich mit politisch-ideologischen Absichten zusammen. Offenbar war den Auftraggebern daran gelegen, die Bauwerke älter und prunkvoller erscheinen zu lassen, als sie waren. Demnach sollte möglicherweise die Grablege bzw. der Regierungssitz durch ein repräsentatives und vermeintlich altes Eingangstor den Eindruck von langer und ruhmreicher Tradition vermitteln, die insbesondere der mallorquinische König mit seinem neu gegründeten Königreich nicht besaß. Aus der Sicht König Jaumes II. von Mallorca könnte folglich die Absicht bestanden haben, dem Besucher eine Königsarchitektur seines Vaters Jaume I. el Conqueridor oder einer noch älteren Generation vorzuspiegeln, auf deren Ruhm und Tradition der neue König von Mallorca anknüpfte.

Die hohen Ansprüche an die Königswürde manifestieren sich auch an Jaumes II. Auftrag zum Bau seiner Königsburg Bellver. Es ist aus kunsthistorischer Sicht aufgrund seiner durchplant konstruierten Architektur - harmonisch zusammengesetzt aus zahlreichen Kreisausschnitten, wie anschaulich der Grundrißplan verrät (s. S. 136) - ein

oben und unten: Als weiteres Königsschloß ließ König Jaume II. außerhalb der Altstadt von Palma ab 1300 das Castell de Bellver erbauen. Der Innenhof zeigt im ersten Geschoß eine Galerien mit Rundbögen, wie sie auch im Königsschloß König Jaumes II. in Perpignan vorkommen. Die Spitzbogenarkaden im Obergeschoß bestehen aus überkreuzenden Rippen, die in der christlichen Kunst in dieser Form sonst nicht vorkommen. Hier sind die Einflüsse aus der maurischen Architektur erkennbar. Zudem gibt es in abgewandelter Form mit dem Kreuzgang von San Juan de Duero in Soria ein spanisches Vergleichsbeispiel, aus Italien (in Salerno, Amalfi und Monreal) drei weitere, die ihrerseits maurisch beeinflußt sind.

Das Kreismotiv bildet das Gestaltungsmotiv des Castell de Bellver in Palma

rechts: Grundriß

oben: Innenhof und Plattform

oben links: Gewölbter Arkadengang, 2. Geschoß im Innenhof

links und darüber: Äußere Befestigungsmauer

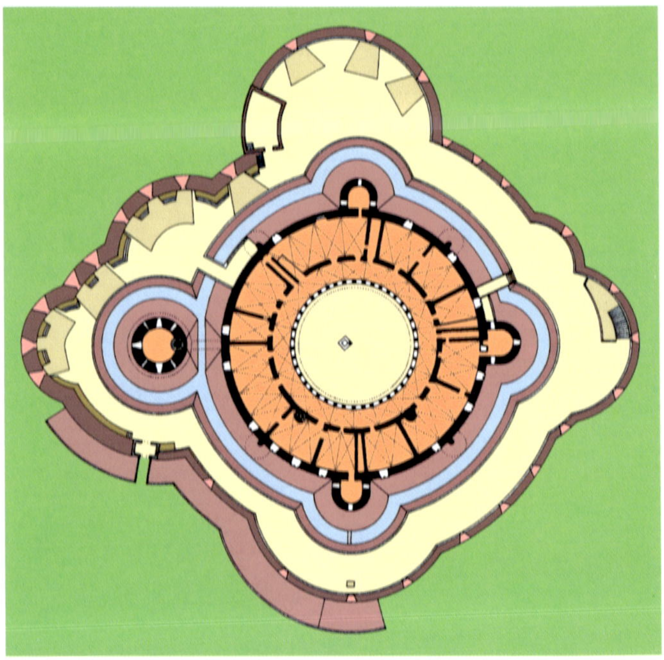

Bergfried des Castell de Bellver

Castell de Bellver

oben: Hauptgebäude von Osten

rechts: Biforienfenster

unten: Fernblick von Süden

Bauwerk von internationaler Bedeutung. Das Castell de Bellver findet lediglich im Castel del Monte, dem in der geometrischen Form eines Achtecks ausgeführten Jagdschloß Kaiser Friedrichs II. (um 1240), eine Entsprechung in der mittelalterlichen Architektur. Zudem ist es das am besten erhaltene mittelalterliche Schloß in Spanien.

Die Königsburg Bellver errichtete man drei Kilometer vom Stadtzentrum Palmas entfernt weithin sichtbar auf einer Anhöhe in 112 m Höhe über dem Meeresspiegel. Die privilegierte Lage am Stadtrand ermöglicht einen außergewöhnlichen Blick auf die Bucht von Palma. Daher trägt das Bauwerk seinen Namen Bellver ("Schöne Aussicht").

Der Baubeginn liegt um 1300, nach anderer Meinung zwischen 1309 und 1311. Der Rohbau konnte nach neun Jahren abgeschlossen werden. 1330 wurde der Wassergraben vollendet. Der zuständige Baumeister war Pere Salvat. Wahrscheinlich gehört - wie beim Alumudaina-Palast - auch Ponç Descoll zu den Entwerfern. Im Zusammenhang mit der Bogenreihe im Innenhof wird 1309 der Baumeister Pere Despuig genannt. Weitere bedeutende Bauhandwerker waren der Maler Francesc Cavaller und der Bildhauer Campredón (Schöpfer der Engelsskulptur im Almudaina-Palast). Im 16. Jahrhundert brach man die ursprünglichen Turm- und Mauerzinnen ab. Nach der Schlacht von Lluchmayor 1349, mit der das Königreich Mallorca sein Ende fand, diente das Schloß als Gefängnis für die Witwe und Kinder des gefallenen König Jaumes III. Auch in den folgenden Jahrhunderten nutzte man die Anlage als Gefängnis. Heute ist hier u. a. das Stadtmuseum untergebracht.

Nicht nur aufgrund seiner gewaltigen Dimensionen und des grandiosen Blicks auf die Bucht von Palma beeindruckt das Bauwerk noch heute den Betrachter, sondern auch wegen der harmonischen Proportionen. Wie bereits erwähnt, liegt dem Königsschloß ein durchdachtes Konzept zugrunde. So besteht die Burganlage im Zentrum aus einem zylindrischen Baukörper mit zentralem kreisförmigem Innenhof. An die kreisförmige Architektur sind halbrunde Türme angefügt. Abgerückt steht sieben Meter außerhalb des Rundbaus der Bergfried. Er diente als Kerker. Die Verbindung mit der Plattform des Hauptbaus erfolgt über einen steinernen Brückenbogen (als Ersatz für eine Zugbrücke). Von seiner Plattform aus reicht der Blick bis zur Insel Cabrera. Der Innenhof ist zweigeschossig. Wie bei der fast gleichzeitig entstandenen Fassade des Almundaina-Palastes in Palma (s. S. 131) handelt es sich um einen Arkadengang, der im Erdgeschoß aus Rund- und im Obergeschoß aus Spitzbögen gebildet wird. Hinter den Arkaden verläuft ein Rundgang, der im zweiten Geschoß - im Gegensatz zum ersten - eingewölbt ist.

Kreisrunde Grundrisse sind in der Wehrarchitektur selten. In Spanien ist das Castell de Bellver das einzige Beispiel. Vorläufer für den Bautyp mit rundem Grundriß und Innenhof sind die englischen Burgen Restormel (12. Jahrhundert) und Beynes (13. Jahrhundert). Aufgrund der engen Beziehungen zwischen den Königreichen Mallorca und Neapel war wohl Castel del Monte in Süditalien mit seinem polygonalen Grundriß Vorbild.

Ungewöhnlich ist zudem die Anordnung des Rundturms außerhalb des Hauptrondells. Vorläufer könnten in Nordfrankreich die Schlösser von Dourdon und Lellebone sein. Das naheliegendste Beispiel ist jedoch der Tour de Constance in Aigues Mortes (begonnen 1241), der als mächtiger Rundturm an der Nordecke der Stadt vor der Stadtmauer errichtet wurde.

Neben den Königsschlössern in und um Palma ließ König Jaume II. weitere in Valldemossa, Sineu und Manacor erbauen. Sie wurden von seinem Sohn König Sanç I. vollendet.

In Valldemossa begann Jaume II. um 1309 mit dem Bau der Königsburg. Zwei Jahre später erweiterte sie König Sanç I., der sie unter Leitung des Baumeisters Guillem Cerdà mit fließendem Wasser ausstattete. König Sanç I. lebte oft in Valldemossa. Die Anlage trägt aus diesem Grund den Namen "Palacio del rey Sanç". Nach Ende des Königreichs Mallorca verfielen die Gebäude, die deshalb 1399 dem Kartäuserorden überlassen wurden. Teile der ursprünglichen Anlage sind zwar erhalten, jedoch durch zahlreiche Umbauten und Veränderungen vor allem im Zuge der historistischen Umgestaltung im 19./20. Jahrhundert kaum noch ablesbar.

Ebenfalls um 1309 ließ König Jaume II. auf den Ruinen eines arabischen Palastes aus dem 8. oder 9. Jahrhundert in Sineu einen Königspalast bauen. König Sanç hielt sich hier mit Vorliebe auf und verlieh Sineu besondere Rechte und Verwaltungsaufgaben. Der Palast, der von 1319 bis 1523 Sitz der richterlichen Verwaltung war, wurde 1583 den konzeptistischen Mönchen übergeben. Die Bedeutung der Stadt als ein Hauptverwaltungssitz in der damaligen Zeit läßt sich heute noch an der im Mittelalter angelegten Straße ablesen, die von Palma direkt nach Sineu führt. Sie ist die einzige Landstraße, die Palma mit der Mitte der Insel verbindet, ohne einen anderen Ort zu durchlaufen.

oben: Der Königspalast (Palacio del rey Sanç) in Valldemossa entstand im Auftrag der Könige Jaume II. und Sanç I. Nach Auflösung des Königreichs Mallorca verfiel die Anlage, die deshalb 1399 dem Kartäuserorden überlassen wurde. Den heutigen Turm (s. Abb.) erbaute man auf den mittelalterlichen Grundmauern 1555 als Schutz vor den Seeräuberüberfällen. Nach Auflösung der Ordensgemeinschaft 1836 wurde der im Kern erhaltene Königspalast im historistischen Stil umgebaut (s. Innenraumabbildung).

Südwestlich der Pfarrkirche von Sineu, in der Carrer Arnaldo Ramis, stehen noch die Reste des ehemaligen Königspalastes (mit einem Turm aus dem 14. Jahrhundert, Abb. links), der 1583 den konzeptistischen Mönchen überlassen wurde.
(Abb. oben links aus: Ludwig Salvator: Die Balearen in Wort und Bild, 1884).

Der Turm des ehemaligen Königspalastes in Manacor, den Ludwig Salvator noch 1884 als existierend abbilden konnte, ist zerstört.

Exkurs: Mudéjar-Stil

Die Decken und andere Ausstattungsstücke in Kirchen und Profanbauten wurden im Mittelalter und teilweise noch in der frühen Neuzeit im Mudéjar-Stil ausgeführt. Der Mudéjar-Stil (von arabisch "mudayyan" = Steuerpflichtiger, dem es erlaubt ist zu bleiben) ist eine von den maurischen Künstlern und Handwerkern nach der Wiedereroberung Spaniens, der Reconquista, ausgeübte Kunstrichtung. Dabei wurden die vorhandenen orientalischen Traditionen und die handwerklichen Fertigkeiten den Vorstellungen der neuen christlichen Auftraggeber angepaßt. Mit Namen ist z. B. der maurische Handwerker Abrahim bekannt, der 1334 auf Mallorca tätig war und Kunstwerke im Mudéjar-Stil schuf.

Kennzeichen dieser Stilrichtung ist die Verbindung von maurischen Formen mit denjenigen der Gotik und der Renaissance des Abendlandes. Der Mudéjar-Stil war in Spanien bis Anfang des 17. Jahrhunderts, auf Mallorca noch bis um 1700 üblich. Er äußert sich in den Dekorationsformen, d. h. im Kunsthandwerk und in der Baukunst. Zentren der Mudéjararchitektur waren Toledo und Sevilla. Auf Mallorca hat sich kein Bauwerk im Mudéjar-Stil erhalten. Doch gibt es Ausstattungsstücke im Mudéjar-Stil, insbesondere Kanzeln und vor allem Holzdecken, die sich durch aufwendiges Täfel- und Schnitzwerk in Form von stilisierten Ornamenten und durch eine kräftige Farbigkeit auszeichnen (z. B. in Santa Margalida in Palma, s. S. 119).

oben: Kanzel aus dem Diözesanmuseum in Palma
unten links: Decke in der Madonnenkapelle in Lluc (14./15. Jh.?)
unten rechts: Flachdecke aus der Kathedrale von Palma, 1327, Diözesanmuseum in Palma

Zu den bekanntesten Werken auf Mallorca gehören die kunstvoll gestalteten Decken im Turm des Landhauses Alfàbia (zwischen Palma und Sóller) und im Museu de Mallorca in Palma sowie die Kanzeln in Santa Eulàlia in Palma, in der Pfarrkirche von Inca und im Diözesanmuseum von Palma. Fest datiert ist lediglich die Flachdecke des sogenannten Kerzengangs der Kathedrale von Palma, die 1327 eingebaut wurde und sich heute im Diözesanmuseum befindet. Bedeutendstes Beispiel des 15. Jahrhunderts ist - nach Santiago Sebastián - die Decke des Palastes Osana, heute in S'Avall.

Geschnitzte und farbig bemalte Decke im Mudéjar-Stil im Turm des Landhauses Alfàbia (14. Jahrhundert ?)

Architektur der Bettelorden: Sant Francesc

Die ersten großen Kirchen auf Mallorca waren diejenigen der Bettelorden, d. h. der Franziskaner und Dominikaner. Von ihnen gingen wichtige Impulse für die Kirchenbaukunst auf Mallorca aus.

Die Bettelorden verbreiteten sich in ganz Europa seit dem frühen 13. Jahrhundert und waren um 1400 ein fester Bestandteil einer größeren Stadt. Sie erfüllten eine Reihe wichtiger Aufgabenbereiche der Lebensgemeinschaft, von der Erziehung und Seelsorge bis hin zu sozialen Tätigkeiten,

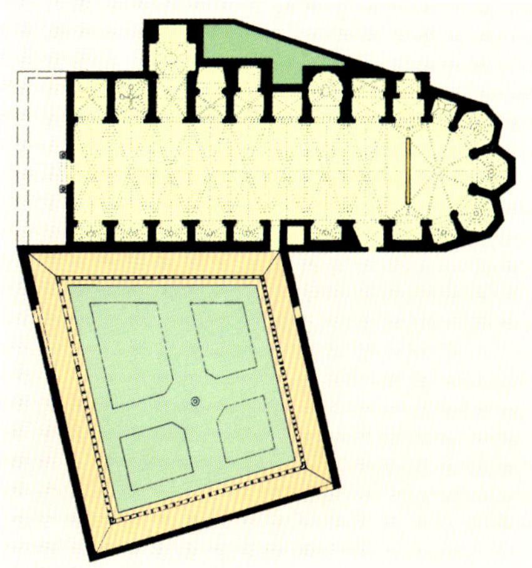

Die Franziskanerkirche Sant Francesc in Palma wurde von 1281 bis 1317 erbaut und bis 1384 eingewölbt. Dazu mußten unter anderem am Außenbau Strebepfeiler angebracht und die Außenmauern erhöht werden.
An den Chor (Abb. links) wurden vom 14. bis 17. Jahrhundert die Chorkapellen angefügt. Der Innenraum ist heute 74 m lang, 14 m breit und 25 m hoch. Ursprünglich war das Bauwerk um ein Joch länger. Durch einen Blitzschlag war die gotische Fassade und die ehemalige Empore stark beschädigt worden. Man entschied sich, das zerstörte Joch abzutragen, die heutige Fassade von 1618/21 zu errichten und diese um ein Joch nach Osten zu verschieben.
Im Süden schließt sich an die Kirche der Kreuzgang an, dessen Nordflügel um 1314 erbaut wurde. Der Kreuzgang konnte erst im 15. Jahrhundert mit dem Südflügel vollendet werden.

Die 1317 vollendete Kirche Sant Francesc in Palma besaß ursprünglich eine sichtbare Holzdecke. Bereits ein halbes Jahrhundert später begann man unter Leitung des Dombaumeisters Jaume Mates, den schlichten Innenraum, der nicht mehr den Ansprüchen einer großen Kirche entsprach, einzuwölben. Diese Maßnahme, die 1384 mit der erneuten Weihe der Kirche abgeschlossen wurde, machte die Erhöhung der Außenmauern, die Verlängerung der Fenster, Spitzbögen usw. notwendig. In der Barockzeit wurde zu einem großen Teil die Ausstattung erneuert. Der Hochaltar stammt von 1739.

unten: Chor und Nordseite von Sant Francesc

und wurden dadurch zu einem wichtigen Faktor des städtischen Gemeinwohls, auf die keine Stadt verzichten konnte. Seit der Mitte des 13. Jahrhunderts, als sie das Recht erhielten, im Innern der Kirchen Bestattungen durchzuführen, wurden die Bettelordenskirchen sogar der bevorzugte Ort für bürgerliche Grablegen und Stiftungen. Das galt auch für die Bettelordenskirchen der Dominikaner und Franziskaner in Palma. Vor allem der Kreuzgang von San Francesc war für wohlhabende Familien ein beliebter Ort der Grablege.

Obwohl die Ordensregel auf Armut und die Predigt ausgerichtet war, erbauten die Bettelorden stattliche Kirchen. Die Klosterkirche San Francesc ist heute nach der Kathedrale die größte Kirche der Balearen. Die Notwendigkeit großdimensionierter Innenräume ergab sich aus dem Erfolg als Predigerorden mit einer großen Zahl Zuhörern. Dies hatte Mitte des 13. Jahrhunderts zu zahlreichen Um- und Neubauten von Bettelordenskirchen in ganz Europa geführt. Es entstand ein neuer Bautyp: die Saalkirche ohne Gewölbe (d. h. mit einer Holzdecke wie bei Santa Margalida in Palma, s. S. 119) und mit Kapellen zwischen den Strebepfeilern. Auf ein Querschiff wurde verzichtet. Es handelt sich um einen multifunktionalen, groß dimensionierten Saal mit der Orientierung auf die Kanzel. Dieser Bautyp, der als ein querschiffloser Kapellensaal bezeichnet werden kann, entwickelte sich Mitte des 13. Jahrhunderts im Königreich Aragón und zeitgleich oder geringfügig später in der Languedoc (Toulouse/Carcassone), wie Christian Freigang in seiner kunsthistorischen Dissertation gezeigt hat. Der Kapellensaal wurde auch für Pfarrkirchen in Südfrankreich, Katalonien und auf den Balearen beliebt und verdankt seinen Erfolg der Einfachheit der Bauweise und dem Umstand, daß er die strengen Bauvorschriften vor allem der Dominikaner erfüllte und sich auf das elementar Notwendige eines Kirchenbaus beschränkte.

Kreuzgang von Sant Francesc in Palma

links: Blick vom Ostflügel (vor 1338) auf den Nordflügel (um 1314)

oben: Die Decken des Kreuzgangs wurden im Mudéjar-Stil ausgeführt.

Das möglicherweise früheste Beispiel, das diesen Bautyp in vollendetem Zustand zeigte, war die zwischen 1248 und 1268 begonnene, bis 1275 errichtete und im 19. Jahrhundert abgebrochene Dominikanerkirche Santa Catarina in Barcelona. Es war ein Saalbau ohne Querschiff von 15 Metern Breite und 25,6 Metern Höhe mit großen Maßwerkfenstern. Zwischen den Langhausstrebepfeilern saßen Kapellen. Wenig später wurde die 1297 geweihte Franziskanerkirche von Barcelona im gleichen Bautyp errichtet.

Kein Wunder also, wenn diese monumentale Bauweise auch im Königreich Mallorca weit verbreitet war und mit den Bauten der Franziskanerkirche in Palma und der Pfarrkirche von Perpignan ihre bedeutendsten Vertreter besitzt. Als charakteristisch gilt der eingezogene Chor und der offene Dachstuhl über Spitzbögen. Die heutige Einwölbung des Kircheninneren von San Francesc in Palma geschah nachträglich.

Die zweite Franziskanerkirche Sant Francesc konnte durch den Tausch mit den Nonnen von Santa Margalida im Zentrum Palmas errichtet werden. Die Grundsteinlegung erfolgte 1281. Die Kirche wurde 1317 vollendet und war ursprünglich ein Joch länger. Sie ist zwar nur einschiffig, besitzt aber eine enorme Breite. Deshalb kann um den heute barocken

Kreuzgang und Südseite der Kirche Sant Francesc in Palma

Hochaltar ein Umgang verlaufen, der die Chorkapellen auch für den Laien erreichbar macht. Optisch entsteht so der Eindruck eines Chorumgangs. Allerdings entstanden die Chorkapellen erst nachträglich zwischen 1445 und 1670. Die Kapelle mit dem Grab Llulls (Abb. S. 50) stammt etwa aus der 2. Hälfte des 15. Jahrhunderts.

Der Kreuzgang, dessen ältester Teil im Norden liegt und der 1286 angelegt, aber mit dessen Architektur erst 1314 begonnen wurde, gehört zu den bedeutendsten Anlagen in Spanien. Er beeindruckt durch seine filigrane Bauweise mit schlanken Säulen und spitz zulaufende Kleeblattbögen. Er wurde noch vor den anderen katalonischen Kreuzgängen desselben Typus - Sant Pere de les Puelles (1322), Pedralbes in Barcelona (1326) und Santa Maride de Jonqueres (1400) - erstellt, wenn man davon absieht, daß der östliche und westliche Teil erst kurz vor 1338 und der südliche im 15. Jahrhundert vollendet waren. Dieser in seiner künstlerischen Qualität bedeutende Kreuzgang hat auf Mallorca allerdings nur wenig Nachahmung gefunden. Eine Ausnahme bildet der Kreuzgang von Santa Margalida, der in kleineren Dimensionen gebaut wurde und von dem sich heute Teile in Miramar bei Deià befinden (Abb. S. 54, 73).

Kapitelle des Kreuzgangs von Sant Francesc in Palma (um 1335)

Die mittelalterlichen Klostergebäude der Franziskaner sind nur noch zum Teil erhalten geblieben. Einige Konventsgebäude wurden nach der Säkularisation zerstört. Der ehemalige Schlafsaal besaß immerhin eine Länge von 76 m.

In Anlehnung an die Franziskanerkirche wurde in der 2. Hälfte des 13. Jahrhunderts auch die Kirche Santa Clara der ab 1256 ansässigen Clarissinnen erbaut, die durch einen barocken Neubau ersetzt wurde.

Der andere bedeutende Klosterbau Mallorcas war Santo Domingo in Palma, der 1837 nach der Säkularisation abgebrochen wurde. Das Dominikanerkloster von Palma ging aus einem kleinen Oratorium hervor, das unmittelbar nach der Eroberung christlicher Truppen mit dem Eintreffen der Dominikaner auf Mallorca 1231 erbaut worden war. Der Bauplatz für die "Notkirche", die wohl zwischen 1231 und 1236 datiert werden kann, lag in unmittelbarer Nähe zum Königsplatz. Sie wurde ab 1296 durch einen stattlichen Neubau ersetzt, der die Größe der Franziskanerkirche erreichen sollte und bis etwa 1359 vollendet war. Den bedeutenden gotischen einschiffigen Kirchenbau mit sehr hohem Gewölbe, polygonaler Apsis und Seitenkapellen entwarf der mallorquinische Architekt Jaume Fabre, der 1317 Dombaumeister in Barcelona wurde. Wie der Holzschnitt der Stadt Palma von Antonio Garau aus dem Jahr 1644 veranschaulicht (s. Abb. S. 72), besaß die nördlich des zweigeschossigen Kreuzgangs gelegene Kirche sechs Joche. Die zumindest oberhalb des Kapellenkranzes vortretenden Strebepfeiler endeten in Fialen, die über den Mauerkranz hervorragten. Der Turm stand südlich neben der mit einem flachen Giebel abgeschlossenen Westfassade.

Zweitverwendet ist ein gotisches Fenster, das als Ruinenkulisse in der Parkanlage von Raixa (zwischen Palma und Sóller gelegen) steht. Nach lokaler Überlieferung soll es aus dem Dominikanerkloster in Palma stammen und nach dessen Abbruch nach Raixa gekommen sein.

Jaume Fabré war der gefragteste Baumeister seiner Zeit im Umkreis der Königreiche Aragón und Mallorca. Er schloß 1317 (im Februar 1318 beglaubigt) als Bürger von Mallorca mit dem Unterprior und den Mönchen von Santo Domingo in Palma einen Vertrag. Darin verpflichtete er sich gegen ein Bußgeld von 50 Realen mallorquinische Währung, nach der Erledigung seiner Aufträge in Barcelona nach Palma zurückzukehren, um die Bauarbeiten an der wohl 1296 durch ihn begonnenen Dominikanerkirche fortzuführen. Ursache des Vertrags war somit der Ruf des Baumeisters nach Barcelona. Dort sollte er die Stelle des Dombaumeisters besetzen, nachdem sein Vorgänger, der den Bau 1318 begonnen hatte, verstorben war.

oben: Innenraum der Kathedrale von Palma um 1885 (vor der Umgestaltung durch Gaudí) mit dem Grabmal Jaumes II., das sich heute im Diözesanmuseum in Palma befindet (Foto aus: Montaner, 1889)

Kathedrale von Palma de Mallorca

Überragendes Bauwerk Mallorcas ist die Kathedrale von Palma, die "La Seu de Mallorca" genannt wird. Sie ist einer der bedeutendsten Kirchenbauten Spaniens und mit 109,4 m Länge, 39,45 m Breite und 43,95 m Innenraumhöhe einer der größten Sakralbauten in Südeuropa (zum Vergleich die mit Abstand größte Kirche Deutschlands, der Kölner Dom: 144 m lang, 44,8 m breit und 43,5 m Innenraumhöhe). Die Kirche besitzt die größte Fensterrose und nach dem Mailänder Dom das höchste Mittelschiff der Welt.

Die Kathedrale von Palma ist ein Spiegelbild der Machtansprüche eines Handelszentrums und eines Königsreichs, das aber nur einige Jahrzehnte wirklich unabhängig war. Sie sollte Kulisse für Königskrönungen und königliche Grablege werden. Doch lediglich König Pedro IV. von Aragón wurde hier zum König gekrönt; nur die Könige Jaume II. und Jaume III. sind hier beigesetzt. Liturgisch ist die Kathedrale der Muttergottes geweiht. Sie tritt im Bildprogramm der Portale in Erscheinung.

Baugeschichte

Vorgängerbau der heutigen Kathedrale war die Hauptmoschee Palmas. Sie wurde nach der Eroberung der christlichen Truppen 1229/30 zunächst umgeweiht und als christliche Kirche genutzt. Über die Umgestaltung der Moschee ist wenig bekannt. Nachweisbar ist lediglich, daß 1256 ein neues Dach bezahlt wurde. Zudem ist anzunehmen, daß der tradi-

oben: Mit dem Bau des unvollendeten Glockenturms der Kathedrale von Palma wurde im ersten Drittel des 14. Jahrhunderts begonnen. Die oberen Geschosse (Abb.) dürften noch im 14. Jahrhundert errichtet worden sein.

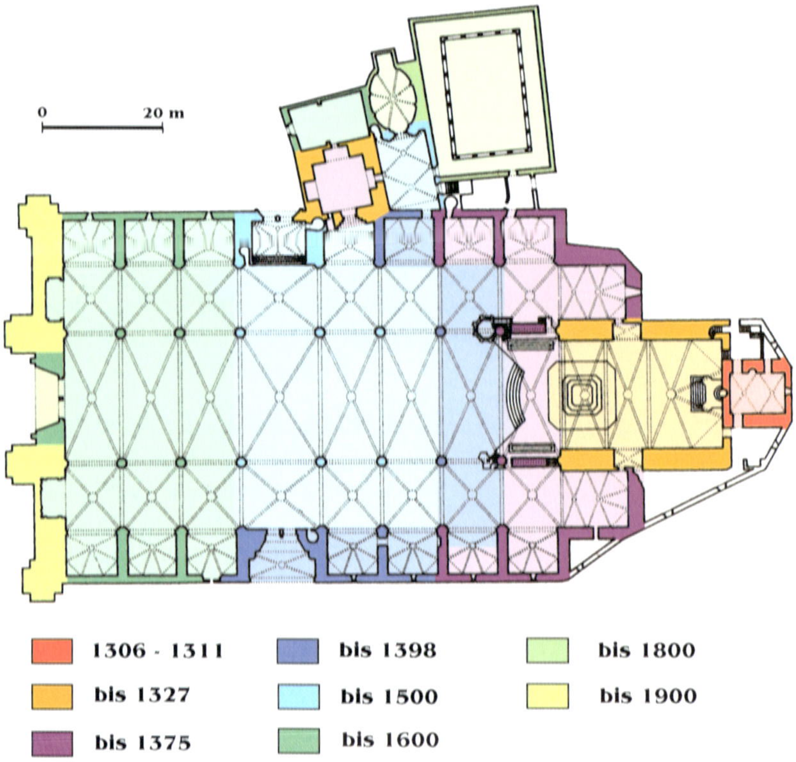

rechts: Grundriß der Kathedrale von Palma mit Bauphasenangabe

tionellerweise zu einer Hauptmoschee gehörende Innenhof zum Kreuzgang umgenutzt worden sein dürfte. Außerdem könnte der heutige Glockenturm aus dem 1. Drittel des 14. Jahrhunderts als Ergänzung der ehemaligen Moschee erbaut worden sein. Er ersetzte möglicherweise das Minarett. Als Kirche wurde die ehemalige Moschee bis etwa 1386 genutzt. Mit Vollendung des Mittelschiffs der heutigen Kathedrale (um 1412) dürfte die Moschee spätestens abgebrochen worden sein.

oben: Kathedrale von Palma von Südosten. Der Kirchenneubau begann um 1306 im Osten mit der Errichtung der Apsis (Königliche Kapelle), die sich an den Chor (1327 vollendet) anschließt. Es folgte ein Planwechsel Mitte des 14. Jahrhunderts und die Errichtung des wesentlich höheren Langhauses bis zum Jahr 1600.

Nach einer Legende soll zwar König Jaume I. unmittelbar nach der Eroberung Palmas in der Silvesternacht 1229 - aufgrund eines Gelübdes - den Grundstein zum Bau der heutigen Kathedrale als sichtbares Zeichen der Christianisierung der Insel und Vertreibung der Mauren gelegt haben. Die kunsthistorische Forschung geht heute jedoch erst von einem Baubeginn der bestehenden Kathedrale um 1300 (mit dem Chor im Osten beginnend) aus.

unten: Der ehemalige Hochaltar stammt von 1346 und wurde durch Gaudí Anfang des 20. Jahrhunderts an die Südwand versetzt (Foto aus: Montaner, 1889).

Neben stilistischen Gründen sprechen dafür auch archivalische Belege. In einem Brief vom 1. März 1327 ermahnt der Infant Felipe - ein Sohn Jaumes II., der Kanonikus und Schatzmeister der Kathedrale von Tours war - den Statthalter der Balearen, Arnaldo de Cardellac, die Bauarbeiten an der Kathedrale von Palma zum Abschluß zu bringen, mit denen sein Vater begonnen habe.

Somit begann der Kathedralbau unter König Jaume II. (1276-1311), dem Begründer des Königreichs Mallorca, der die Kirche als Grablege der mallorquinischen Könige förderte. In seinem Testament von 1306 hinterließ er einen hohen Geldbetrag zum Bau der Apsiskapelle (der soge-

oben: Der Innenraum der Kathedrale von Palma um 1885 (vor der Umgestaltung durch Gaudí) mit dem im Mittelschiff stehenden Chorgestühl (Foto aus: Montaner, 1889)

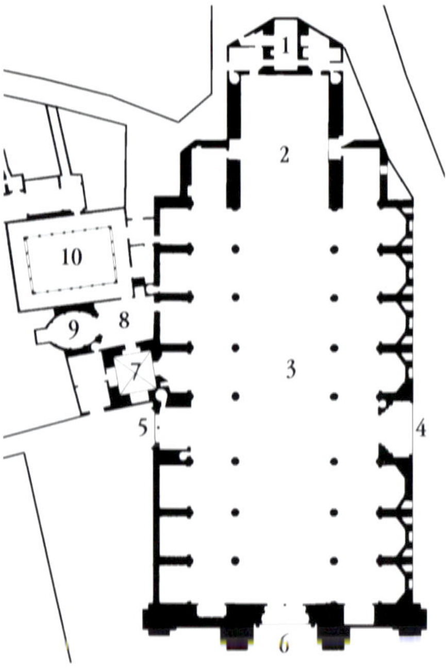

Situationsplan der Kathedrale von Palma

1 = 'Königliche Kapelle'/Apsis
2 = Trinitätskapelle/Chor
3 = Mittelschiff des Langhauses
4 = Portal del Mirador
5 = Portal de la Almoina
6 = Portal de la Almudaina/Hauptportal
7 = Turm
8 = Gotischer Kapitelsaal
9 = Barocker Kapitelsaal
10 = Kreuzgang

Seiten 150/151:
Innenraum der Kathedrale von Palma

deutung, da Mitte des 14. Jahrhunderts eine wichtige Planänderungen stattgefunden hat, die den heutigen Kirchenbau prägt. Denn die wohl ursprünglich einschiffig geplante Kirche wurde nun als dreischiffige Basilika in ungleich größeren Dimensionen weitergebaut.

Die Pläne für das ausgeführte gewaltige dreischiffige Langhaus mit 8 Jochen dürfte Pere Mates, der 1356 zum Dombaumeister ernannt wurde und auch die Stadtmauer von Alcúdia errichtet hatte, oder sein Verwandter Jaume Mates geliefert haben, der von 1368 bis zu seinem Tod 1389/90 Leiter der Dombauhütte war. Der Entwerfer wagte sich an gewaltige Dimensionen. Der Planwechsel führt dazu, daß der Chor aufgrund des hohen Langhauses sehr niedrig wirkt. Zudem sitzt die größte Fensterrose der Welt über dem Scheitel zum Chor und verstärkt noch diesen Effekt.

Ursprünglich dürfte ein wesentlich niedrigeres Hauptschiff geplant gewesen sein. Andererseits veranschaulichen der Innenraum der Kathedrale von Girona oder die Franziskanerkirche Santa Croce in Florenz, bei denen ebenfalls die Chorwand zu einer gewaltigen Ansichtswand mit Fenstern wird, daß derartige Differenzierungen in ein sehr hohes Langhaus und einen niedrigen Chor auch bei prominenten Bauten in der Zeit um 1300 vorkommen und offenbar als ansprechende Architekturlösung akzeptiert wurden.

Das Langhaus besitzt eine Höhe von 43,95 m und ist wahrscheinlich nach demjenigen des Mailänder Doms (45,6 m Höhe) das höchste der Welt. Interessant ist, daß man für das Langhaus zwar ein neues Konzept realisierte, bezüglich der Kapellen jedoch ein Motiv der Chor- und Apsisgestaltung beibehielt: die typisch mallorquinische Eckgestaltung. Denn auch in den Kapellen geht der Grundriß in etwa zwei Metern Höhe von dem Rechteck in ein Polygon über.

Der Bau des Langhauses der Kathedrale von Palma schritt allerdings nur langsam voran. Seit etwa 1380 war der Dombaumeister Pere Morey († 1394) hier tätig. Unter seiner Leitung wurde in Zusammenarbeit mit bekannten in- und ausländischen Steinmetzen (u. a. den französischen Meistern Pierre de Saint-Jean, Jean de Valenciennes und Henri L'Allemand, dem Katalanen Antoni Canet und dem aus Mallorca stammenden Guillem Sagrera) an der plastischen Ausgestaltung der mehr als 15 m hohen Puerta del Mirador gearbeitet, das weithin sichtbare "Tor der Aussicht" zum Meer, an der Südseite der Kirche. Das figurenreiche Spitzbogenportal zeigt als Bekrönung im Tympanon eine Darstellung des Abendmahls und des thronenden Christus.

Nach 1400 verliefen die Bauarbeiten weiterhin nur langsam. Deshalb war die Kirche erst um 1490 dreischiffig bis zur Höhe der Seitenportale hin fertiggestellt und eingewölbt. Das spätgotische Nordportal wurde 1498 durch Francesc Sagrera begonnen. Der Spitzbogen läuft in einem Kielbogen mit Kreuzblume aus. Im schmucklosen Tympanon sitzt eine kleine Figur der Maria Immaculata aus dem 16. Jahrhundert. An den Glockenturm aus dem frühen 14. Jahrhundert schließt sich die Fassade der 1529 errichteten Casa de la Almoina an.

Zwischen 1592 und 1601 schuf Miquel Verger das Hauptportal der Fassade, ein typisches Werk der Renaissance. In diesem Zeitraum dürfte wohl auch die Westfassade weitestgehend fertiggestellt worden sein. Dennoch war auch zu diesem Zeitpunkt die Kathedrale noch nicht voll-

endet. So fehlen beispielsweise bei den meisten Strebepfeiler bis heute die beabsichtigten paarweise angeordneten Fialenspitzen als dekorative Aufsätze.

In den folgenden Jahrhunderten erfolgten Instandsetzungsmaßnahmen, die vor allem das Gewölbe betrafen. Bemerkenswert ist der Einsturz von Gewölbteilen in den Jahren 1668 und 1699, weshalb die Gewölbe im Mittelschiff um 1700 und diejenigen im nördlichen Seitenschiff einige Jahrzehnte später erneuert werden mußten.

Der schlechte Zustand der Bausubstanz der Kathedrale war bereits seit Beginn des 19. Jahrhunderts bekannt. Doch erst infolge des Erdbebens von 1851, das die Fassade fast zum Einsturz gebracht hätte, wurden Maßnahmen durchgeführt. So entschloß sich der leitende Architekt Antoni Sureda i Villalonga zu einer vollständigen Abtragung der schmucklosen Fassade des 16. Jahrhunderts. Der Wiederaufbau erfolgte ab 1852 unter Leitung von Juan Bautiste Peyronnet, der 1853 ursprünglich tiefgreifendere Veränderungen des gesamten Baus beabsichtigt hatte, die aus finanziellen Gründen scheiterten. Für die Fassade entschied sich Peyronnet - entsprechend der Mitte des 19. Jahrhunderts häufigen Forderung nach "Stilreinheit", d. h. des einheitlichen Baustils für die Architektur und Ausstattung, sowie die Vorliebe für den gotischen Baustil in der Sakralarchitektur (vgl. auch die Turmvollendung von Santa Eulalia in Palma) - für gotische Bauformen. Das Hauptportal des ausgehenden 16. Jahrhunderts blieb erhalten. Erst 1888 konnte die neugotische Fassade vollendet werden. Der plastische Bauschmuck, der - wie für die 2. Hälf-

Die große Fensterrose ist mit einer Fläche von 97 Quadratmetern und einem Durchmesser von 12,55 die größte der Welt (zum Vergleich Notre-Dame in Paris: 9,60 m). Sie wurde um 1370 geschaffen und zehn Jahre nach ihrem Einsturz 1597 unter der Leitung von Gaspar Janer wiederaufgebaut. Die Fensterrose bestehend aus 1236 einzelnen farbigen Glasstücken der Wiederaufbauphase. Das Hauptmotiv des Fensterrosettenmaßwerks bilden sechs Rippen, die sternförmig angeordnet sind und sich in der Rosenmitte schneiden. Parallel zu diesen Rippen verlaufen weitere aussteifende Stege. Somit ergeben sich gleichseitige Dreiecke, die aneinandergefügt sind und sich wieder optisch zu großen Dreiecken zusammenbinden. Zwischen den Rippen sitzen an ihren Schnittstellen große Blasen (mit Ausnahme der Rosenmitte). Das Rosettenmaßwerkmotiv der Kathedrale von Palma ist sehr selten. Durchgehend lange Rippen kommen in Form eines Davidsterns lediglich noch bei der Rosette der Kathedrale von Valencia vor.

Das Puerta del Mirador ("Tor der Aussicht") wurde ab etwa 1389 begonnen.
Am Mittelpfosten des Puerta del Mirador steht die Figur der Jungfrau Maria des Bildhauers Guillem Sagrera (Kopie, Original im Kapitelmuseum).
Im Tympanon ist die Abendmahlszene dargestellt, darüber Gott Vater und seitlich davon Engel.

Das Puerta del Mirador, Südportal der Kathedrale von Palma, ist die bedeutendste Bildhauerarbeit der mallorquinischen Gotik. 1389 befand sich das Portal unter der Leitung des Baumeisters und Bildhauers Pere Morey im Bau. Für das Jahr 1393 sind auch die ausländischen Bildhauer Johan de Valencines (für die Figuren) und Rich Alamant (für die Ornamentik) nachweisbar. Nach dem Tod Moreys leitete Pere de Sant Johan die Bauarbeiten. 1417 wurde das Tor montiert. Die Petrusfigur von Guillem Sagrera war 1422 vollendet. Die meisten Figurennischen erhielten nie den geplanten Figurenschmuck. Im Portalgewände stehen Plastiken. Sie stellen Johannes den Täufer und Petrus (Abb. links) sowie ihnen gegenüber Paulus und Andreas (Abb. rechts) dar.

te des 19. Jahrhunderts typisch - aufwendiger und detailreicher als an den Bauteilen des späten Mittelalters ist. Die Skulpturen wurden ab 1884 durch den mallorquinischen Bildhauer Guillem Galmés geschaffen.

1902 erhielt der berühmte Jugendstilarchitekt Antoni Gaudí den Auftrag zur Neugestaltung des Innenraums. Der Auftraggeber Bischof Campins wünschte eine behutsame Renovierung unter Beibehaltung der historischen Ausstattung, eine liturgische Umgestaltung und Ergänzung durch angepaßte neue Ausstattungsstücke. Das Ergebnis der Baumaßnahmen von 1904 bis 1914 war eine Regotisierung und Purifizierung des Innenraums. Gaudí ließ das Chorgestühl vom zweiten und dritten Joch des Mittelschiffs in den Chor verlegen. Damit verbunden war die Entfernung des barocken Hochaltars, der den Blick auf die Trinitätskapelle versperrt hatte, und die Aufhängung eines neuen Baldachins nach Plänen von Gaudí über dem neuen Standort des Hochaltars. Eine wichtige ästhetische Änderung war außerdem die neue Lichtgestaltung des Innenraums durch den Einbau von Buntgläsern insbesondere im Chorbereich und die Anbringung von Lampen sowie die Freilegung vermauerter Fenster.

Das Portal de la Almoina (Nordeingang) der Kathedrale von Palma wurde 1498 durch den Baumeister Francesc Sagrera geschaffen.

oben: Das Portal de la Almudaina (Hauptportal) der Kathedrale von Palma führte zwischen 1592 und 1601 der Bildhauer Miquel Verger aus.

links: Eines der bedeutendsten Ausstattungsstücke der Kathedrale ist die Hauptkanzel, die 1529 durch Juan de Salas geschaffen wurde.

Die Westfassade der Kathedrale von Palma wurde ab 1851 unter Verwendung der alten Fensterrose und des Hauptportals (um 1600) erbaut.

Seit 1914 erfolgten an der Kathedrale keine tiefgreifenden Baumaßnahmen mehr. Das Domkapitel bemüht sich um die kontinuierliche Konservierung des Bestandes. Dabei wurden in den vergangenen Jahren die Seitenkapellen schrittweise gereinigt und restauriert sowie vermauerte Fenster freigelegt.

Die drei Rosetten der Westfassade stammen von 1597-99, von denen die mittlere einen Durchmesser von 10,51 m aufweist und in die Fassade des 19. Jahrhunderts integriert wurde. Die seitlichen Fensterrosen sind dagegen durch den Fassadenneubau verdeckt.

Die Planung einer "turmlosen" Kathedrale, die durch die Mächtigkeit eines Langhauses mit Strebepfeilern geprägt wird, findet am ehesten im (allerdings fünfschiffigen) Mailänder Dom eine Entsprechung.

Der massive, gedrungene Charakter der Architektur gegenüber den gotischen Bauwerken Mitteleuropas erklärt sich unter anderem aus dem Verzicht auf ein hohes Dachwerk, das im Mittelmeerraum meistens fehlt. Die Errichtung großer Dächer war angesichts des Holzmangels in Südeuropa nicht möglich. Entsprechend wurden Kanalsysteme auf den nur leicht geneigten Steindächern entwickelt, damit das Wasser über entsprechende Ableitungssysteme abfließt.

Bedeutung

Die Kathedrale von Palma ist das bedeutendste sakrale Bauwerk der Balearen. Sowohl die Architektur und Bauplastik als auch die Ausstattung mit Werken des Mittelalters, der Barockzeit und des Jugendstils sind von internationalem Rang und wurden von den besten Künstlern/Handwerkern ihrer Zeit geschaffen.

Innerhalb der Architektur ist die Gestaltung der Ecklösungen besonders originell, bei denen der Grundriß vom Rechteck in eine Oktogonform mit Hilfe von Trompen übergeht. Die große Fensterrose ist eine technische Meisterleistung. Es handelt sich um die größte der Welt. Des weiteren gehört das Langhaus ebenfalls aufgrund seiner Dimensionen zu den herausragenden konstruktiven Baulösungen des Mittelalters. In ihrer Monumentalität bestehen Gemeinsamkeiten zu den größten Kirchen des Abendlandes, d. h. insbesondere zu den Domen von Florenz und Mailand.

Dabei ist zu beachten, daß man sich zu Baubeginn des Langhauses an das damals höchste Mittelschiff der Welt wagte. Diese technische Lei-

oben: Kathedrale von Osten mit Bischofspalast

Die sparsame Ausschmückung, die sich alleine auf die Portale, die Blendarkanden, Fensterrosen und Fialen beschränkt, ist charakteristisch für den katalanischen und südwestfranzösischen Kirchenbau der Gotik.

Im Gegensatz zu den großen nordfranzösischen Kirchen der Gotik sind die Strebepfeiler nicht durchbrochen. Sie treten so wehrhaft wie geschlossene Wände in Erscheinung. Zwischen den Strebepfeilern liegen die die Seitenschiffe begleitenden Kapellen. Die Außenwand des Kapellenkranzes ist hinter einem vorgeblendeten, dicht gereihten Strebepfeilersystem verborgen, das etwa zwei Drittel der Mittelschiffhöhe erreicht. Die Pfeiler enden in einer Fialenspitze mit Krabbenbesatz, wie es paarweise auch für die großen Strebepfeiler geplant war, jedoch nicht ausgeführt wurde. Zwischen den Pfeilern liegen hohe schmale Maßwerkfenster.

Bezüglich des wehrhaften Charakters der Kathedrale von Palma ergeben sich Parallelen z. B. zur Kathedrale von Albi.

stung war aufgrund des hohen Materialverbrauchs nur mit Hilfe einer effektiven Bauorganisation möglich. Auch darin unterscheidet sich der Baubetrieb und die Leistung des Dombaumeisters bzw. der Bauhütte der Kathedrale von Palma von kleineren Bauvorhaben. So fällt beispielsweise auf, daß die zeitgleiche Pfarrkirche Santa Maria del Mar in Barcelona - eine der bedeutendsten Kirchen der katalanischen Gotik - zwar wie die Kathedrale von Palma Achteckpfeiler besitzt. Dort bestehen sie aber nicht aus regelmäßig, gleichförmig zugeschnittenen Werksteinen, sondern aus vielen unregelmäßigen kleineren Quadern. Daraus wird ersichtlich, daß man in Palma zur Bewältigung der Bauaufgabe eine Massenanfertig von immer gleichen Steinen betrieb. Nur so konnten die gewaltigen Dimensionen der Kathedrale bewältigt werden. Trotz dieser Systematik zog sich der Bau des Langhauses über 300 Jahre hin. Daß man sich an der Grenze der technischen Möglichkeiten befand, belegen die Gewölbeeinstürze (oft infolge von Erdbeben) im 17. und 18. Jahrhundert.

Vom Meer her wird die Silhouette der Stadt Palma wesentlich durch die Kathedrale geprägt. Sie macht einen festungsartigen Eindruck.
Die Südseite der Kathedrale, die sich zum Meer wendet, bildet neben der Fassade die Hauptansichtsseite des Bauwerks. Sie wird durch acht mächtige Strebepfeiler, die brückenartig mit dem Mittelschiff verbunden sind, geprägt. Diese gleichartig aussehenden Strebepfeiler sind im Detail unterschiedlich. Die Ursachen dafür liegen an der langen Bauphase und dem unterschiedlichen Vollendungsgrad der Ausführung. Das erste Strebepfeilerpaar und der zweite Strebepfeiler im Süden weisen daher andere Details als die folgenden auf. Die östlichen an das Langhaus angelehnten Strebepfeiler sind aus Stabilitätsgründen nachträglich verbreitert worden. Zudem besitzt der erste östliche Außenstrebepfeiler aus gestalterischen Gründen Blendmaßwerkverzierungen. Die beiden Sterbepfeilerbogen des östlichsten Strebewerks haben Krabben, die am zweiten nur noch am oberen Bogen auftreten und nachher fehlen. Der zweite innere Strebepfeiler besitzt noch wie der östliche ein Gesims, das sonst fehlt. Das Maßwerkprofil der Fenster ist erst ab dem zweiten Joch abgefast, der Mittelsteg ab hier mit einer "Nase" versehen.

Santa Eulàlia in Palma
oben: Fassade mit neugotischem Turm
unten: Eingangsportal von 1621 und spätgotische Fensterrose der Fassade (aus: Ludwig Salvator: Die Balearen in Wort und Bild, 1884)
unten rechts: Chor

Pfarrkirchen des 14. Jahrhunderts in Palma

Im frühen 14. Jahrhundert begann in Palma eine lebhafte Baukonjunktur. Neben der Kathedrale, den Königsburgen und den Klosterkirchen entstanden große Pfarrkirchen. Sie gehören aus kunsthistorischer Sicht zu den bedeutendsten Kirchenbauten auf den Balearen und in Katalonien. Dagegen haben sich größere Kirchen aus dem späten Mittelalter außerhalb Palmas auf Mallorca nicht erhalten.

Nach der Kathedrale und neben Sant Francesc ist die Pfarrkirche **Santa Eulàlia** im Zentrum von Palma das bedeutendste mittelalterliche sakrale Bauwerk der Balearen. Die Pfarrkirche hebt sich durch ihren dreischiffigen Grundriß mit Chorumgang, der an französischen Vorbildern orientiert ist, und seine drei polygonalen Chorkapellen von allen Kirchen auf Mallorca ab. Es ist erstaunlich, daß hier ein Chorumgang erbaut wurde, während ein solcher bei der ranghöheren Kathedrale fehlt. Außerdem ist die für Mallorca relativ reiche Bauplastik am Außenbau (z. B. Wasserspeier, Fialen) und im Innenraum (Kapitelle) beachtenswert.

Vorgängerbau der heutigen Kirche war eine Moschee, die 1230 zur ersten Pfarrkirche Palmas umgestaltet worden war. Erst gegen Ende des 13. Jahrhunderts entschloß man sich zum Bau der heutigen Kirche. Man begann kurz vor 1300 mit dem Chor. 1414 wurde die Kapelle Santa Lucia durch Pere Desatlar gestiftet. 1570 konnte die Einwölbung des Langhauses beendet werden. Das Hauptportal wurde erst 1621 durch den Archi-

Santa Eulàlia in Palma ist neben der Kathedrale die einzige dreischiffige mittelalterliche Kirche Mallorcas. Sie besitzt zudem einen Kapellenumgangschor, der bei der Kathedrale fehlt. Damit wird die herausragende Stellung der Kirche als erste Pfarrkirche Mallorcas unterstrichen. Wie bei allen mallorquinischen mittelalterlichen Kirchen fehlt auch bei Santa Eulàlia ein Querschiff (Grundriß: Umzeichnung nach Lucena/Fontenla/Mosteiro/Pomar, 1997).

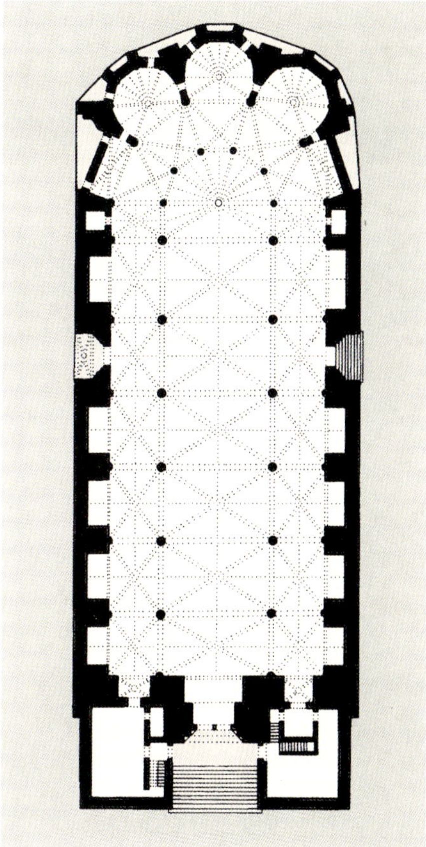

tekten Jaume Blanquer vollendet. Im Zuge der Renovierung von 1894 bis 1924 erfolgte unter Joan Sureda Verí die Umgestaltung der Fassade im neugotischen Stil und die Errichtung des Maßwerkturms.

Santa Eulàlia ist mit einer Länge von 67 m und einer Breite von 27 m nach der Kathedrale und Sant Francesc die größte erhaltene Kirche Mallorcas. Das Mittelschiff besteht aus sechs Jochen, ist 45 m lang, 12 m breit und 23 m hoch. Ein Querhaus fehlt.

Die Pfarrkirche **Sant Nicolau** war die fünfte Kirchen-Großbaustelle in Palma um 1300. Sie wurde als einschiffiges Gotteshaus von 1302 bis 1349 unter der Leitung des Baumeisters Simó Fuster und des Bildhauers Felipe Castellan ausgeführt. Allerdings stürzte kurz nach der Kirchenweihe das gesamte Gewölbe einschließlich großer Teile der Mauern ein. Lediglich der Chor blieb erhalten. Der Wiederaufbau zog sich bis ins ausgehende 15. Jahrhundert hin, als auch das heutige Hauptportal erbaut und die Untergeschosse des Glockenturms errichtet wurden. Von 1681 bis 1712 veränderte man den Chor, erneuerte die Ausstattung durch Barockaltäre und brachte das Tonnengewölbe ein. Das neoromanische Triforium in der Kirche dürfte aus dem ausgehenden 19. Jahrhundert stammen.

Sant Nicolau in Palma (im Kern 1305-1349, Portal der Fassade Ende 15. Jahrhundert, Chor und Innenraum ab 1681

Noch während an Sant Nicolau gebaut wurde, entstand auch die Pfarrkirche **Sant Jaume** in Palma. Auch dieser Neubau ersetzte eine Moschee. Baubeginn der heutigen Kirche war 1327 unter der Leitung des Baumeisters Jordi Despujol. Erst Ende des 16. Jahrhunderts war die Kirche mit dem Einbau des Kreuzgratgewölbes vollendet. Sant Jaume zeigt den für Mallorca typischen einschiffigen Grundriß mit Seitenkapellen.

Zur selben Zeit, im frühen 14. Jahrhundert, begann man auch mit dem Bau der gotischen Pfarrkirche **Sant Miquel**, die wiederum eine Moschee ersetzte. Der Glockenturm ist 1320 datiert, das Hauptportal 1391. Das Langhaus ist nicht mehr erhalten, da es ab 1632 durch einen frühbarocken Neubau ersetzt wurde.

Eine Besonderheit unter den Kirchen Palmas aus dem 14. Jahrhundert bildet **Santa Creu**, da sie aus einer Ober- und einer Unterkirche (Krypta) besteht. Die Unterkirche ist der älteste und interessanteste Teil des Bauwerks. Sie entstand wahrscheinlich kurz nach 1310 und zeigt ähnliche Bauformen wie das Castell de Bellver, d. h. achteckige Pfeiler mit ungewöhnlich geformten Kapitellen und jeweils gesonderter Kämpferplatte für Gurte und Rippen, die kantig abgefast sind. Auffällig ist der Verzicht auf reichere Details, die allerdings auch durch die teilweise noch sichtbare (allerdings nur schwer datierbare) Farbigkeit erzielt worden sein könnte.

Der Baubeginn der Oberkirche wird für die Zeit um 1335 angenommen. Doch gibt es für die Baumaßnahme erst für das Jahr 1343 einen archivalischen Beleg, als eine Erlaubnis zur Beschaffung von Baumaterial erteilt wurde. Die heutige Oberkirche ist allerdings möglicherweise nicht der Ursprungsbau des 14. Jahrhunderts. Es wird diskutiert, ob es sich bereits um einen Nachfolgebau handelt, der 1440 begonnen und bei dem der Kirchturm des 14. Jahrhunderts beibehalten wurde. Tatsächlich stammt die Bausubstanz im wesentlichen aus dem 15. und 16. Jahrhundert. Die Gewölbe des Chores wurden erst 1564 geschlossen. Die Hauptfassade ist schlicht und blieb unvollendet. Der einschiffige Innenraum ist von relativ großer Breite. Die Kirche besitzt vier Joche und eine Gesamtlänge von 48 m. Der barocke Hauptaltar stammt von 1793.

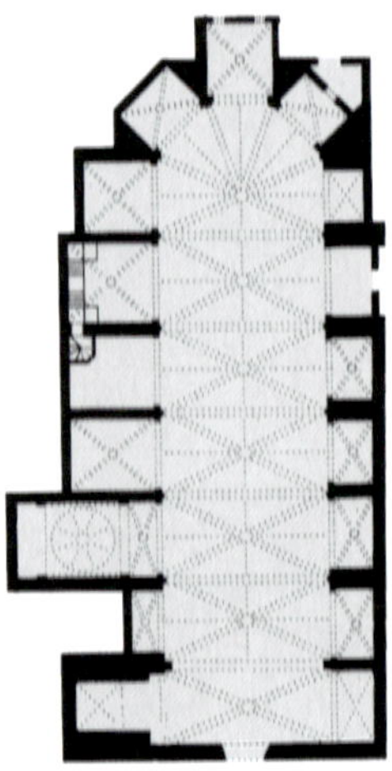

links: Grundriß von Sant Jaume in Palma (1327 begonnen)

rechts: Gewölbe (16. Jahrhundert) in Sant Jaume

Einziger größerer Kirchenneubau des 15. Jahrhunderts ist die **Kirche de la Sang** des Hospital General mit einschiffigem Innenraum und Kreuzgratgewölbe.

Das Grundrißschema der gotischen Kirchen Palmas ist - abgesehen von Santa Eulàlia - sehr ähnlich. Es handelt sich um einschiffige Saalbauten mit Seitenkapellen. Dieses Gestaltungsprinzip gilt gleichermaßen für die Stadtkirchen der Bettelorden und selbst für die Kirchen der folgenden Jahrhunderte auf Mallorca. Somit wurden die bereits im 13. Jahrhundert in Palma begonnenen Bettelordenskirchen der Franziskaner und Dominikaner Vorbild für den Kirchenbau Mallorcas teilweise bis ins 20. Jahrhundert.

Puig de Maria bei Pollença

Außerhalb Palmas haben sich - abgesehen von Mauerresten (z. B. bei den Pfarrkirchen in Santa Margalida und Sóller) und den auf den Seiten 118 bis 128 besprochenen Bauten - keine Kirchen aus dem späten Mittelalter erhalten. Das Zisterzinserkloster Santa Maria de la Real bei Palma, eine Niederlassung des Klosters Poblet, besaß ein bedeutendes einschiffiges Got-

oben: Sant Miquel in Palma mit dem Glockenturm von 1320
unten: Portal von San Miquel von Pere de Sant Johann, 1398.

links: Unterkirche von Santa Creu (um 1310)
unten: Portal zur Unterkirche von Santa Creu (wohl 14. Jahrhundert)

oben links: Santa Creu in Palma (14.-16. Jahrhundert)
oben rechts: Hospitalkirche de la Sang (15. Jahrhundert)

oben und rechts: Auf dem Gipfel des 333 m hohen Puig de Maria bei Pollença steht eine Klosteranlage aus dem 14./15. Jahrhundert.

Einer Legende zufolge sahen um 1348 drei Frauen, die in einer Höhle des Berges von Salas als Einsiedlerinnen lebten, mehrmals große Lichter auf der Höhe des Berges Santa Maria und berichteten dies ihrem Beichtvater. Dieser veranlaßte, daß die Bevölkerung von Pollença zu dieser Stelle zog, und man fand eine Madonnenfigur auf dem Gipfel des Santa Maria Berges, die sie nach Pollença bringen wollten. Doch machte ihr Gewicht einen Transport unmöglich. Dies verstand man als Hinweis, am Fundort eine Kapelle zu errichten. Doch zunächst wurde nur ein provisorischer Altar gebaut. Während der ersten Messe fiel im Moment der Erhebung der Hostie diese aus der Hand des Priesters und beschrieb einen Kreis in der Luft, den man als Raumbegrenzung für die neu zu erbauende Kirche deutete. Nach 1348 begann man mit einem Kirchenbau, der 1371 erneuert wurde.

unten: Wehrturm (14. Jahrhundert)

oben und unten: Die Kirche des Klosters del Puig de Maria wurde 1371 erbaut. Das Rundbogenportal (Abb. unten rechts) stammt noch aus dieser Zeit. Der Innenraum wurde im 17. Jahrhundert erweitert und Ende des 19. Jahrhunderts durch Bartomeu Ferrà neugotisch verändert. Der neugotische Hochaltar stammt von Miquel Arcas.

teshaus, das jedoch nach der Säkularisation 1836/37 verfiel und durch einen Neubau im frühen 20. Jahrhundert ersetzt wurde (vgl. Abb. S. 73). Gleiches Schicksal traf die Klöster auf dem Berg Randa (s. S. 72). Ehemals größere Pfarrkirchen (z. B. die 1302 begonnene in Alcúdia) und Wallfahrtskirchen (z. B. Sant Salvador in Artà) ersetzte man durch Neubauten.

unten und oben: Alcúdia, Porta de Xara, wohl um 1300

Außerhalb Palmas ist heute der Klosterberg Santa Maria mit dem Kloster del Puig de Maria bei Pollença die interessanteste erhaltene sakrale Anlage der 2. Hälfte des 14. und des 15. Jahrhunderts auf Mallorca. Es handelt sich um ein befestigtes Kloster, das sich aus mehreren Gebäudeteilen zusammensetzt: einem Wehrturm (Ende 14. Jahrhundert, 1679 renoviert), einer Wehrmauer, der einschiffigen Kirche von 1371 (im 17./19. und 20. Jahrhundert verändert) mit der verehrten Madonnenfigur (14. Jahrhundert), den Zellen, einer Küche und dem Kapitel- sowie Speisesaal (15. Jahrhundert mit spitzbogigen Gurtbögen und offener Dachkonstruktion).

Wehrbauten des 14. und 15. Jahrhunderts

Zu den großen Baumaßnahmen im 14. und 15. Jahrhunderts gehörten Wehrbauten. Zum Schutz gegen Seerääauber wurde insbesondere die Stadt Alcúdia von 1298 bis 1362 durch eine Stadtmauer befestigt, die noch heute das Ortsbild bestimmt und das mittelalterliche Stadtzentrum umgibt. Die Mauer besitzt 26 Türme und zwei große Stadttore: im Osten zum Hafen die Porta de Xara - ein Doppelturmtor (wohl um 1300) - und im Westen Richtung Palma die Porta Sant Sebastià - ein Mauertor mit seitlich stehenden Türmen. Eine Straße, die durch die Mitte der Ortschaft führt, verbindet beide Tore miteinander (Stadtplan s. S. 66). Um die Mauer mit Zinnen verläuft ein aus dem Fels gehauener Graben.

unten: Alcúdia, Porta Sant Sebastià, um 1360

oben und rechts: Burg von Capdepera (14. Jahrhundert; Abb. rechts aus: Ludwig Salvator: Die Balearen in Wort und Bild, 1884)

oben und unten: Sa Porta Murada in Santanyí aus dem 14. bis 16. Jahrhundert.

Neben den Stadtmauern in Alcúdia und Palma wurden im 14. und 15. Jahrhundert die Festungen ausgebaut. Das gilt insbesondere für die Felsenfestungen von Alaró, Santueri bei Felanitx und del Rei bei Pollença. Mit der Burg von Capdepera wurde ab 1300 im Auftrag von König Jaume II. unter Leitung des Baumeisters Lorenzo de Santa Cruz auch mit dem Bau einer neuen Anlage begonnen. Sie entstand an der Stelle, an der sich bereits seit der maurischen Zeit ein mächtiger Wachturm, der Torre d'en Miquel Nunis, befand (s. S. 110). 1386 war die Ummauerung fertiggestellt. Sie entsprach einer Stadtmauer, da sie die Ansiedlung mit zunächst 59 und später 150 Gebäuden umgab. Die Kirche (s. S. 127) wurde bis 1316 unter Leitung des Baumeisters Lorenzo de Santa Cruz erbaut. Noch im ausgehenden Mittelalter wurden zur Verstärkung der Verteidigungsmöglichkeit vier Wehrtürme dem Mauerring hinzugefügt. Das noch heute innerhalb des Mauerrings stehende Gebäude war das Haus des Gouverneurs und wurde im 18. Jh. erbaut. 1856 hatte die Mauer ihre wehrtechnische Bedeutung verloren, und die Bevölkerung verließ die Anlage, um unterhalb der Befestigung neue Häuser zu errichten. Daher ist das Innere der Befestigung heute unbewohnt; die ehemaligen Häuser bestehen nicht mehr.

rechts: Das Castell de Santueri bei Felanitx wurde im 14. Jahrhundert zum Schutz gegen Seeräuber ausgebaut (s. S. 38)

unten: Auf dem Gelände des Castell d'Alaró wurde im 17. Jahrhundert das Oratorio de la Mare de Déu erbaut.

Castell d'Alaró (s. auch S. 35)
Die Felsenfestung galt bereits in der maurischen Epoche als uneinnehmbar. Sie wurde im 14. Jahrhundert ausgebaut. Die heutigen Bauteile stammen aus dieser Zeit.

rechts: Son Mas bei Andratx mit einem Turm aus dem 15. Jahrhundert

Spätmittelalterlicher Turm in Campos (bei der Pfarrkirche)

Spätmittelalterliche Wehrtürme sind noch an vielen Stellen Mallorcas anzutreffen. Als Schutz vor Seeräuberüberfällen waren sie sogar Bestandteil von Klosteranlagen, z. B. beim Kloster del Puig de Maria bei Pollença, dem Kartäuserkloster von Valldemossa und bis zum frühen 20. Jahrhundert auch beim Wallfahrtsort Lluc (vgl. Abb. S. 139, 164). Außerdem bildeten sie einen selbstverständlichen Teil der Landhäuser in der Küstenregion, da diese ebenfalls den Seeräuberüberfällen ausgesetzt waren (vgl. S. 30, 168, 169). Wehrtürme treten außerdem in den Ortschaften auf, vermehrt erneut in Küstennähe (vgl. S. 5, 168, 169). Überraschenderweise gab es dagegen nur selten Stadttore. Ein spätmittelalterliches Stadttor hat sich allerdings in Santanyí erhalten.

Aufgrund der stetigen Bedrohungen durch Seeräuber entstand so im Laufe der Jahrhunderte ein Netz von Befestigungstürmen auf Mallorca. Dazu gehören über die bereits genannten Türme hinaus die auf hochstehenden Küstenfelsen. Die hier errichteten Türme, die sogenannten "Türkentürme"/Atalayas (von arabisch "ata-layi" = Wachtturm, Wache; von dem Begriff leitet sich auch das Wort "Talayot" ab), wurden teilweise schon im Mittelalter erbaut und später erneuert. Mehrheitlich jedoch stammen sie aus dem 16. Jahrhundert. So entstand zum Schutz vor Seeräuberüberfällen ein Verteidigungssystem bestehend aus 85 Wacht-, Signal- und Verteidigungstürmen, von denen noch knapp 50 erhalten sind (näheres s. S. 62-67).

unten: Wehrtürme des 15. Jahrhunderts: aus Pollença (links), Banyalbufar (Torre de la Baronia, Mitte) und Deià (heute Museum, rechts)

oben: Estellencs mit dem Verteidigungsturm aus dem 16. Jahrhundert im Hintergrund (Abb. aus: Ludwig Salvator: Die Balearen in Wort und Bild, 1884)
oben links: Rathaus von Campos mit einem Wehrturm des 15. Jahrhunderts und dem Hauptbau von 1649

links und unten: Die Befestigungsanlage von Sant Salvador in Artà geht auf talayotische, römische und maurische Vorgänger zurück und wurde im 13. Jahrhundert Wallfahrtsort. Die heutige Wehrarchitektur stammt aus dem 16. Jahrhundert)

oben: Turm des Landhauses Son Marroig (15./16. Jahrhundert)

unten: Befestigung von Sant Salvador in Artà

Can Serra (Carrer de la Gerreria 4) in Palma aus dem 14./15. Jahrhundert

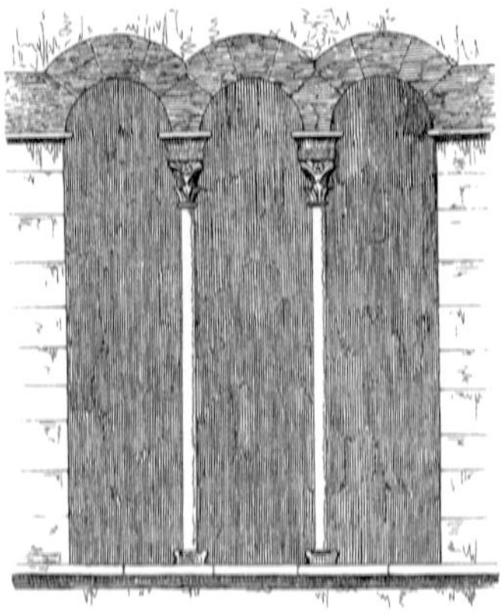

oben: Spätmittelalterliches Drillingsfenster eines Bürgerhauses in Palma (Abb. aus: Ludwig Salvator: Die Balearen in Wort und Bild, 1884)
unten: Carrer de la Concepció um 1880 (Abb. aus: ebenda)

Eine wichtige strategische Funktion innerhalb des Verteidigungsnetzes auf Mallorca, bestehend aus Wehrtürmen und Festungsanlagen, besaß auch die Befestigung von Sant Salvador d'Artà. Auf einem markanten Berg gelegen, von dem aus man einen guten Blick über den östlichen Teil Mallorcas hat, war der exponiert gelegene Ort schon in der Talayotischen Epoche befestigt, ebenso in römischer und maurischer Zeit. Unter König Jaume I. wurden die Wehranlagen übernommen. Hier entwickelte sich ein Wallfahrtszentrum mit einer Kirche, die bereits im 13. Jahrhundert erbaut, im 17. Jahrhundert erweitert und 1820 durch den heutigen Neubau ersetzt wurde. Die bestehende Anlage entstand wahrscheinlich unter Verwendung älterer Mauerteile um 1562. Sie war Teil des Verteidigungskonzeptes gegen die Seeräuberüberfälle, das im 16. Jahrhundert entwickelt worden war.

Spätmittelalterliche Wohnhäuser

Unter den Stadtpalästen Palmas haben sich nur wenige erhalten, denen ihr mittelalterliches Alter anzusehen ist. Wie allgemein üblich, wurden die Gebäude häufig umgebaut. Vor allem erneuerte man bevorzugt die Fassade, da sie die «Visitenkarte» des Besitzers liefert. Durch eine Fassadenumgestaltung konnte der Palast nach außen hin optisch erneuert und somit aufgewertet werden. Von daher gibt es nur noch wenige Paläste, die ein Bild der spätmittelalterlichen Fassadengestaltung der Bürgerhäuser Palmas vermitteln. Zu den sehr gut erhaltenen gotischen Häusern Palmas zählen Can Weyler (Carrer de la Pau 5) aus der 1. Hälfte des 14. Jahrhunderts und Can Serra (Carrer de la Gerreria 4) aus dem 14./15. Jahrhundert. Kennzeichen der Fassadengestaltung repräsentativer Gebäude sind die Rundbogenfenster (zumeist Zwillingsfenster) mit sehr schlanken Säulen und fast maurisch aussehenden Kapitellen und Basen. Diese Fenster waren nicht verglast und wurden daher in der Regel später durch Rechteckfenster ersetzt. Die Repräsentationsräume besaßen häufig spitzbogige Gurt- bzw. Entlastungsbögen und eine sichtbare Deckenkonstruktion.

Bemerkenswert ist auch der Can Oleo (Carrer de l'Almudaina 4) aus der Mitte des 15. Jahrhunderts. Der gotische Palast gehörte zunächst der einflußreichen Familie Thomàs, die in den ersten Jahrzehnten des 15. Jahr-

oben: Can Oleo (C. de l'Almudaina 4) in Palma aus der Mitte des 15. Jahrhunderts
links: Can Weyler (Carrer de la Pau 5) in Palma aus der 1. Hälfte des 14. Jahrhunderts

hunderts Kriegswaffen für die Expeditionsschiffe organisierte. 1443 erwarb die Familie Vivot den Palast und führte erhebliche Umbauten durch. Aus der Bauphase um die Mitte des 15. Jahrhunderts stammt der einzige gotische Treppenaufgang der Innenhöfe Palmas. Kunstvoll ist die Brüstung mit zehn Kreisen gestaltet, die mit Maßwerk-Fischblasen gefüllt sind. Während sich der Grundriß ansatzweise aus dem späten Mittelalter erhalten hat, ist die Fassade erneuert und schlicht. Der Palast trägt den Namen der Familie Oleo, die von Anfang des 19. bis zu Beginn des 20. Jahrhunderts im Besitz des Anwesens war.

Guillem Sagrera und La Llotja

Der bedeutendste Architekt und Bildhauer Mallorcas der 1. Hälfte des 15. Jahrhunderts war Guillem Sagrera (1380 - 19.08.1456). Er gehört zu den bedeutendsten Künstler seiner Zeit und war so gefragt, daß er 1447 nach Italien gerufen wurde, um in Neapel fur Alfons V. als Architekt tätig zu werden.

1380 in Felanitx geboren, trat er als Lehrjunge in die dortige Zunft ein. Seine Ausbildung begann 1397, als er mit seinem Vater zum Bau des Mirador-Portals an der Kathedrale von Palma herangezogen wurde. Hier schuf er die Skulpturen am Mittelpfeiler des Portals (Abb. S. 154) in einer Qualität, die eigentlich eine Ausbildung des jungen Handwerkers außerhalb Mallorcas, z. B. in Burgund, voraussetzen würde. Doch gibt es für eine Wanderschaft und somit eine Ausbildung auf dem spanischen Festland, in Frankreich oder Italien keine Belege. Stattdessen ist es mög-

oben: Spätmittelalterliches Bürgerhauses in der Carrer Can Granada in Palma
unten: La Llotja in Palma von Guillem Sagrera, 1426-1448

La Llotja in Palma von G. Sagrera, 1426-1448
oben: Innenraum (aus: Montaner, 1889)
unten: Grundriß (aus: ebenda)
und Schnitt (aus Ludwig Salvator: Die Balearen in Wort und Bild, 1884)

Kapelleneingang des Bischofspalastes in Palma (Anfang 15. Jahrhundert)

lich, daß die ausländischen Bildhauer, die in der Dombauhütte in Palma tätig waren, die Formen französischer zeitgenössischer Skulptur vermittelten.

Bereits vor 1415 besaß Guillen Sagrera einen derartig großen Bekanntheitsgrad, daß man ihn zum Baumeister der Kirche San Jean in Perpignant ernannte. Ihm wurde damit das wichtigste Bauprojekt der Stadt übertragen, in der er 1420 heiratete. Neben diesem stattlichen Kirchenbau dürfte Sagrera auch den Kapitelsaal von Sant Jean (1433-47) entworfen haben. 1415 wurde er zudem mit der Restaurierung des romanischen Turms in Elna betraut. 1416 rief ihn das Domkapitel von Gerona zwecks Abgabe eines Gutachtens zur Erweiterung der dortigen Kathedrale zu sich. In diesem Zusammenhang ist der Architekt archivalisch als Baumeister von St. Jean in Perpignan bezeichnet.

Von 1420 bis 1447 war er darüber hinaus Bauleiter der Kathedrale von Palma. Er führte die Bauarbeiten vom 4. und 5. Joch aus. Außerdem lieferte er den Entwurf für die Gewändestatue des hl. Petrus am Mirador-Portal der Kathedrale (Abb. S. 154). Für die Kapelle des S. Guillemo schuf er 1441 das Fenster und Weihrauchbecken. Etwa gleichzeitig war er am Kapitelsaal des Doms tätig.

Sein wichtigstes Objekt auf Mallorca ist La Llotja in Palma, an der auch seine Söhne Antoni und Jaume mitwirkten. 1447 ging Sagrera nach Neapel und war dort unter anderem am Castel Nuovo tätig.

La Llotja, die ehemalige Handelsbörse, ein prachtvolles Sandsteingebäude mit polygonalen Ecktürmchen steht auf einem kleinen Platz beim Hafen. Im Vertrag von 1426 wurde Sagrera beauftragt, das Bauwerk zur Verherrlichung des Kaufmannsstandes der Stadt innerhalb von zwölf Jahren zu erstellen. Vollendet war es jedoch erst 1448. Die Llonja ist eines der kunsthistorisch bedeutendsten Profanbauten Spaniens und wurde Vorbild für die noch prächtigere Llonja in Valencia (Ende 15. Jahrhundert). Bemerkenswert sind die zierlichen Maßwerkrahmen für die Fenster und Portale. Auf Maßwerkskonsolen stehen Heiligenstatuen als Schutzpatrone der Kaufmannsgilden, ein schwebender Engel über dem Haupteingang. Kleine Strebepfeiler rhythmisieren die Außenwand. Die große Schlichtheit wird von den Portalen und den Fenstern mit Maßwerk belebt. Das Innere bildet eine große, rechteckige Halle. Sie stützt sich auf sechs gewundene Säulen ohne Basis und ohne Kapitelle. Alle Teile des Gewölbes haben gleiche Höhe. Ganz ähnlich ist die Innenraumwirkung der Lonja von Valencia (1490-1498) mit ebenfalls gedrehten Säulen.

Darüber hinaus entstanden in der 1. Hälfte des 15. Jahrhunderts weitere bedeutende Portale, die teilweise ebenfalls von Sagrera und seinem Umkreis stammen könnten, wie z. B. das Portal von Sant Nicolau (Abb. S. 162) und der Kapelle des Bischofspalastes in Palma.

Nachkommen Guillem Sagreras prägten auch nach dessen Tod die Architektur des 15. Jahrhunderts: Joan und Francesc Sagrera. Joan schuf unter anderem die Tribüne für die Orgel der Kapelle von Santa Anna im Almudaina-Palast in Palma 1489 (Abb. S. 134), Francesc das Grabmal für Ramon Llull in Sant Francesc in Palma (Abb. S. 50) und das Portal de la Almoina (Nordeingang) der Kathedrale von Palma im Jahr 1498 (Abb. S. 155).

ca. 1520 - ca. 1620

RENAISSANCEARCHITEKTUR

Pfarrkirche von Sineu, begonnen 1510, Turm 1549-89, Vierung (Abb. unten), Chor und Querhaus Ende 19. Jahrhundert

Stadtmauer von Palma

Im 16. Jahrhundert entstanden nur wenige herausragende Bauwerke, da die Staatsausgaben nicht in den Bau von Prestigeobjekten, sondern aufgrund der Seeräuberüberfälle in die Errichtung der Stadtmauern und Beobachtungstürme investiert werden mußte. Von daher wurden weitere Wachttürme entlang der Küste sowie Festungen, wie z. B. Sant Salvator in Artà (Abb. S. 169), im 16. Jahrhundert errichtet bzw. erweitert (s. dazu S. 62-67, 166-169).

1554 berief man Giovanni Battista Calvi nach Mallorca, um ein neues Konzept für die Stadtmauer Palmas zu entwerfen. Den endgültigen Plan lieferte jedoch um 1575 Giacomb Paleazzo, der unter Karl V. und Felip II. verschiedene Befestigungsanlagen an unterschiedlichen Stelle erbaute. Er wurde durch Pedro Velasco unterstützt und durch Ceballos abgelöst. Schließlich wurde Giorgio Paleazzo als Baumeister beauftragt. Der Bau der Stadtmauer erfolgte bis ins 18. Jahrhundert. 1602 war Antoní Saura Leiter der Bauarbeiten, der die Pläne Fratis abänderte. Saura erbaut die Porta de Moll (1620), die als Triumpfbogen konzepiert und der Jungfrau Maria geweiht ist. Mitte des 17. Jahrhunderts wurden die Tore von Santa Catalina, Jesus i Pintada, 1670 auch das Tor del Forti und 1690 das Tor del Camp vollendet.

Pfarrkirchen in Sineu, Muro, Petra und Felanitx

Die Kirchenneubauten des 16. Jahrhunderts stehen in der Tradition gotischer, einschiffiger Kirchen. Bis zum Bau der Jesuitenkirche (ab 1571) war das Kreuzrippengewölbe im Hauptschiff und in den Seitenkapellen die einzige Gewölbeform auf Mallorca.

Stadtmauer in Palma im Bereich vor der Kathedrale, Ende 16. Jahrhundert

Die einzige größere Kirche, die sich zwischen 1500 und 1570 auf Mallorca im Bau befand, ist die **Pfarrkirche von Sineu**. Sie ersetzte eine Vorgängerkirche des 13. Jahrhunderts, die 1505 durch einen Brand zerstört worden war. Die Bauarbeiten begannen 1510 unter der Leitung des Baumeisters Sant Martí und zogen sich bis in das 17. Jahrhundert hin. Das Grund- und Aufrißschema knüpft an das spätmittelalterliche an. Erneut handelt es sich um einen einschiffigen Raum mit Seitenkapellen, Kreuzgratgewölbe und gotischen Bauformen. Der Glockenturm, der mit seinem steinernen Helm und den kleinen spitzbogigen Schallöffnungen in den beiden Obergeschossen an die Türme von Sant Miquel und Santa Creus in Palma aus dem 14. Jahrhundert erinnert, wurde zwischen 1549 und 1589 erbaut. Typisch für die Kirchen Mallorcas vom 16. bis 18. Jahrhundert sind die relative Schmucklosigkeit des Außenbaus und die kastenförmige Gestalt, da die Strebepfeiler durch Rundbögen, auf denen das Dach ruht, miteinander verbunden sind. Zwischen den Strebepfeilern sitzen die Seitenkapellen. Die ehemals spitzbogigen großen Fenster wurden während der Barockzeit vermauert, und es

oben und unten: Kirche in Muro, ab 1570, Portal und wohl auch Giebel der Fassade 1823

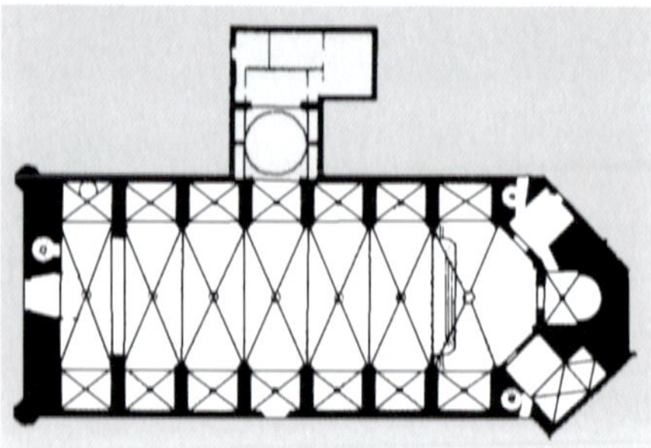

oben, unten, rechts oben und unten: Pfarrkirche in Petra, 1582-1766, einschiffiger Grundriß mit Kreuzgratgewölbe; Fassade mit oktogonalen Ecktürmchen, rechteckiger Umrißform und Fensterrose in Anlehnung an die ehemalige Westfassade der Kathedrale von Palma

wurden dafür kleine Fenster eingesetzt. Ab 1881 erfolgte unter dem Architekten Joaquim Pavia i Birminjam die Errichtung des markanten und weithin sichtbaren Vierungsturms, des heutigen Chores und des Querhauses.

Nachdem die Gefahr der Seeräuberüberfälle ab 1570 weitestgehend gebannt war, konnten wieder Neubauprojekte für Kirchen realisiert werden. Ein frühes Beispiel ist die 1570 unter dem Baumeister Sebastià Saura begonnene **Pfarrkirche in Muro**. Der sehr homogene, gleichförmig gestaltete und dekorationsarme stattliche Bau soll bereits 1611 vollendet gewesen sein. Der Kirchturm erinnert an denjenigen von Sineu, abgesehen vom unvollendet gebliebenen barocken Aufsatz und einer aufwendigen Renaissance-Portalgestaltung. Wie in Sineu werden die Strebepfeiler durch Rundbogen miteinander verbunden und sind überdacht. Die Fassade besaß ursprünglich eine rechteckige Form und knüpfte mit ihren Ecktürmchen und der Fensterrose an die schlichte ehemalige Westfassade der Kathedrale von Palma an, die 1601 vollendet worden war. Der geschweifte barock-klassizistische Giebel könnte 1823 aufgesetzt worden sein, als auch das neue Hauptportal eingefügt wurde. Darüber hinaus wurde im 16. Jahrhundert auch mit dem Bau der **Pfarrkirche in Artà** begonnen, die dasselbe System der Strebepfeilergestaltung am Außenbau aufweist. Die Fertigstellung der Kirche zog sich jedoch bis zum 19. Jahrhundert hin, als die Fassade vollendet werden konnte.

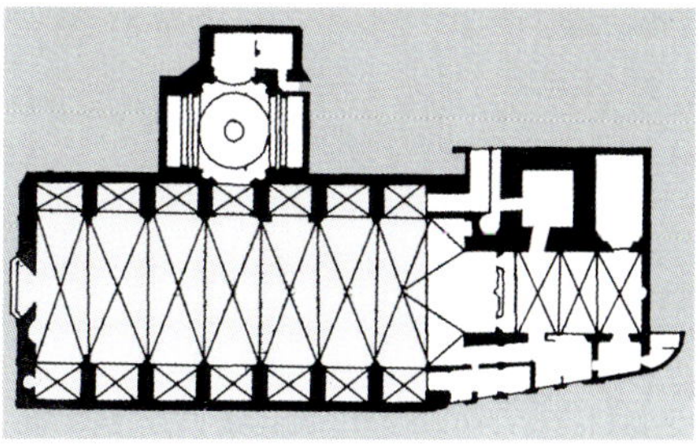

Pfarrkirche in Felanitx: Innenraum mit neugotischem Chor; Grundriß (nach Cantarellas, 1981)

Pfarrkirche von Felanitx (1572-um 1605)

Die Fassade wurde von Miquel Quetglas entworfen und von 1599 bis 1603 durch den Bildhauer Joan Sagrera ausgeführt. Sie schließt sich eng an die heute nicht mehr erhaltene Fassade der Kathedrale von Palma (um 1600) von Miquel Verger mit den seitlichen Ecktürmchen an. Der geschweifte Giebel ist nachträglich und wurde 1746 von Gaietà de Mallorca entworfen.

Die Jesuitenkirche (Monti-sion) in Palma (1571-1683) ist die erste Kirche Mallorcas mit einem Tonnengewölbe.

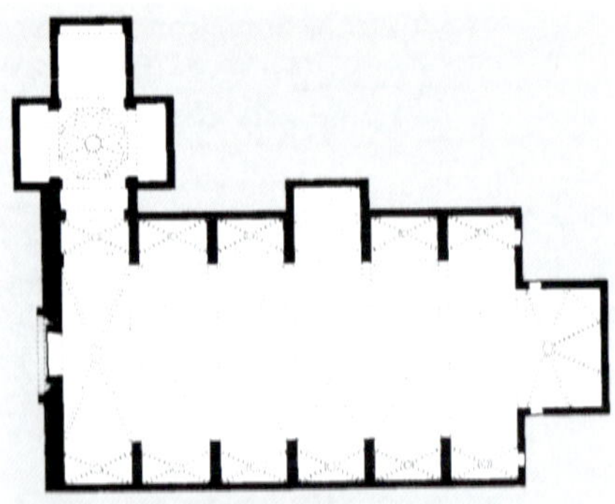

Portal der Jesuitenkirche (Monti-sion) in Palma von 1683

Nach 1570 konnten auch die Bauarbeiten an der 1525 begonnenen und im 19. Jahrhundert erneuerten **Pfarrkirche von Campos** fortgesetzt werden. Hier wurde Antoni Genovard de Sineu 1584 als Baumeister tätig, der zur selben Zeit (ab 1582/83) für den Neubau der **Pfarrkirche von Petra** zuständig wurde, die jedoch erst 1766 vollendet werden konnte. Trotz der langen Bauzeit wirkt die Kirche einheitlich und weist - insbesondere im Innenraum - noch Merkmale spätgotischer Architektur auf.

Auch für die zur selben Zeit entstandene **Pfarrkirche von Felanitx** gilt die Verwendung von Kreuzrippengewölben, Spitzbogenarkaden und des einschiffigen Grundrisses. Die Bauarbeiten leitete zunächst ab 1572 Jordi Genovard; ab 1596 waren hier Antoni Canet und Sebastiá Sagrera tätig. Der Chor wurde 1866 unter Leitung von Alcàntara Penya neugotisch verändert.

Die Jesuitenkirche Monti-sion in Palma

Der innovativste Kirchenbau des 16. Jahrhunderts auf Mallorca ist die Jesuitenkirche, die Kirche von Monti-sion in Palma, die 1571 begonnen wurde. Bereits 1576 waren vier Joche erstellt. Der Innenraum unterscheidet sich von allen Kirchen Mallorcas, die bis zu diesem Zeitpunkt errichtet worden waren. Es ist der erste Bau mit einem Tonnengewölbe mit Stichkappen auf Mallorca. Die bis dahin üblichen Kreuzrippengewölbe kommen nur noch in den Seitenkapellen und im Presbyterium vor. In der spätmittelalterlichen mallorquinischen Tradition steht dagegen die Chorlösung mit quadratischem Grundriß und dem Übergang in ein Polygon mit Hilfe von Trompen in den Ecken, wie z. B. bei der Kathedrale. Die Fassade und Stuckdekorationen stammen aus dem 17. Jahrhundert.

Paläste und Bürgerhäuser

Im Laufe der 1. Hälfte des 16. Jahrhunderts setzten sich die Renaissance-Dekorationsformen durch. Als erster Bau zeigt die Casa de la Almoina, dem heutigen Eingang zum Dommuseum, sowohl Motive der Gotik als auch der Renaissance. Die Fassade von 1529 (inschriftliche Datierung)

Casa de la Almoina von 1529

Can Catlar (Carrer del Sol 7), Mitte 16. Jh.

zeigt bereits eine symmetrische Fensteranordnung. Die Dekorationsformen sind dagegen noch spätgotisch.

Can Olesa (Carrer de Morey 9), Mitte 16. Jh.

Aus der Mitte des 16. Jahrhunderts stammt die repräsentative Fassade des Can Catlar. Sie zeigt aufwendige figürliche Motive für die Fenstergewände, wie sie seit den 1520er Jahren in Palma bei anspruchsvollen Gebäuden anzutreffen waren. Die Motive stellen unter anderem Allegorien der Rittertugenden dar: Standhaftigkeit, Milde, Enthaltsamkeit, Einsicht und Barmherzigkeit. Der Stadtpalast Olesa mit einer Fassade aus der Mitte des 16. Jahrhunderts besitzt als frühestes erhaltenes Beispiel einen großen Innenhof mit korbbogigen Arkaden. Bemerkenswert ist die statische Bewältigung der Korbbögen. Das Motiv der Korbbögen tritt schließlich auch bei der Loggia von 1626 des Consular de Mar auf.

Auch außerhalb Palmas entstanden stattliche Renaissancepaläste, insbesondere in Sineu, Alcúdia, Campos und Muro. Interessante Bürgerhäuser des 16. Jahrhunderts findet man außerdem in Santanyí und Llucmajor.

unten: Renaissancepaläste in der Carrer de Sant Feliu in Palma: Can Sales Menor (Nr. 8), Ende 16. Jahrhundert; Les Carasses (Nr. 10), frühes 17. Jahrhundert

links: Consolat de Mar in Palma, 1614-1669,

ca. 1620 - ca. 1800

Barockarchitektur

Rathaus in Palma, 1649-1680

Son Torrella bei Sant Maria del Camí, um 1670

Die Pfarrkirche von Porreres (1667-1714) ist die größte Barockkirche Mallorcas. Sie besitzt einen einschiffigen, sehr breiten und dunklen Innenraum. Größere Fenster fehlen.

Profanbau des 17. Jahrhunderts

Im 17. Jahrhundert entfaltete sich in Palma eine rege Bautätigkeit, die mit derjenigen des 14. Jahrhunderts vergleichbar ist. Neben dem weiteren Ausbau der Stadtmauer gehörten zu den wichtigen Bauaufgaben neue Klosterkirchen, das Langhaus von San Miquel, der Rathausneubau und zahlreiche Stadtpaläste.

Das heutige Rathaus (1649-1680) ist das städtebaulich bedeutendste Projekt des 17. Jahrhunderts in Palma. Als Universitätsneubau errichtet, erhielt es 1718 seine heutige Funktion. Das um 3 m vorspringende reich verzierte Dachgesims schuf Gabriel Torres. Die Innenausstattung mußte nach einem Brand im Jahre 1894 erneuert werden. Die Fassade zeigt italienischen Einfluß. Lediglich die Dachvorkragung ist ein typisch spanisches Motiv. Der Architekt ist unbekannt.

Ein weiterer Profanbau an städtebaulich wirksamer Stelle ist der Bischofspalast, der seit dem späten Mittelalter stetig erweitert wurde. Die heutige Fassade zur Kathedrale stammt aus dem 17. Jahrhundert. Das benachbart stehende Gebäude Ca la Torre wurde gegen Ende des 17. Jahrhunderts erbaut. Auch in den Landstädten entstanden vereinzelt aufwendigere Gebäude, wie die Casa de la Vila (Ajuntament) in Santa Maria del Camí von Miquel Bestard. Außerdem wurden Landhäuser erweitert. Son Torrella bei Sant Maria del Camí ist ein stattlicher Landhaus-Neubau des 17. Jahrhunderts.

Kirchen des 17. und 18. Jahrhunderts

Die Jesuitenkirche bildete mit ihrem tonnengewölbten Innenraum den Vorreiter für die künftige Barockarchitektur auf Mallorca. Weiterhin blieb der einschiffige Grundriß die einzige Bauweise. Doch nun wirkten sich die Neuerungen der Jesuitenkirche auch auf die Architektur der Landkirchen aus. Statt der ausschließlichen Verwendung des Kreuzgratgewölbes wurde nun das Tonnengewölbe für das Langhaus beliebt. Dadurch wurde bautechnisch ein breiteres Schiff möglich, so daß sich die Proportionen des Kircheninnenraums veränderten.

Nach der Jesuitenkirche war die Klosterkirche La Concepció in Palma (1614-1685) das erste Gotteshaus auf Mallorca, für das ein Tonnengewölbe vorgesehen war. Die Halbtonne wurde 1681 eingezogen. Diesem Konzept folgten die Klosterkirche Santa Clara (Anfang 17. Jahrhundert erbaut) und Sant Felip Neri (begonnen 1618) in Palma. Sant Miquel, dessen Langhaus 1632 neu errichtet wurde, knüpft in größeren Dimensionen an den Innenraum von Santa Clara an. Das gilt auch für die Dominikanerkirche in Manacor, die sich 1617 bereits weit fortgeschritten in Bau befand.

Zu den stattlichen Kirchenneubauten Palmas im 17. Jahrhundert gehört die Augustinerkirche Socors (Tonnengewölbe 1691-94). Das Schema wird bei der Sant Augustinerkirche in Felanitx von Onofre Perelló (1667) aufgegriffen, ebenso bei der Pfarrkirche von Porreres (1667) von Meister N. Oliver. Die Kirche von Porreres ist die größte Barockkirche auf Mallorca. Das Längsschiff zeigt bemerkenswerte Dimensionen: 16 m breit, 26 m hoch und 46 m lang.

Im Unterschied zur Barockarchitektur Deutschlands sind die Innenräume der mallorquinischen Barockkirchen sehr dunkel. Während in Mitteleuropa gewöhnlich große Fenster in die Tonne des Längsschiffs einschneiden und auch die Seitenschiffe oder Kapellen gut belichtet werden, fehlen große Fenster in den Barockkirchen Mallorcas. Oft wurden sogar ältere Spitzbogenfenster vermauert, um einen finsteren Eindruck zu erzielen. Selbst der Chorraum, der oft in einer halbkreisförmigen Apsis endet, ist ohne Fensteröffnung.

Der Typus römischer Barockkirchen mit Vierungskuppel, tonnengewölbtem Langhaus und miteinander verbundenen Seitenkapellen ist auf Mallorca die Ausnahme. Er kommt bei der Wallfahrtskirche Lluc vor, die von 1622 bis 1691 nach Plänen von Jaume Blanquer erbaut wurde. Es ist der erste Kirchenbau Mallorcas mit einer Vierungskuppel und mit einem Querschiff. Zudem ist bemerkenswert, daß die Seitenkapellen miteinander verbunden sind, so daß eine Art Dreischiffigkeit entsteht. Auch das Abweichen vom einschiffigen Grundriß verdeutlicht die außergewöhnliche Stellung der Wallfahrtskirche Lluc innerhalb der Architektur Mallorcas. Das Motiv einer Vierungskuppel wurde wenig später auch bei der Pfarrkirche von Binissalem (1666-1727) aufgegriffen. Außerdem besitzt Santa Magdalena in Palma eine Kuppel über einer Vierung aus dem Jahr 1740.

Neben der Klosterkirche Lluc ist die ehemalige Klosterkirche von Valldemossa die bedeutendste Kirche mit einer Vierungskuppel auf Mallorca. Die Klosterkirche entstand auf kreuzförmigem Grundriß in der Zeit von 1751 bis 1812. Entwürfe lieferten die Architekten Sebastià Sans und Jacinto Cocchi. Die Fresken in der Kuppel und auf dem Tonnengewölbe schuf Bruder Manuel Bayeu zwischen 1803 und 1808.

Daneben gibt es Kirchen der Barockzeit, deren Längsschiff auch weiterhin mit einem Kreuzrippengewölbe in der Nachfolge gotischer Architek-

oben und unten: Augustinerkirche Socors in Palma (Ende 17. Jahrhundert) mit den für Mallorca während der Barockzeit über den Seitenkapellen typischen Emporen bzw. Fensteröffnungen für die Nonnen.

rechts: Pfarrkirche von Binissalem mit Vierungskuppel (um 1700) und neugotischem Turm

links und unten: Wallfahrtskirche Lluc (1622-1691) nach Plänen von Jaume Blanquer, erster Kirchenbau Mallorcas mit einer Vierungskuppel und mit einem Querschiff.

oben und rechts: Klosterkirche in Valldemossa (1751-1812) mit Vierungskuppel

unten: Santa Maria del Carmí (1714-1837) mit einem Turm, der an den Turm der Klosterkirche in Valldemossa erinnert.

tur errichtet wurden. Dazu gehören La Mercè in Palma (1621 vermutlich nach Plänen von Pere Barceló begonnen, 1705 vollendet), die Pfarrkirche von Sa Pobla (begonnen 1696) und von Algaida (Ende 17. und 18. Jahrhundert).

Ende des 17. Jahrhunderts begegnen uns erstmals eliptische Grundrisse in der mallorquinischen Architektur. Das füheste Beispiel ist der Kapitelsaal der Kathedrale aus den Jahren 1691 bis 1701. Das einflußreichste Beispiel ist die Kapelle Sant Nicolau Tolentino in der Kirche der Mare de Déu dels Socors in Palma, die 1707 von Francisco Herrera geschaffen wurde. Hier verwendete der Architekt die Ovalform, die in ein Aktogon eingebaut ist. Die Kuppel wurde ebenso wie die Kuppel des Kapitelsaals ausstuckiert, wenngleich nicht in der Feinheit der Ausführung. Der Typus einer großen überkuppelten Seitenkapelle wie bei Sant Nicolau Tolentino wurde für viele mallorquinische Pfarrkirchen zum Vorbild und in ähnlicher Form ausgeführt, z. B. besonders aufwendig bei den Pfarrkirchen in Felanitx, Sóller, Petra, Alcúdia und Porreres.

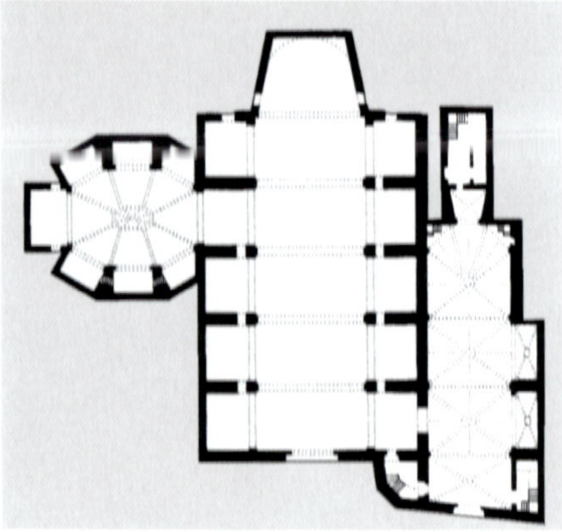

Kirche El Socors in Palma (s. auch Abb. S. 179) mit der Kapelle Sant Nicolau Tolentino von 1707 mit ovaler Kuppel

rechts: Kapitelsaal der Kathedrale von Palma, 1696-1701, Kuppel

links: Esclésia Conventual de Sant Bonaventura in Llucmajor, 17./18. Jahrhundert

oben: Santuari Sant Salvador bei Felanitx. Die seit 1348 bestehende Eremitei liegt an der höchsten Stelle des Berges in 509 m Höhe. Die Klostergebäude stammen - abgesehen von einem Gebäude aus dem 20. Jahrhundert - überwiegend aus der Zeit um 1700. Die Klosterkirche von 1716 bis 1733 besitzt einen fast fensterlosen, dunklen Innenraum, wie er für die Barockkirchen Mallorcas typisch ist.

Das bedeutendste Beispiel einer Ovalkirche ist die ehemalige Klosterkirche Sant Antoni Abat in Palma. Es ist der wohl qualitätvollste barocke Kirchenbau der Balearen und wurde von 1757 bis 1768 vermutlich nach Plänen von Lluc und Antoni Mesquida und Jordi Costa entworfen. Bemerkenswert ist die Entsprechung zum ovalen Kreuzgang von 1729, der aus zwei Geschossen mit Rundbogen-Arkaden gebildet wird.

Die Kirchenfassaden des 17. Jahrhunderts sind schlicht. Schmuckformen beschränkten sich auf das Portal und eventuell auf die Fensterrose, die in der Nachfolge gotischer Architektur noch immer Bestandteil der Fassaden ist. Sant Francesc in Palma besitzt die bedeutendste frühbarocke Fassade. Von 1618 bis 1621 errichtet, erhielt sie im ausgehenden 17. Jahrhundert das heutige prächtige Figurenportal (Abb. s. S. 2).

Die Einschiffigkeit der Kirchen ist auch im 18. Jahrhundert üblich. Zu den wichtigsten Kirchenbauten dieser Zeit zählen die Pfarrkirchen in Sóller (1688-1711), Sa Cabaneta (1699-1714), Santa Maria del Carmí

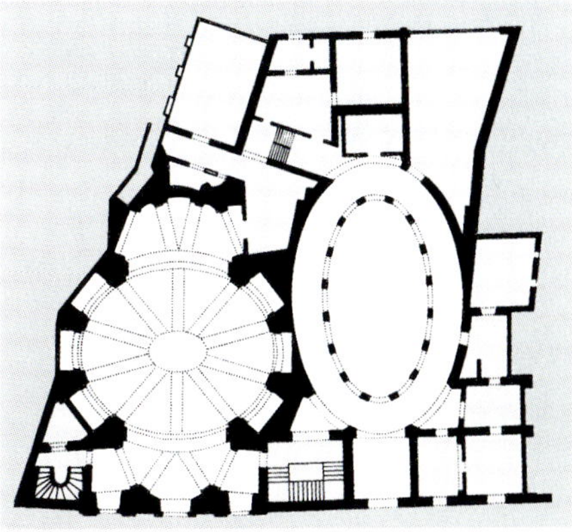

oben, links und unten: Sant Antoni Abat in Palma; Kirche von 1757 bis 1768; Kreuzgang von 1729; Grundriß (Umzeichnung nach Lucena/Fontenla/Mosteiro/Pomar, 1997)

oben links: Can Vivot in Palma, um 1725
oben rechts: Can Berga in Palma, um 1760
unten: Can Solleric in Palma, um 1763

(1714-1837) und Inca (ab 1706) sowie die Klosterkirchen Santa Magdalena in Palma (1741-44) und Sant Francesc in Sineu (1783-1812). Einen sehr ansprechenden Innenraum besitzt desweiteren die Pfarrkirche von Santanyí, die von 1786 bis 1811 nach Plänen von Antoni Mesquida (1732-1812) errichtet wurde.

Paläste und Landhäuser des 18. Jahrhunderts

Im 18. Jahrhundert entstanden erneut anspruchsvolle Stadtpaläste. Dazu zählen insbesondere Can Vivot (um 1725), Can Berga (um 1760) und Can Solleric (um 1763). Sie besitzen prachtvolle große Innenhöfe mit aufwendigen Treppenaufgängen und Rundbogenarkaden im Obergeschoß. Der eigenwilligste Treppenaufgang dieser Zeit befindet sich allerdings im Innenhof des Can Marquès (Carrer Apuntadors 15). Hier verläuft ein Treppenlauf «freischwebend» über den Innenhof hinweg.

oben: Landhaus Raixa nördlich von Palma

unten rechts: La Granja bei Esporles, Umbauten Ende des 17. Jahrhunderts bis um 1716

unten: Son Berga in Establiments, 1770-1776

Im 18. Jahrhundert wurden auch repräsentative Landsitze auf dem Land erstellt bzw. Landhäuser zu solchen umgebaut. Es entstanden nach Umbauten unter anderem die heute für Besucher zugänglichen repräsentativen Landsitze Alfàbia, La Granja und Raixa. Etwas schlichter und deshalb für mallorquinische Landhäuser typischer ist Els Calderes bei Sant Joan, das ebenfalls besichtigt werden kann (s. S. 200). Nicht allgemein zugänglich ist dagegen Son Berga in Establiments, das 1770-1776 neu erbaut wurde. Die Rundbogenarkaden der Hauptfassade sind von Can Solleric in Palma beeinflußt. Ohnehin waren Rundbogenarkaden ein beliebtes Gestaltungsmotiv bei repräsentativen Landhäusern. Sie kommen erstmals bei La Granja (vor 1716), dann bei Son Berga (1776), in Raixa, bei Son Puig, in Sant Martí bei Vilafranca, im Innenhof von Son Mas bei Andratx und im 19. Jahrhundert z. B. in Son Marroig (s. Abb. Umschlagrückseite) vor.

1800 - 2000

Architektur des 19. und 20. Jahrhunderts

oben: Pfarrkirche in Alqueria Blanca, 1852-1863
unten: Pfarrkirche in Campos, 1858-1873

Klassizismus

Klassizistisches Gedankengut führte Kardinal Antonio Despuig (1745-1815) in Mallorca ein. Der Kunstmäzen hatte Italien bereist und an archäologischen Ausgrabungen teilgenommen. Er richtete in Raixa ein Museum mit antiken Plastiken und italienischer Malerei ein. Der Garten von Raixa, der besichtigt werden kann, geht auf ihn zurück und weist eine Vielzahl romantisch geprägter Kleinarchitekturen auf: eine Ruine (vgl. Abb. S. 145), eine Eremitei (mit einer Puppe, die einen Mönch darstellt), eine künstliche Tropfsteinhöhle, ein gotisches Häuschen und einen klassizistischen («antiken») Tempel auf der Bergspitze mit maurischen Ornamentversatzstücken im Innern.

Größter klassizistischer Kirchenbau ist die Pfarrkirche von Llucmajor, die 1782 begonnen und nach Planänderungen bis 1822 mit einer gewaltigen Kuppel vollendet wurde. Ein ansprechender klassizistischer Bau ist zudem die Kirche in Alqueria Blanca (1852-1863) von Antoni Sureda. Sureda war einer der führenden Architekten seiner Zeit und entwarf z. B. auch die erste Ausführung des wenig später abgebrannten Teatro Principal in Palma (1858). Die stattliche Kirche in Campos (1858-1873) ist ein Werk des Architekten Miquel Torres.

Historismus

Die Rezeption historischer Bauformen für Neubauten beginnt mit den Kleinarchitekturen im Garten von Raixa im frühen 19. Jahrhundert. Neben exotischen Baustilen (z. B. beim Can Corbella, Plaza de Cort 6, Ende 19. Jahrhundert im Neo-Mudéjarstil) dominiert - wie in ganz Europa - die Neorenaissance bei Bürgerhäusern.

unten: Can Corbella, Plaza de Cort 6, Ende 19. Jh. im Neo-Mudéjarstil von Nicolau Lliteras

Die Neugotik war vor allem in der Sakralarchitektur gefragt. Die bedeutendsten neugotischen Werke sind die Fassade der Kathedrale von Juan Bautista Peyronnet (Entwurf 1852; Abb. S. 156, 157) und das Consell Insular de Mallorca neben dem Rathaus in Palma (ab 1882 nach Plänen von Joaquim Pavia, der auch den Chor und die Vierung der Pfarrkirche von Sineu ausführte (s. S. 173)). Wichtiger Architekt der Neugotik war auch Bartolomé Ferrá (1843-1924), der unter anderem die Entwürfe für die Pfarrkirche in Calvià (1867-1897) lieferte. Bemerkenswert ist auch die Turmvollendung von Santa Eulàlia in Palma durch Joan Miquel Sureda, begonnen 1893 (Abb. S. 160). Größte neugotische Kirche ist die Pfarrkirche von Manacor, die Ende des 19. Jahrhunderts unter der Leitung des Architekten Gaspar Bennàsser ausgeführt und 1932 weitestgehend vollendet wurde. Ansprechend ist auch die Pfarrkirche von Alcúdia (1882-1893), die Motive aus der mallorquinischen Bautradition aufweist.

Die Neoromanik ist relativ selten. Die ehemalige Templerkirche wurde 1885 neoromanisch umgestaltet. Die Einsiedelei Santa Maria von Crestatx an der Straße Sa Pobla-Pollença erhielt zwischen 1895 und 1906 den neoromanischen Vorbau. Die Capella de Sa Pedra Sagrada (Abb. S. 32) von 1929 und die Kirche Cristo Rei in Manacor (ab 1945) zeigen denselben Stil.

Grand Hotel in Palma, 1901 von Lluís Domènech i Montaner

Can Casasayas in Palma, 1908-1911 von Francesc Roca

Pfarrkirche in Sóller, Fassade 1904-1945 von Joan Rubió i Bellver

Jugendstil

Der Jugendstil auf Mallorca ist mit international bedeutenden Bauwerken und Ausstattungsstücken vertreten. Er wurde vor allem durch den katalanischen Jugendstil geprägt. Die wichtigsten Bauten stehen in Palma, Sóller und Lluc und stammen von den katalanischen Baumeistern Lluis Domènech, Joan Rubió, Miquel Madorell und dem berühmten Architekten Gaudí, der zur Domrestaurierung nach Mallorca kam (s. S. 155).

20. Jahrhundert

Abgesehen von der kurzen Phase, in der der Jugendstil von Bedeutung war (von 1901 bis 1913), baute man bis zur Mitte des 20. Jahrhunderts gewöhnlich im Stil des Neobarock, Neo-Mudéjar und der Neorenaissance, unter besonderer Berücksichtigung spanischer Baustile. Es bestand also die Tendenz zu einem Regionalstil, wie er um 1900 in ganz Europa zu beobachten war. Allerdings entstanden in den 1930er Jahren auch sehr moderne, qualitätvolle Bauten, die vom Bauhaus geprägt sind. Diese Bauweise konnte sich zu Beginn der Franco-Diktatur aber nicht halten.

Ab 1950 setzte sich die moderne Bauweise durch. Gestalterisch herausragende Bauwerke sind das Atelier Joan Mirós von Josep Lluís Sert aus dem Jahr 1955 (Abb. S. 78), die Kirche de la Porciúncula des Franziskanerklosters in Arenal von Josep Ferragut (1965-1968) und das Gebäude der Fundació Pilar i Joan Miró von Rafael Moneo (1987-1993).

oben: Can Forteza Rey in Palma, 1909 von Lluís Forteza-Rey

oben: Fundació Pilar i Joan Miró, 1987-1993 von Rafael Moneo

links: Kirche de la Porciúncula in Arenal, 1965-1968 von Josep Ferragut

Landschaft

Felsentor Es Pontàs bei Cala Llombards im Süden Mallorcas

"Nirgends lebt's sich schöner als auf Mallorca!" soll König Alfons X. von Kastilien ausgerufen haben (zitiert nach Meyer Kayerling, 1861, S. 155). Die französische Schriftstellerin George Sand resümierte Mitte des 19. Jahrhunderts, Mallorca sei "eines der schönsten Fleckchen auf dieser Erde", "ich habe nie etwas Reizenderes und gleichzeitig Melancholischeres gesehen als diese Landschaft". Und Meyer Kayerling stellte 1861 fest: "Die Balearen werden von jedem, der sie besucht, als ein Paradies begrüsst und geschildert." Diese Einschätzungen teilen inzwischen eine große Zahl von Mallorca-Liebhabern in der ganzen Welt und nicht zuletzt aus Deutschland, der Schweiz und aus Österreich.

Mallorca ist - gemessen an der Erdgeschichte - eine relativ junge Insel. Sie entstand vor etwa 120.000 Jahren bei einem Erdbeben. Die Inselgruppe der Balearen bildete die Spitze eines abgesackten Gebirges, das früher mit der Sierra Nevada auf dem spanischen Festland verbunden war.

Cap Blanc zwischen Arenal und Cala Pi

«Felsenloch» Punta de Na Foradada bei Son Marroig (zwischen Valldemossa und Deià)

Cales de Mallorca

rechts oben und unten: Küste bei Portals Nous und Palma Nova in der Bucht von Palma

Mallorca liegt ca. 160 Kilometer südlich und ca. 225 km östlich des spanischen Festlands im Mittelmeer. Die Insel ist mit 3680 qkm die größte der Balearen und mißt von Ost nach West etwa hundert Kilometer.

Mallorca weist eine überaus abwechslungsreiche Küste von etwa 560 Kilometern auf. Dort, wo hohe Berge steil in das Meer abfallen, ist die Küste zerklüftet. Das gilt insbesondere für den Norden. Hier stürzen hohe Felsenklippen steil zum Meer hinab. Die Küste ist daher abwechslungsreich, die Küstenstraße stark gewunden. Es gibt viele kleine Buchten, jedoch keinen größeren Sandstrand. Zudem besteht nur ein nennenswerter Naturhafen entlang der Nordküste: Port de Sóller.

An der Küste des flachen mittleren Teils der Insel im Westen und Osten befinden sich die großen Hafenstädte von Palma und Port de Alcúdia. Sie liegen in geschützten großen Sandbuchten mit den großen Tou-

oben und unten: Cala de Deià

links: Cala Pi

oben: Illetes

oben: Hafen von Sa Calobra

links: Strand von Calas de Mallorca

oben links: Cavall Bernat bei Sa Calobra
oben rechts: Blick auf die Bucht von Sa Calobra

Sa Calobra

Das nur aus wenigen Häusern bestehende Dorf ist aufgrund der bezaubernden Landschaft eines der beliebtes Ausflugsziele Mallorcas. Ein Erlebnis ist zudem die Fahrt auf der 13 km langen "Paßstraße" vom Gorg Blau nach Sa Calobra, ein Meisterwerk der Straßenbaukunst, das in den 1930er Jahren durch die karstige Felslandschaft gebaut wurde und einen Höhenunterschied von etwa 800 m bewältigt.

unten: Sa Calobra/Torrent de Pareis

Mit dem Bau der kurvenreichen Straße nach Sa Calobra wurde 1932 begonnen. Weshalb sie damals gebaut wurde, ist aus heutiger Sicht eigentlich nicht zu verstehen, da sie zwar durch eine bezaubernde Landschaft führt, die damaligen Baukosten aber in keinem Verhältnis zu ihrem Nutzen standen. Hunderte von Bauarbeitern waren bei diesem Straßenbau tätig und dies ohne den Einsatz größerer Maschinen, nur mit Muskelkraft, Hammer, Schaufeln, Brecheisen und Dynamit.

Abbildungen links, oben und unten: Sa Calobra/Torrent de Pareis
Über einen Fußweg erreicht man von Sa Calobra aus einen kleinen Strand, der von hochstrebenden Felsblöcken begrenzt wird, und das Trockenbachtal (torrent). Der Torrent de Pareis beginnt seinen Lauf nahe dem Kloster Lluc und hat sich durch Jahrtausende seinen Weg zum Meer gebahnt.

ristenzielen von Palma Nova und Arenal bzw. Port d'Alcúdia und Can Picafort. Darüber hinaus schließt sich nördlich von Alcúdia die Bucht von Pollença ebenfalls mit einem seicht in das Meer abfallenden Sandstrand an. Einen weiteren größeren Sandstrand gibt es in Cala Millor.

Der landschaftliche Charakter der Insel ist im Norden und Süden grundverschieden. Tatsächlich bewundern die Mallorca-Kenner den großen Abwechslungsreichtum der Landschaft innerhalb einer kleiner Insel, der in Europa sicherlich einmalig ist.

Ein mächtiger Gebirgszug, die Serra de Tramuntana, verläuft im Norden der Insel. Er besitzt im Westen mit dem Puig d'en Galatzó einen 1027 m hohen Gipfel und in der Mitte die zwei höchsten Berge, den Puig Major mit 1447 m und den Massanella mit 1348 m, der nur vier Kilometer vom Meer entfernt eindrucksvoll emporragt. Die Gebirgskette nimmt ostwärts

links: Der malerische Ort Fornalutx bei Sóller, inmitten von Zitronen- und Orangenbäumen gelegen und von den mächten Bergen des Tramuntana-Gebirges umgeben, wurde mehrfach zum "schönsten Dorf Spaniens" preisgekrönt. Tatsächlich bietet das Dorf in jeder Ecke malerische Fotomotive. Teile der Stadtbefestigung sind erhalten.

links und oben: Als «Paradiso de Mallorca» wird das Reserva Puig de Galatzó mit dem höchsten Berg im Westen Mallorcas (1026 m) vermarktet, das westlich von Puigpunyent liegt. Ein bis zwei Stunden dauert der Rundweg mit Treppenstufen, Vogelgezwitscher auf Knopfdruck, Teichen, Höhlen und Felsen. Zwar sind die Wasserfälle künstlich angelegt, werden aber von natürlichen Quellen gespeist (Abb. oben). Sogar ein Picknickareal mit Grillplätzen für Mitgebrachtes und Getränkeautomaten in der Parkmitte sind vorhanden.

links: Die kleine Insel Sa Dragonera vor der Westküste Mallorcas bei Sant Elm ist Naturschutzgebiet mit zahlreichen seltenen Vogelarten. Sa Dragoneras Profil wirkt wie der Rücken eines Drachens, daher der Name der Insel.
unten: im Garten des Landhauses Raixa

Malerische am Meer gelegene Ortschaft Llucalcari zwischen Deià und Sóller

unten:
Das Dorf Biniaraix oberhalb von Sóller besitzt eine hervorragend erhaltene historische Bausubstanz und liegt malerisch im Tramuntana-Gebirge zwischen Orangen- und Zitronenplantagen. Aus der Talayotischen Epoche haben sich mehrere Höhlen erhalten, die für Bestattungen genutzt wurden. Während der islamischen Herrschaft war Biniaraix ein Gehöft im Distrikt des Sulyar. Nach der Eroberung durch die christlichen Truppen Jaumes I. 1229/30 fiel die Besitzung an den Grafen von Ampurias. Seit der Mitte des 18. Jahrhunderts - mit dem Beginn des Exports von Zitrusfrüchten und Gemüse in viele Teile Europas - nahm auch deren Anbau zu. Dennoch verzeichnete das Dorf seit der Mitte des 19. Jahrhunderts einen Bevölkerungsschwund, der erst in den 1960er Jahren gestoppt wurde. Deshalb entstanden seit dem 19. Jahrhundert keine Neubauten. Dies erklärt die außergewöhnliche Homogenität des historischen Ortsbildes.

an Höhe ab und läuft in der traumhaft schönen Reihe von etwa 600 m hohen Hügeln in der zerklüfteten Halbinsel Formentor aus.

Der Gebirgszug Serra de Tramuntana besitzt die Eigenschaften eines Hochgebirges, und das in unmittelbarer Nähe zum Meer und subtropischen Tälern, in denen Orangen geerntet werden. Das Gebirge bildet

Eine Fahrt zur Halbinsel Formentor gehört zu den schönsten Ausflügen auf Mallorca. Die berühmte Aussichtsterrasse vom Mirador des Colomer (Abb. oben) sollte jeder Mallorca-Tourist gesehen haben. Der Blick fällt auf die tausendfach fotografierte vorgelagerte Felseninsel Colomer und die bizarr geformte Küstenlandschaft. Imposant ist der Blick auch vom alten Wachtturm Talaia d'Albercutx (Abb. unten; vgl. S. 62, 63).

S. 194 und 195: Tramuntana-Gebirge
Der Puig Major (Abb. S. 194) ist mit 1447 m der höchste Berg Mallorcas. Er ist weithin zu sehen.
unten: Stausee Gorg Blau unterhalb des Puig Major

oben: Puig Major

oben rechts: Cúber-Stausee von 1970/71 unterhalb des Puig Major

rechts: Gebirge bei Escorca

rechts unten: Mandelblüte Ende Januar/ Anfang Februar bei Porto Colom

Mallorca ist ein Kalksteingebirge. Erosionen haben an einigen Stellen tiefe Schluchten und grundlose Höhlen geschaffen, die heute zu den Touristenattraktionen gehören. Die Tropfsteinhöhlen entstanden durch kohlendioxidhaltiges Wasser, das durch die Spalten und Verwerfungen des kalkhaltigen Felsengesteins zirkuliert. Im Laufe der Zeit vergrößerten sich die dadurch entstehenden Durchgänge und Kanäle zu Höhlen. Diesem Prozeß verdanken wir zuweilen ungewöhnlich geformte Ablagerungen, z. B. Stalagmiten (die von unten nach oben wachsen), Stalaktiten (die wie Eiszapfen von der Decke hängen), Faltenwürfe (wie Vorhänge) und knotige Anhäufungen. Es gibt mehr als 250 Tropfsteinhöhlen auf Mallorca, von denen fünf touristisch erschlossen und zu besichtigen sind. Die natürlichen Höhlen wurden schon von der mallorquinischen Urbevölkerung genutzt und boten Schutz. Später dienten sie unter anderem als Verstecke.

einen natürlichen Schutz gegen die heftigen Nordwinde und fördert somit ein mildes Klima im übrigen Teil der Insel.

Eine zweite, niedrigere Hügelkette, die Serra de Llevant, verläuft parallel dazu im Südosten der Insel, besitzt jedoch keinen klaren Höhenzug. Hoch aufragende, bis knapp über 500 m hohe Berge, die oft von Eremiteien bekrönt sind, bilden die markanten Punkte im ansonsten hügeligen Gelände.

Zwischen den Bergketten im Norden und Süden der Insel liegt die Es Pla, die flache, vorwiegend landwirtschaftlich genutzte Ebene mit fast 2000 Windmühlen und kleinen Landstädtchen. Der fruchtbare Boden der Zentralebene ist - wie man schon beim Anflug auf Mallorca beobachten kann - aufgrund von Eisenoxidablagerungen auffallend rötlich-brau gefärbt. Der Boden ist so fruchtbar, daß mehrere Ernten im Jahr möglich sind.

oben: Nördlich von Can Picafort beginnt die wasserreiche S'Albufera, jenes frühere Sumpfgebiet, das heute Mallorcas interessantes Naturschutzbiet ist. Von Ende des 18. Jahrhunderts gab es die ersten Versuche, die Wildbäche zu kanalisieren und per Hydraulik das Land trockenzulegen. Doch erst den Engländern Frederic Bateman und William Hope mit ihrer "Majorca Land Company" gelang es ab 1871, mit Hilfe der Ingenieure Green und Warring rund 2000 ha Land der Gemeinden Sa Pobla und Alcúdia trockenzulegen. Die erste Getreideernte auf dem neuen Gebiet war günstig ausgefallen; doch bald bemerkte man zum Glück das Einsickern von Salzwasser. Um die Versalzung des Bodens zu verhindern, wurden fortan höchstens 40 ha Land für den ganzjährigen Anbau - besonders von Reis - trocken gehalten. Den Rest reservierte man für den sommerlichen Ackerbau.

Abb. unten:
oben: Blick vom Puig de Sant Salvador nach Süden auf die Serra de Llevant
unten: Blick vom Puig d'Inca am Rand der Es Pla auf das Tramuntana-Gebirge

oben: Botanischer Garten «Botanicactus» bei Ses Salines
unten: Salzvorkommen bei Colònia de Sant Jordi

Literaturauswahl

Abulafia, David: A Mediterranean Emporium. The Catalan Kingdom of Majorca, Cambridge 1994.

Alomar Esteve, Gabriel: Guillem Sagrera y la arquitectura gótica del siglo XV., Barcelona/Madrid 1970.

Alzina Mestre, Jaume u. a.: Die Talayot Siedlung Ses Paisses, Artá 1997.

Amengual Batle, Josep: Guia para visitar los Santuarios Marianos de Baleares, Madrid 1997.

Aramburu-Zabala, Javier / **Garrido**, Carlos: Guía Arqueológica de Mallorca, 1. Aufl. Palma 1994.

Bezzenberger, A.: Vorgeschichtliche Bauwerke der Balearen. In: Zeitschrift für Ethnologie 39, 1907, S. 567-634.

Bordoy, G. Rosselló/**Plantalamor Massanet**, Lluís/**Murillo** Orfila, Jaume: Cala de Sant Vicenç: una necròpolis de cuevas artificiales de tipo mediterráneo den Mallorca, Palma 1995.

Braem, Harald: Die Balearen. Auf den Spuren von Hirten, Kriegern und Piraten, München 1989.

Byne, Arthur: Majorcan Houses and Gardens, New York 1928.

Byne, Arthur und **Stapley**, Mildred: Majorcan Houses and Gardens, New York 1928.

diess.: Spanish Gardens and Patios, New York 1924.

Cantarellas Camps, Catalina: La arquitectura mallorquina desde la Ilustración a la Restauracion, Palma 1981.

Caracciolo, Marella/**Venturi**, Francesco: Landsitze & Stadtpalais auf Mallorca, Hamburg 1996.

Catoir, Barbara: Miró auf Mallorca, München/New York 1995.

Cirici, Alexanre: Arquitectura gotica Catalana, Barcelona 1968.

Colomar Martí, Antoni: Guide to the Serra de Tramuntana/Mallorca, Palma 1997.

Conrado de Villalonga, Jose Francisco: El Real Sitio de la Almudaina. Palacio de los Reyes de Mallorca, Madrid 1992.

Dalmau, Oscar: Die Sóller-Eisenbahn. Ein Wunderwerk, Barcelona 1998.

Dolç, Miquel u. a. (hg.): Mallorca, Palma 1993.

Domenge i Mesquida, Joan: L'obra de la seu. El procés de construcció de la catedral de Mallorca en el trescents, Palma 1997.

Durliat, Marcel: L'art dans le royaume de Mayorque, Toulouse 1962.

ders./**Murray**, Donald G./**Pascual**, Aina: La Catedral de Mallorca, Palma 1995.

Freeden, Joachim von: Malta und die Baukunst seiner Megalith-Tempel, Darmstadt 1993.

Freigang, Christian: Imitare Ecclesias Nobiles. Die Kathedralen von Narbonne, Toulouse und Rodz und die nordfranzösische Rayonnantgotik im Languedoc, Worms 1992.

ders.: Gotische Architektur und Skulptur in Katalonien und Aragón (13. - 14. Jahrhundert). In: Spanische Kunstgeschichte. Eine Einführung. Band 1: Von der Spätantike bis zur frühen Neuzeit (hg. v. Sylvaine Hänsel und Henrik Karge), Berlin 1992, S. 155-171.

Führer durch den Pla von Mallorca (hg. v. Antoni Colomar Mari), Palma 1996.

Fullana, R./**Crespo**, A./**Prohens**, J.: Claustros de Mallorca, Palma 1991.

Fundació Pilar i Joan Miró a Mallorca. Führer, Palma 1993.

Gambús, Mercedes/**Massanet Gili**, Maria: Itinerarios arquitectónicos de las Islas Baleares, Palma 1988.

García-Delgado Segués, Carlos: La casa popular mallorquina. Influencias de Roma, el Islam y Cataluña, Palma 1996.

García-Ruiz Guasp, Luis und Jaime/ **Arzubialde Sáenz-Badillos**, Ignacio: Palma. Ciudad de Patios, Palma 1992.

González García, Justo: Die Dörfer Mallorcas aus der Vogelschau, Palma 1997.

Gran enciclopèdia de la pintura i l'escultura a les Balears (hg. v. Govern Balear/Conselleria de la Cultura), (bisher 2 Bände) Palma 1996.

Guía del Patrimonio. Recorridos culturales de las islas Baleares (hg. v. El Dia del Mundo), 2 Bände, Palma 1997.

Historia de Mallorca (herausgegeben von J. Mascaró Pasarius), 10 Bände, Palma de Mallorca 1978.

Kirchner, Gottfried: Terra-X. Expedition ins Unbekannte. Von Mallorca zum Ayers Rock, München 1997.

Kleinmann, Horst J.: Erzherzog Ludwig Salvator. Mallorcas ungekrönter König, Graz/Wien/Köln 1991.

Küchler, Winfried: Semel servus, semper servus? Bemerkungen zur spätmittelalterlichen Sklaverei im Mittelmeerraum. In: Geschichte, Wirtschaft, Gesellschaft. Festschrift für Clemens Bauer zum 75 Geburtstag, Berlin 1974, S. 189-204.

Lilliu, Giovanni und **Schubart**, Hermanfrid: Frühe Randkulturen des Mittelmeerraumes. Korsika - Sardinien - Balearen - Iberische Halbinsel (= Kunst der Welt. Ihre geschichtlichen, soziologischen und religiösen Grundlagen), Baden-Baden 1967.

Llompart, Gabriel: Das Mirakel des Abtes Pedro de Burgos und die Fahrten von Pilgern aus Mallorca zum Wallfahrtsort Santa Maria de Montserrat. In: Wallfahrt kennt keine Grenzen (hg.v. Lens Kriss-Rettenbeck und Gerda Möhler), München/Zürich 1984, S. 473-482.

ders./**Ortega**, Pilar/**Palou**, Joana: Die Kathedrale von Mallorca, Barcelona 1993.

Löhneysen, Wolfgang Freiherr von: Jaime Fabré. Ein katalanischer Baumeister des 14. Jahrhunderts. In: Gesammelte Aufsätze zur Kulturgeschichte Spaniens, Band 10 (hg. v. Johannes Vincke), Münster 1955, S. 23-54.

Lucena, Martí/**Fontenla**, José María/ **Mosteiro**, José Luis/**Pomar**, Ignacio: Palma. Guía de arquitectura, Palma 1997.

Lucio, Victoria: Stadtführer Palma de Mallorca, Petersberg 1997.

dies.: Kirchenführer Lluc, Petersberg 1997

dies.: Els Calderers. Ein Landhaus auf Mallorca, Petersberg 1998.

Ludwig Salvator, Erzherzog von Österreich: Die Balearen in Wort und Bild, 9 Bände, Leipzig 1869-91 (Mallorca: Band 4 bis 6; Übersetzung in katalanischer Sprache unter dem Titel: Las Baleares por la palabra y el grabado. Mallorca, Palma 1991).

ders.: Die Balearen, 2 Bände, Leipzig 1897 (Reprint Palma 1989).

ders: Die Felsenfesten Mallorcas. Geschichte und Sage, Prag 1910.

ders: Porto Pi in der Bucht von Palma de Mallorca, Prag 1914.

ders.: Auslug- und Wachttürme Mallorcas, Prag 1916.

Macaire, Pierre: Majorque et le commerce international 1400-1450 environ, Lille 1986.

Mayr, Albert: Über die vorrömischen Denkmäler der Balearen (= Sitzungsberichte der Königlich Bayerischen Akademie der Wissenschaft 1914, 6. Abhandlung), München 1914.

Meyer Kayserling: Geschichte der Juden in Spanien und Portugal, Band 1: Die Juden in Navarra, den Baskenländern und auf den Balearen, Hildesheim (Reprint der Ausgabe Berlin 1861).

Montaner, Pedro de: Album de Mallorca, Leipzig 1889 (auch als Reprint und in Auszügen als Taschenbuch).

Mulet Ramis, Bartomeu: Sineu. In: Führer durch den Pla von Mallorca (hg. v. Antoni Colomar Mari), Palma 1996, S. 221-240.

Munar Oliver, P. Gaspar: Breve Historia del Santuario y Colegio de Ntra. Señora de Lluc, Palma 1987.

Murray, Donald G./**Pascual**, Aina/ **Llabrés**, Jaume: Conventos y monasterios de Mallorca. Historia Arte y Cultura, Palma1992.

Navascúes Palacio, Pedro: Monasterios de España, Madrid 1985.

Noehles-Doerk, Gisela: Mudéjar-Kunst. In: Spanische Kunstgeschichte. Eine Einführung. Band 1: Von der Spätantike bis zur frühen Neuzeit (hg. v. Sylvaine Hänsel und Henrik Karge), Berlin 1992, S. 173-189.

Palol, Pedro de/**Rossello-Bordoy**, Guillermo/**Alomar**, Antonio/**Camps,** Juan: Natas sobra las basilicas de Manacor en Mallorca, Valladolid 1968.

Pujol Bertran, Anton: Mallorca - Der Norden. Stadt und Land. Berg und Strand, Barcelona 1997.

Rincón García, Wilfredo: Monasterios de España, Band 2, Madrid 1991, Band 3, Madrid 1992.

Ripoll, Salvator: Das Spanische Dorf in Palma de Mallorca, Petersberg 1998.

Rosselló, Ramon: El Castell de Santueri - Die Burg Santueri, Mallorca 1992.

Santamaría, Alvaro: Introduccion historica. In: Baleares (hg. v. Fundación Juan March), Madrid 1974, S. 61-103.

Schomann, Heinz: Iberische Halbinsel. Teil 3: Süd-/Ostspanien (= Kunstdenkmäler der Iberischen Halbinsel), Darmstadt 1998.

Schulten, Adolf: Iberische Landeskunde. Geographie des antiken Spanien, 2. Aufl. Baden-Baden 1974.

Sebastián, Santiago: Arte. In: Baleares (hg. v. Fundación Juan March), Madrid 1974, S. 141-315.

Sebastian Lopez, Santiago/**Alonso Fernandez**, Antonio: Arquitectura Mallorquina moderna y Contemporanea, Palma 1973.

Seguí Azar, Miguel: Arquitectura contemporánea en Mallorca (1900-1947), Palma 1990.

Segura, Miquel/**Vicens**, Josep: Possessions de Mallorca, Band 1: 3. Auflage Palma 1988, Band 2: Palma 1987, Band 3: Palma 1992, Band 4: Palma 1996.

Serr Martí, Baromeu: Temples d'Alcúdia/Temples of Alcúdia/Gotteshäuser von Alcúdia, 2. Aufl. Alcúdia 1996.

Söllheim, Fritz: Schicksale 1: Sklaven - Piraten (Mallorca 1500-1800), Palma 1995.

ders.: Ketzer, Nonnen, Henker and andere Mallorquiner, Palma 1997.

Störmann, August: Studien zur Geschichte des Königreichs Mallorca (= Abhandlungen zur mittleren und neueren Geschichte 66), Berlin/ Leipzig 1918.

Strelocke, Hans: Mallorca - Menorca. Kulturelle Stätten und landschaftliche Schönheiten der großen Balearen-Inseln (= DuMont Kunst-Reiseführer), Köln (1. Aufl. 1981) 9. Aufl. 1994.

Trias Mercant, Sebastià/**Muntaner Marroig**, Joan/**Lladó Vila**, Josep: Valldemossa. Geschichte, Mythen und Traditionen, Palma 1996.

Valero i Martí, Gaspar: Walking Tours Around the Historical Centre of Palma, Palma o. J. (um 1994).

Waldren, William H.: Balearic Prehistoric Ecology and Culture, Oxford 1982/The Balearic Pentapartite Division of Prehistory, Oxford 1986.

Willemsen, Carl A.: Der Untergang des Königreiches Mallorka und das Ende der Mallorkinischen Dynastie. In: Gesammelte Aufsätze zur Kulturgeschichte Spaniens (hg. v. H. Finke) (= Spanische Forschungen der Görresgesellschaft), Bd. 5, Münster 1935, S. 240-296.

ders.: Jakob II. von Mallorca und Peter IV. von Aragon. In: Gesammelte Aufsätze zur Kulturgeschichte Spaniens (hg. v. J. Vincke), Bd. 8, Münster 1940, S. 81-198.

Wetzel-Zollmann, Heide: Mallorca. Ein Streifzug durch die 6.000jährige Geschichte der Mittelmeerinsel, Freiburg i. Br. 1991.

Wood, Charles W.: Letters from Mallorca, London 1888.

Register

Landhaus Els Calderers bei Sant Joan

Mallorca - Bücher

Victoria Lucio:
Palma de Mallorca. Stadtführer
23,5 x 16,5 cm, 32 Seiten, 122 Abb.
ISBN 3-932526-12-0

Victoria Lucio:
Lluc. Kirchen- und Klosterführer
23,5 x 16,5 cm, 16 Seiten, 60 Abb.,
ISBN 3-932526-16-3

Salvador Ripoll:
**Das Spanische Dorf
in Palma de Mallorca**
23,5 x 16,5 cm, 16 Seiten, 60 Abb.
ISBN 3-932526-31-7

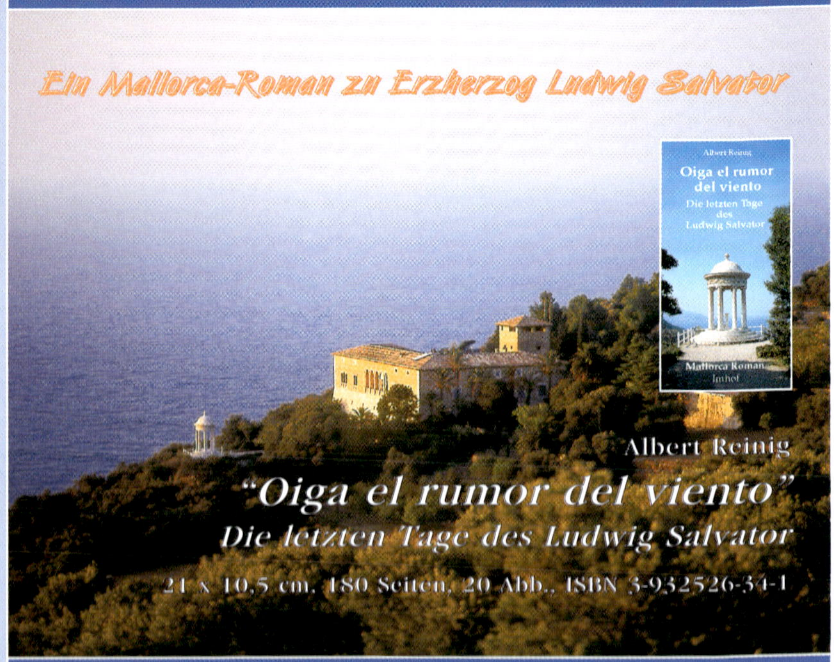

Victoria Lucio:
Els Calderes - Mallorca
Ein Landhaus auf Mallorca

23,5 x 16,5 cm, 16 Seiten, 60 Abb.,
ISBN 3-932526-29-5

Führer durch das Landhaus bei Sant Joan mit seiner hervorragend erhaltenen und gut präsentierten Ausstattung und seinen Nebengebäuden

Andreas Hansert: **Welcher Prinz wird König?**
Die Habsburger und das universelle Problem des Generationswechsels, 272 S., 21 x 14,8 cm, ISBN 3-932526-40-6
König wird nur einer. Viele aber konkurrieren um diese Position - viele Prinzen. Wer erreicht eine herausragende Position in der Gesellschaft? Welche Bedeutung haben familiäre Abstammung, die Familiengründung, das Geschlecht?

Alexandra von dem Knesebeck: **Käthe Kollwitz**
ca. 288 S., 188 Abb., 22 x 30 cm, ISBN 3-932526-38-4

Sonja Ohlenschläger: **Rudolf Steiner** (1861-1925)
Das architektonische Werk,
ca. 192 S., ca. 150 Abb, 22 x 30 cm, ISBN 3-932526-37-6

Hermann Schlimme: **Die Kirchenfassade in Rom**
'Reliefierte Kirchenfronten' 1480 - 1765,
ca. 240 S., 400 Abb. von 140 Kirchenfassaden, 22 x 30 cm,
ISBN 3-932526-39-2

Rainald Franz: **Vincenzo Scamozzi** (1548-1616)
Der Nachfolger und Vollender Palladios,
ca. 144 S., 150 Abb., 22 x 30 cm, ISBN 3-932526-21-X

Nähere Informationen erhalten Sie in Ihrer Buchhandlung oder direkt beim

Michael Imhof Verlag

Stettiner Straße 25, D-36100 Petersberg, Tel. 0661/9628286; Fax 0661/63686